CAMBODGE 1973-1979

LA DÉCHIRURE

(The Killing Fields)

GOLDCREST ET INTERNATIONAL FILM INVESTORS
PRÉSENTENT UNE PRODUCTION ENIGMA

LA DÉCHIRURE

(The Killing Fields)

AVEC SAM WATERSTON ET LE DR HAING S. NGOR
MUSIQUE DE MIKE OLDFIELD
SCÉNARIO DE BRUCE ROBINSON,
ADAPTÉ DE « MORT ET VIE DE DITH PRAN »,
DE SYDNEY SCHANBERG, PUBLIÉ DANS LE
New York Times Magazine.
PRODUIT PAR DAVID PUTTNAM
MIS EN SCÈNE PAR ROLAND JOFFÉ
DISTRIBUÉ PAR WARNER BROS.

CHRISTOPHER HUDSON

CAMBODGE 1973-1979

LA DÉCHIRURE

PRESSES DE LA CITÉ

Le titre original de cet ouvrage est :
KILLING FIELDS
Traduit de l'américain par
Catherine PITIOT

Publié pour la première fois en Angleterre par Pan Books

Dépôt légal :
2ᵉ trimestre 1985

ISBN 2-89111-239-3

A164348

INTRODUCTION

Ceci est une histoire de guerre et d'amitié, l'histoire de la souffrance d'un pays dévasté, celle d'un homme et de sa farouche volonté de vivre. Par ces mots, le journaliste américain Sydney Schanberg débutait l'un des plus extraordinaires documents nés de la guerre d'Indochine.

Il commençait en août 1973, dans un Cambodge déchiré par la guerre. Depuis 1968, les bombardiers américains B-52 avaient effectué au-dessus du territoire du Cambodge des milliers de raids, dans une tentative pour en déloger le Vietcong, qui avait établi dans la jungle des bases avancées afin de pouvoir atteindre Saïgon de l'autre côté de la frontière. En dépit d'un tapis de bombes et du remplacement du prince Sihanouk par le gouvernement du maréchal Lon Nol, soutenu par les Etats-Unis, les communistes gagnaient du terrain. Avec l'aide des troupes nord-vietnamiennes, les fanatiques Khmers Rouges avaient repoussé l'armée de Lon Nol jusqu'au Mekong.

C'est à ce stade des hostilités que Sydney Schanberg parvint à convaincre la rédaction de la rubrique Etranger de son journal, le *New York Times*, d'engager officiellement comme correspondant son assistant cambodgien Dith Pran. Ce qui arriva à Pran et Schanberg lorsque les Khmers Rouges s'emparèrent de la capitale Phnom Penh et instituèrent un régime de terreur, telle était la véridique histoire que Schanberg avait à raconter. Parue en 1980 dans le *New York Times Magazine*, elle fut à l'origine du film de David Puttnam *The Killing Fields*, mis en scène par Roland Joffé. Ce livre s'inspire à la fois du document de Schanberg et du scénario écrit pour le film par Bruce Robinson.

Je suis, bien sûr, particulièrement redevable à Bruce Robinson et Sydney Schanberg. Mais j'aimerais également remercier pour leur concours John A. Nicol, qui m'a fort généreusement permis de faire usage de sa collection de livres et d'articles sur le Kampuchea, et William Shawcross, auteur de *Une tragédie sans importance,* le meilleur ouvrage qui sera jamais écrit sur la guerre du Cambodge, et qui a bien voulu lire mon manuscrit et y apporter ses remarques.

PREMIÈRE PARTIE

CAMBODGE, AOÛT 1973

Soudain il y eut un bruit sec. Sydney Schanberg tressaillit, et avec lui les autres journalistes à sa table. L'une des ampoules de couleur suspendues entre les palmiers avait explosé. Un serveur arriva à pas feutrés, s'agenouilla, et ramassa un éclat rouge dans l'herbe.

La nuit était chaude et embaumée. Autour de la piscine de l'hôtel *Phnom*, toutes les tables étaient pleines. A celle d'à côté, un diplomate de l'ambassade, qui en était à son cinquième double scotch, parlait en articulant péniblement à deux hauts dignitaires cambodgiens qui souriaient et hochaient la tête tout en savourant leur jus d'ananas. Un peu plus loin, un banquier français achevait une histoire qui arrachait des cascades de rires à deux filles de chez Madame Butterfly, vêtues de corsages blancs comme des écolières, et de longues et étroites jupes de soie noire.

Schanberg leva à nouveau les yeux vers la fenêtre de l'hôtel. Les rideaux étaient toujours tirés. Il s'efforça de ramener son attention aux convives à sa table ; Barry Morgan essuyait des gouttelettes de bière sur sa barbe de trois jours.

— Plus ça change, plus c'est la *same bloody thing*, fit-il dans un mélange de français et d'anglais. — Ses années passées comme journaliste à Fleet Street n'avaient pas atténué son accent nasillard d'Afrique du Sud. — Je viens ici depuis l'été 69, ça fait quatre ans, et à chaque fois, putain, c'est le même orchestre qui joue *Moon River*, la bière a toujours un goût de pisse, et le chef au Café de Paris est toujours parti pour ses foutues vacances.

— C'est la guerre ici, dit Al Rockoff, du moins à ce que j'ai entendu dire.

Schanberg eut un large sourire. Al, l'un des meilleurs

photographes de guerre sur la place, était assis, caché derrière ses lunettes noires, et contemplait les trajectoires des lumières colorées, reflets vacillants dans l'eau de la piscine. « C'est la guerre », murmura-t-il à nouveau.

— Tu es si abattu, pour une fois, que tu as presque un air normal, dit Morgan. C'est la guerre. Et alors, qu'est-ce que nous faisons tous ici ? Nous courons après des bruits que personne ne peut confirmer, sur des batailles que nous ne voyons jamais. Voilà tout ce que nous faisons. Pas vrai, Des ?

— Et qu'est-ce que tu voudrais ? Un attaché de presse des Khmers Rouges ?

Desmond France, le quatrième journaliste assis à la table, présentait un crâne rond et chauve et un visage distingué, barré d'une invraisemblable petite moustache. Il essayait d'attirer l'attention du serveur, et avait parlé sans se retourner.

— Comme Nixon l'a dit à propos des bombardements illégaux de 69, il y a des moments où, si vous voulez tromper vos ennemis, vous ne pouvez vous permettre de vous abaisser au rang de vos amis.

Schanberg ne réagit pas à la provocation. Il n'avait aucune sympathie à l'égard de Desmond France. Collègue de Morgan à Fleet Street, il parlait l'argot des G.I. avec un accent anglais traînant. C'était le genre de journaliste auquel l'ambassade accordait sa bénédiction, de l'espèce qui ne se porte que mieux lorsqu'on lui mâche le travail. Et ils étaient en majorité ici, à s'être alignés sur les positions du Pentagone. Il était extrêmement difficile de découvrir la vérité sur cette guerre, et plus encore de l'écrire et d'affronter l'hostilité permanente des autorités. Si lui, Schanberg, n'avait pas été responsable de la rédaction du *New York Times* pour le secteur, il y a plusieurs mois qu'ils auraient trouvé un prétexte pour l'expulser. Il alluma une cigarette et jeta un coup d'œil vers la fenêtre aux rideaux fermés.

— Je peux me joindre à toi ?

L'homme qui venait de parler était Jon Swain, silhouette maigre, d'une élégance naturelle, avec un long visage pâle et intelligent, et des cheveux blonds en désordre qu'il relevait maintenant avec un léger embarras.

— Jon, qu'est-ce que tu fais ici ? — Schanberg frappa dans ses mains et, cette fois, le serveur le remarqua. — Je te croyais à Saïgon.

— J'ai eu un problème d'avion. — L'intéressé jeta un regard

circulaire et grimaça un sourire. — Ça fait plaisir de voir tous les habitués. Barry. Desmond.

— Le jour où Desmond quittera le bord de la piscine, proféra Schanberg, le personnel ne s'en remettra pas.

— Laisse tomber, Schanberg. La journée a été rude.

Il y eut un silence pesant. Swain s'assit.

— Que s'est-il passé, Sydney ? demanda-t-il, on dirait que tu n'as pas dormi depuis des semaines.

— Oh, tu sais, la routine. Tu es au courant, à propos de notre ambassadeur ?

— Paul Kirby ? Il est toujours le chef de la mission ?

— Plus pour longtemps. — Schanberg secoua ses cendres sur l'herbe. — Il a été viré. Kissinger ne recevait pas, semble-t-il, des rapports suffisamment enthousiastes sur les exaltants faits d'armes du maréchal Lon Nol et de sa brillante armée. Par conséquent, il le rappelle et le nomme à un poste qui est vraiment le nec plus ultra pour un homme boudé par le Département d'Etat : conseiller politique auprès de la Flotte de l'Atlantique Nord, à Norfolk, Virginie.

— Qui prend la relève ?

— Bob Wilbur, son adjoint. L'enfant chéri de Kissinger. Un mètre quatre-vingt-quinze d'animosité à l'égard de tout porteur de bloc-notes ou d'appareils photo. — Schanberg imita l'accent de Wilbur, un accent d'aristocrate de la Nouvelle-Angleterre : Messieurs, j'ai pour mission de faire marcher la boutique et d'en éloigner la presse. Je vous souhaite le bonjour.

Desmond France intervint :

— La pilule est dure à avaler, hein, Schanberg. C'est que Wilbur traite le *New York Times* comme n'importe quel autre journal. Pour moi, je l'ai trouvé très coopératif.

Al Rockoff fit entendre un rire sifflant :

— Ainsi a parlé un de nos plus éminents journalistes.

— Absolument, fit Schanberg.

Il jeta un regard vers la fenêtre, qui restait toujours masquée, et s'en prit à France pour se soulager :

— Je me souviens avoir lu un de leurs éditoriaux un jour. On se décide enfin à dévoiler toute la vérité sur l'Irlande du Nord !...

Jon Swain avait un sourire sarcastique, et Rockoff lui-même esquissait un mauvais regard de côté.

— ... Quand j'ai eu fini, je me suis rabattu sur la *Pravda* à la recherche d'informations un peu moins tendancieuses !

Desmond France se leva sans un mot et s'éloigna d'un pas

majestueux. Barry Morgan, rouge de colère, brandit son doigt au-dessus de la table :

— Le problème avec toi, Schanberg, est que tu as une trop bonne opinion de toi-même et de ton journal. Il est grand temps que tu comprennes que cette guerre n'est pas tout entière une exclusivité du *New York Times,* organisée pour ton usage personnel.

Swain et les autres attendirent la réplique. D'ordinaire, les New-Yorkais ont le dessus dans les batailles de coups de gueule ; cela passe à Manhattan pour un échange de propos de bon ton. Mais Schanberg semblait curieusement ailleurs. Il resta silencieux, à observer le contenu de son verre. Morgan sourit. Il jeta une poignée de billets sur la table et s'en alla à grands pas saluer le diplomate éméché dont les deux invités cambodgiens avaient pris congé.

L'orchestre se livrait maintenant à une exécution approximative de *Tie A Yellow Ribbon Round The Old Oak Tree.* Un énorme colonel de l'armée américaine au visage large et plat se leva et commença à danser en titubant, s'approchant dangereusement de la piscine, avec une minuscule Cambodgienne qu'il serrait à étouffer sur son estomac gonflé de bière.

— Je boirais bien un autre verre, pas toi ? dit Swain un peu gauchement.

Schanberg fit non de la tête. C'est à peine s'il avait entendu la dernière remarque de Morgan. Sans finir son whisky, il se leva et fouilla dans ses poches pour trouver de quoi payer. Al Rockoff fronça les sourcils. Il ôta ses lunettes noires, découvrant des yeux bleu pâle, au regard innocent, et une expression qui n'était plus inquiétante, mais pleine de confiance et de sollicitude.

— Tu n'es pas contrarié par cette histoire tout de même, Sydney ? Tu pourras descendre en flèche cet espèce de connard, le jour où tu voudras. Quant à Desmond, s'il est chauve, c'est d'avoir trop reçu de petites tapes amicales sur la tête de la part des gars de l'ambassade.

Schanberg sourit :

— Je te paye un verre pour cela, Al, dit-il en ajoutant quelques billets à ceux laissés par Morgan.

Il sortit en leur tournant le dos et regarda encore discrètement vers la fenêtre, pour plus de certitude. Le rideau avait été ouvert. La faible lumière de la chambre clignotait, s'allumait, s'éteignait. Il vérifia l'heure à sa montre tout en pressant le pas aux portes du jardin. A peine plus de minuit. Cela ne faisait probablement pas très longtemps.

Il fut arrêté dans sa course par la vue d'un homme, grand, osseux, au visage triste, debout en smoking au comptoir de la réception de l'hôtel — un diplomate de l'ambassade, James Lincoln.

— James...

— Je ne peux pas vous parler.

— Mais si, vous pouvez.

Lincoln avait tourné les talons dès qu'il avait vu le journaliste approcher. Schanberg l'avait rattrapé à l'entrée de l'hôtel et il l'attira dans un endroit sombre.

— Vous savez ce que je vais vous demander. Neak Luong.

— Je n'ai rien à vous dire.

— Oh si! Toute la région bouclée pour raisons stratégiques? De retour ici, l'accès de l'hôpital Preah Keth Mealea interdit aux reporters?

Lincoln esquiva son regard.

— L'ambassade est sur des charbons ardents, dit-il. Si vous voulez des renseignements, adressez-vous à notre bureau de presse.

Schanberg empoigna fermement les épaules de Lincoln. Son sourire était menaçant.

— Nous n'allons pas commencer à nous disputer, insinua-t-il suavement.

— Bon. D'accord.

Lincoln regarda autour de lui et baissa la voix :

— Ceci est strictement confidentiel. A l'origine, il s'agit d'une erreur d'un ordinateur. Il a sorti des coordonnées erronées... et il se trouve qu'il y a un émetteur pour le radioguidage des B-52 en plein centre de Neak Luong.

— Combien?

— Vous aurez un communiqué demain. Disons, selon nos estimations, environ 55 militaires et probablement à peu près 35 civils.

— *Combien?*

— Ça va. Mettons deux cents. Ne dites pas que ça vient de moi. Mais, pouvez-vous me dire une chose, quelle a été votre source?

Mais Schanberg était déjà au milieu de l'escalier avant que Lincoln ait pu achever sa phrase. La Mercedes grise de Sarun était garée de l'autre côté de la rue. Dith Pran était assis, la portière ouverte, essayant de son mieux de masquer son anxiété. Ils avaient peut-être douze heures d'avance tout au plus.

La source, c'était Pran ; il était la source de presque tout.

15

Pran s'était rendu à l'aéroport de Pochentong ce matin-là ; il avait entendu les 3 700 chevaux des réacteurs des gros hélicoptères Huey, utilisés pour les transports de troupe, lorsqu'ils atterrirent l'un après l'autre, dans un bruit de tonnerre, dans la zone militaire interdite de l'aéroport ; il s'était précipité sur la terrasse et avait vu l'ambulance traverser la piste à toute allure et disparaître derrière les hangars. Et depuis lors, ils avaient tenté de percer l'écran de fumée dressé par l'ambassade, écran plus épais encore que lors des opérations habituelles de cette guerre du Cambodge. Lincoln avait été le premier à se décider à parler. L'erreur d'un ordinateur de B-52. Neak Luong interdit aux visiteurs. Il pouvait déjà voir l'article comme s'il était là, devant lui, étalé sur trois colonnes, avec même une photo, s'ils pouvaient concocter ça. Il donna un coup sur le toit de la voiture.

— Eh bien ? questionna-t-il.

— Toutes les routes sont bloquées, annonça Pran, assis à l'avant. Les avions ne prennent pas de passagers, même Khmers. Alors, j'essaye les patrouilleurs, mais ils ne veulent pas.

— Alors, pourquoi diable m'as-tu fait sortir ? A moins que les Martiens ne nous prêtent gentiment une soucoupe volante ?

Pran se retourna. Il s'efforçait de conserver un air modeste et nonchalant, mais ses yeux brillaient. Schanberg connaissait bien cette expression.

— Monsieur Oscar dit qu'il nous emmène. Pour 150 dollars, il nous emmène. Il quitte la jetée à une heure du matin.

Schanberg regarda sa Rolex en fronçant les sourcils.

— Vas-y, Sarun, appuie sur le champignon, dit-il.

Sarun, le chauffeur, émit un petit rire nerveux et haut perché, et la voiture fit un bond en avant. A travers la lunette arrière, Schanberg vit Lincoln debout sur les marches, contemplant le toit de l'hôtel. Peut-être songeait-il à installer un émetteur de radio-guidage pour B-52 là-haut, juste au-dessus des journalistes, et priait-il pour qu'il y ait alors une autre erreur d'ordinateur. Schanberg sourit. Sarun s'en aperçut dans le rétroviseur, et hocha joyeusement la tête.

Même à minuit, les routes étaient encombrées : cyclistes, camions de pièces détachées pour l'armée, taxis conduisant de hauts fonctionnaires cambodgiens chez leurs maîtresses, dans les grandes villas blanches sur la colline. Plus loin vers le sud, derrière les postes d'essence et les magasins tenus par les indigènes, s'entassaient depuis peu sans ordre des communes entières de misérables cahutes, faites de chaume, de bouts de carton, et parfois de morceaux de tôle ondulée, denrée très recherchée. Les réfugiés n'avaient cessé d'affluer vers la capitale depuis 1970, époque où les bombardements américains sur les frontières, repoussant le Vietcong toujours plus loin à l'intérieur du pays, avaient amené la guerre jusque dans les villages. Phnom Penh avait été, du temps de Sihanouk, une vaste et paisible métropole de 600 000 âmes. Aujourd'hui, elle en comptait un million, et ce nombre s'augmentait constamment des réfugiés de guerre.

Sans crier gare, Sarun tourna à gauche et s'engagea sur une étroite route accidentée. Très vite ils s'engouffrèrent en plein cœur d'une jungle qui n'avait jamais été bien loin autour d'eux, et qui maintenant serrait de près les flancs de la voiture. Ils s'enfonçaient dans un long tunnel obscur bordé d'un vert éclatant là où plongeait la lumière des phares, déviant sur les arbres. Pran souffla tout bas des instructions. Sarun souriait de toutes ses dents et ne disait mot. Les arbres s'espacèrent. Ils débouchèrent dans une clairière bâtie de quelques grossières huttes de bambou et jonchée de gens, endormis sur des nattes à même le sol. Les réfugiés étaient partout. Sarun s'arrêta et éteignit les phares. Aussitôt la nuit se referma sur eux, pleine de murmures, bruissante, bourdonnante. Schanberg regarda Pran, qui désignait silencieusement quelque chose de son bras tendu. Par-delà la clairière, s'étalait le Mekong, luisant au clair de lune.

Pran et Schanberg descendirent de la voiture. De jeunes garçons surgirent de nulle part ; Sarun repartit vers la jungle avant qu'ils ne commencent à s'en prendre aux enjoliveurs. Schanberg vérifia l'heure à sa montre, et dévala la pente jusqu'au ponton de bois, suivi de Pran, chargé des sacs photo.

Rien n'était en vue. Rien qui bougeât sur l'eau, à l'exception de deux barques de pêcheurs butant doucement contre le quai. Schanberg scrutait les environs, lorsque, jaillissant soudain du néant, une main brune donna poliment un petit coup sur l'extrémité de son soulier de cuir. A la lueur tremblotante d'une bougie, il distingua le bateau à rames sous la jetée de bois. Pran avait un doigt sur les lèvres. Les bâtiments de la marine cambodgienne n'étaient certainement pas loin. Avec précaution, Schanberg descendit dans l'embarcation et aida Pran à en faire autant, puis ils poussèrent en plein courant la barque amarrée au bout d'une longue corde, et se mirent à attendre.

Lorsque le bruit survint, ce fut comme celui d'une très vieille chaudière qu'on disloquerait et écraserait pour la ferraille. Dans un fracas d'entrechoquements, de cognements et grincements de plaques d'acier, la silhouette sombre et trapue d'un cargo obscurcit tout à coup l'horizon. Des mains se tendirent, des dollars leur furent remis, et Schanberg et Pran furent hissés à bord.

Schanberg avait déjà pris ce vieux rafiot pour remonter le Mekong de Saïgon à Phnom Penh. Il enjamba des sacs et des cageots assez mal arrimés, et se dirigea vers la timonerie. Un imposant personnage à la barbe en bataille, vêtu d'une salopette et coiffé d'une casquette de base-ball maculée d'huile, braquait ses jumelles au-dessus d'une épaisse muraille de sacs de sable, haute de près de deux mètres.

— Salut, Oscar, fit Schanberg sans enthousiasme.

— Quand je te le dirai, tu te jettes à plat ventre, grogna l'Australien.

Ils abordaient une courbe du fleuve ; Schanberg n'y voyait goutte. Lorsque les mots en khmer lui parvinrent à travers le porte-voix, d'une distance qui lui sembla d'à peine quelques mètres, il se plaqua sur le sol sans attendre l'ordre d'Oscar. La voix sur le patrouilleur les interpella de nouveau, en anglais cette fois.

— Identifiez-vous, s'il vous plaît. Déclinez votre identité, et indiquez-nous votre destination.

Oscar répondit cette fois, sans l'aide du mégaphone.

— Delta Queen, rugit-il avec le plus pur accent australien. Destination Neak Luong, transportant des secours d'urgence.

Puis il ajouta en baissant la voix :

— Les salauds, ils n'ont vraiment rien dans le crâne. Si les Khmers Rouges sont sur la rive, ils vons nous envoyer directement au purgatoire, eux comme nous.

Le faisceau d'un projecteur se promena sur eux un court instant, et le patrouilleur repartit vers l'amont, laissant derrière lui l'écume de son sillage. Schanberg se redressa.

— Qu'est-ce qu'on vous a dit à propos de Neak Luong ? demanda-t-il.

— Tu me demandes ça à moi ? C'est toi, le reporter. Je leur apporte principalement de l'équipement sanitaire. Ils doivent avoir un sérieux problème d'évacuation.

Schanberg hocha la tête. Il s'adossa à un sac de sable, et, pour la première fois de la journée, il sentit la tension qui l'oppressait se relâcher. Dans l'air flottait une odeur de kérosène, et une autre aussi, plus prenante. Le ciel nocturne était sillonné d'une multitude d'étoiles filantes, qui devenaient comme de flamboyants parachutes en sombrant à l'horizon. Le bourdonnement d'un moustique se transforma progressivement en un vrombissement d'hélicoptères invisibles au-dessus de leurs têtes.

Lorsqu'il rouvrit les yeux, le ciel avait des reflets de bronze dans le petit matin. Oscar n'avait pas quitté son poste à la barre. Schanberg descendit sous le pont, dans un bric-à-brac de cartons de fruits en conserve et de cageots pleins de poulets, qui se mirent à caqueter et à battre des ailes lorsqu'il passa près d'eux. Dans un espace un peu dégagé à l'arrière, un groupe d'indigènes à la peau sombre étaient accroupis autour d'un vieux Chinois, assis très droit dans une imitation de fauteuil Louis XV. Encore dans un demi-sommeil, Schanberg discerna Pran parmi eux et se dirigea vers lui.

Pran se releva précipitamment :

— Je crois que nous arrivons à Neak Luong très bientôt, annonça-t-il.

— Qu'est-ce que dit le Chinois ?

Pran l'observa. Le Chinois fixait devant lui un regard impassible.

— Il a entendu dire qu'il y a beaucoup de morts. Il va voir sa famille.

— Comment a-t-il pu en entendre parler ? fit Schanberg en se renfrognant. Bon Dieu, nous-mêmes venons seulement de l'apprendre.

Pran haussa les épaules en signe d'ignorance.

— Eh bien, va lui demander.

Pran se courba. Ils marmonnèrent tout bas quelques paroles, et, quand il releva son visage, celui-ci arborait un imperceptible sourire.

— Eh bien ?

— Il dit... Les morts parlent.

Schanberg les abandonna au milieu du bavardage des poules et s'en revint au poste de pilotage. Les couleurs avaient envahi le paysage : vert vif pour le sous-bois de la jungle, chocolat pour le buffle d'eau, immergé jusqu'aux genoux dans les eaux boueuses du Mekong et qui eut un mouvement de tête à leur passage.

Oscar fit un signe à Schanberg et lui désigna une colonne de fumée qui s'élevait de la jungle sur leur gauche.

— Un village incendié. Les Khmers Rouges brûlent tout. Ça fout les foies aux autres à côté, et ils en perdent l'envie de se battre.

Il se retourna à demi, et Schanberg remarqua le long

couteau qu'il portait accroché à la ceinture de sa salopette. Il poursuivit :

— Ne t'en fais pas. C'est plus au nord que ça devient dangereux. Les cocos tiennent le Mekong à moins de vingt kilomètres de Phnom Penh. Tout ce que je souhaite, c'est qu'ils ne gagnent pas trop rapidement. J'ai été pris de vitesse comme ça au Bangladesh.

Il fronça soudain les sourcils.

— Qu'est-ce qui se passe ?

— Au-dessus de ce bouquet d'arbres en face. On devrait voir le toit d'une pagode. Je ne vois rien.

Des cendres commençaient à voltiger autour d'eux. Elles se déposaient sur les sacs de sable, sur la barbe rousse d'Oscar, et couvraient d'une pellicule grise la veste de coton de Schanberg. C'est à ceci, joint à la poussière de briques que Schanberg avait prise pour un brouillard matinal, et à l'odeur sèche et piquante de l'incendie, qui laissait un goût âcre dans la bouche, qu'ils surent qu'ils étaient arrivés à Neak Luong.

La poussière leur pénètre dans la gorge. Pran range son appareil et sort un crayon et un bloc-notes de la poche de sa chemise. C'est la raison de sa présence ici. Journaliste d'abord, être humain ensuite. Le contraire serait inutile à Sydney, complètement inutile.

Il a pris de nombreuses photos déjà, certaines pour Sydney, d'autres pour lui-même. Le soleil de midi s'est mis à taper plus fort à travers la légère brume, et il a veillé à modifier l'ouverture. Il a déclenché l'obturateur devant deux hommes portant sur une civière un amas de chair noire surmonté d'une chevelure ; devant un oreiller taché de sang enseveli sous les ruines d'une maison dont l'entrée, restée intacte, est décorée des caractères chinois signifiant la chance ; devant un escalier de fer montant en spirale vers le néant, au milieu d'un désert de moellons ; devant un jeune garçon que l'on dégageait des ruines de sa maison et le fruit trempé de sang qu'il mangeait quand sa tête a été écrasée ; et devant un large cratère de bombe où un bus est venu planter son nez, le flanc ouvert par l'explosion comme une boîte de sardines. A la demande de Sydney, il s'approche pour prendre un cliché d'une des fenêtres, béante, au pourtour tapissé de mouches et recouvert d'une croûte de sang séché.

Maintenant Pran a son bloc-notes en main. C'est un *scoop*,

après tout. Une exclusivité de première importance. Et il n'y est pour rien, si les gens debout autour de lui à le regarder ne comprennent pas cela. « Dévastation », inscrit-il d'une écriture soignée. « Les lignes électriques sont coupées. De nombreux morts et blessés. Sur la Place Nationale, on ne voit plus que des ruines. »

Non. Ça ne va pas. Quel est le terme de Sydney déjà ? *Blabla*. Et Sydney ne l'a pas pris comme correspondant officiel, ce mois-ci précisément, pour qu'il fasse du blabla. Il reprend : « Selon les survivants, l'attaque a eu lieu hier à l'aube, par un bombardier B-52. Au vu de la dimension des cratères, nous pensons qu'il s'agissait de bombes de 500 (cinq cents) livres, larguées tout au long de la rue principale jusqu'au Mekong. Un B-52 transporte 30 (trente) tonnes de bombes. »

Il regarde Schanberg. Un homme l'a saisi par l'ourlet de sa veste et lui explique en mauvais anglais, avec de grands mouvements circulaires des bras, comment l'avion était si haut que personne ne l'a vu, comment les maisons et les gens ont volé dans les airs et se sont écrasés de l'autre côté de la rue, comment la terre a tremblé, déplaçant de plusieurs mètres celles des maisons qui n'avaient pas été construites selon les méthodes transmises dans sa famille de génération en génération. Sydney a en ce moment une expression étonnamment attentive, aiguë, pénétrante, même pour un Occidental ; il interrompt pour griffonner des notes ou aboyer des questions, tout son corps concentré sur les faits. Sa devise : *Personne ne dame le pion au* New York Times.

Pran soupire. Un petit camion a lentement trouvé son chemin à travers la chaussée défoncée et dépose maintenant son chargement de deux paniers tressés pleins de cochons poussant des cris perçants. Il note : « La vie s'épanouit au bord même de la tombe » ; et il range son carnet.

Un homme de l'âge de Pran, trente-cinq ans environ, se dirigeait vers eux en cahotant sur une moto Honda. Derrière lui était assise une jeune fille aux lèvres rondes et aux immenses yeux noirs, belle, même avec ses longs cheveux noués dans une écharpe, et belle tout particulièrement dans ce décor de cauchemar. L'homme s'adressa à eux de loin en criant. Pran traduisit pour Schanberg.

— Il dit qu'il s'appelle Sahn. La jeune fille s'appelle Rosa.

21

Ils allaient se marier. Oui. Son père a été tué. Maintenant ils vont attendre la fin de la guerre.

Schanberg hocha la tête.

— Quelqu'un leur a-t-il dit comment cela est arrivé ?

Pran répéta la question. Cette fois, c'est la fille qui répondit, d'une voix aiguë, avec des larmes dedans, et sans les regarder.

— Peu importe, dit-elle. Ça n'intéresse personne, comment. Seulement quand. Seulement quand la guerre finira. Tout le monde veut la fin des combats.

Une petite fille avec une taie sur l'œil tirait Pran par la manche et agitait un badge Mercedes tout brillant.

— Achète ! Achète ! criait-elle d'une voix perçante.

Sahn répéta sa question.

— Il veut savoir... est-ce que le gouvernement américain a arrêté le pilote ?

Schanberg ne répondit pas. Il fouillait ses poches à la recherche de quelques pièces pour la petite fille.

— Ils n'ont plus nulle part où aller maintenant. Toutes les maisons aux limites de la ville sont détruites. Il va nous montrer...

— Non. Pas tout de suite. Dis-lui que nous reviendrons. Je veux aller à l'hôpital.

Pran traduisit.

— Il n'y a pas d'hôpital.

— Je sais bien, l'hôpital a été détruit. Je sais. Peut-il nous montrer où il était ?

Pran transmit la question, puis la réponse. La Honda partit en dérapant. Rosa avait enfoui sa tête sur l'épaule de Sahn. Schanberg démarra après eux ; Pran lui cria de prendre garde. Deux jeeps de l'armée cambodgienne traversaient en cahotant la Place Nationale et venaient dans leur direction.

Schanberg sourit. Il conserva son sourire tout en parlant à Pran.

— Pas de panique. Ayons l'air naturel. On marche vers eux avec un grand sourire, et pendant ce temps, tu retires la pellicule de l'appareil et tu la fourres dans tes chaussettes. Naturel. Aie l'air naturel.

Pran laissa tomber l'étui de l'appareil et s'agenouilla à la hâte pour opérer le transfert tandis que les jeeps s'immobilisaient en patinant. Des soldats en bondirent en faisant claquer leurs bottes et en criant de leurs voix stridentes. A l'arrière du premier véhicule, ils avaient deux prisonniers, ligotés les coudes en arrière comme des poulets. Des gamins, ou guère plus, ils écarquillaient sur Pran et Schanberg de grands yeux noirs terrorisés.

Les soldats les poussèrent brutalement à bas de la jeep, et ils restèrent là sur le sol boueux, ruant faiblement, les yeux toujours fixés sur les journalistes. Schanberg leva son appareil, puis l'abaissa. Les soldats crachèrent sur les deux jeunes gens et les accablèrent de sarcasmes, encouragés par deux jeunes femmes soldats dans la seconde jeep, qui pouffaient derrière leurs mains.

Pran traduisit.

— Ils disent ils ont tué beaucoup de paysans... exécutent des personnes âgées avec des baïonnettes... et des femmes enceintes... et aussi ils ont tué deux hommes avec des chiffons trempés dans de l'essence... les ont enfoncés dans leurs gorges et ont mis le feu.

Une des filles écoutait *Rocket Man* d'Elton John sur un transistor de marque japonaise. Aux deux jeunes Khmers Rouges dans la boue, on aurait donné le bon Dieu sans confession. Un officier cambodgien pénétra dans le cercle des soldats et donna un ordre. Sous une nouvelle pluie de sarcasmes et d'injures, les deux prisonniers furent traînés jusqu'à un réfrigérateur qui se dressait, intact, sur un matelas au milieu des décombres d'une maison entièrement rasée. Pran chuchota d'une voix rauque dans l'oreille de Schanberg.

— Ils vont... ils disent que quand ils seront morts, ils vont les couper en morceaux et les congeler jusqu'à ce qu'ils soient prêts à manger.

Des enfants s'étaient assemblés pour voir le spectacle. Les soldats vérifiaient distraitement leurs fusils. La petite fille au badge Mercedes gambadait entre leurs jambes, en quête d'autres objets brillants enfouis dans la boue. Lorsqu'on entendit le bruit sec des leviers de culasse, une larme perla à l'œil du plus jeune prisonnier et lui coula sur la joue. De honte, il baissa la tête.

Schanberg n'y tint plus. Grimpant un peu plus haut pour avoir un meilleur angle de prise de vue, il souleva son appareil et mit au point sur les bourreaux. L'officier cambodgien, élégamment vêtu d'un pantalon kaki et d'un gilet pare-balles du stock américain, poussa un rugissement de colère. Il était prêt à donner le spectacle de l'exécution devant tout Neak Luong, pour servir d'exemple du danger qu'il y avait à s'acoquiner avec les Khmers Rouges. Mais l'œil de l'appareil photo d'un journaliste étranger, c'était une tout autre histoire. L'air furieux, il fit signe au peloton d'exécution d'attendre et envoya deux soldats chercher Pran et Schanberg à la pointe de leurs fusils.

Les deux journalistes mirent les mains en l'air. Schanberg parla du coin des lèvres.

— Continue à sourire. Demande ce que nous pouvons faire pour eux.

Pran s'éclaircit la gorge et s'adressa à l'officier, mais sa voix était un ton plus haut qu'à l'ordinaire. L'officier répliqua sèchement et fit de la tête un signe aux soldats, qui abaissèrent leurs M-16. Pran laissa tomber ses bras, avec un sourire de soulagement.

— Il dit que nous sommes en état d'arrestation.

— Quoi ? Pourquoi ?

— Désolé, Sydney.

Avant que Schanberg ait pu élever la moindre protestation, ils furent poussés vers le bas de la rue. Ils entendirent derrière eux le claquement des culasses et le crépitement de la fusillade. Ils ne se retournèrent pas. La petite fille, qui les avait suivis pas à pas, les rattrapa soudain en courant et glissa le badge dans la main de Pran, qu'elle referma dessus. Puis elle détala sur la chaussée lacérée, sautant pour éviter les tuyaux d'égout cassés, les marmites brisées, et les lambeaux indéfinissables de ce qui, hier, avait peut-être été de la chair humaine.

Cela avait dû être un bâtiment scolaire avant qu'il ne soit réquisitionné par l'armée. Des cahiers gisaient éparpillés sur le plancher au milieu des caisses de munitions. Sur l'une d'elles, une main d'enfant, malhabile, avait tracé en français des lettres rondes et appliquées : J'AIME, TU AIMES, IL AIME, NOUS AIMONS, VOUS AIMEZ, ILS AIMENT. Sur un mur, au-dessus d'une carte d'Indochine en couleurs, on avait collé une photographie de Lon Nol, arborant son sourire satisfait. Des pièces de mousseline sale étaient punaisées devant les fenêtres dont les carreaux avaient explosé. On avait grossièrement balayé sous un bureau les débris de verre, mélangés aux habituels éclats d'obus.

Schanberg, chancelant sous l'effet de la fatigue et du Nytol, se redressa sur son matelas dans le coin et gratta les poils hérissés de sa barbe. Ses jambes lui faisaient mal ; sa veste de coton était toute engluée des crottes des poules que l'on avait délogées du lit pour faire de la place. La lumière de l'aube filtrant à travers la mousseline signifiait que la nuit entière s'était probablement enfuie sans qu'il s'en rende compte. Son article aurait pu être à l'impression à l'heure qu'il était. Il planta son poing dans le matelas et jura tout haut.

Leur gardien, qui avait somnolé, assis sur une pile de caisses de munitions, se réveilla en sursaut. Son fusil en tombant résonna sur le plancher et il se précipita dessus, l'air affolé, tandis que les poules s'envolaient dans toutes les directions. Petit personnage maigrichon, affublé d'un uniforme vert des surplus de l'armée américaine de plusieurs tailles trop grand pour lui, il serrait son fusil contre lui comme s'il s'agissait de son unique protection. Schanberg frotta ses yeux douloureux et poussa un gémissement d'impuissance.

— Ecoute, pauvre con. Je suis citoyen américain. Je suis de ton côté, t'as compris ? Je suis là pour tout raconter au sujet des bombes, d'accord ? Au sujet du bombardement...

Il lança un regard vers Pran, tranquillement installé dans l'ombre.

— Dis-lui, toi, Pran, bordel ! Il faut absolument que nous sortions d'ici.

Le Cambodgien secoua la tête sans conviction mais traduisit cependant. Pour toute réponse, le soldat brandit le fusil dans sa direction comme un arrosoir. Schanberg se leva et alla jusqu'à la fenêtre en frappant des pieds.

Leur prison se situait à proximité de la pagode qu'Oscar n'avait pu apercevoir, à bord du *Delta Queen*. La raison en était claire maintenant. Les ondes de choc de l'explosion avaient jeté à bas son sommet en forme de bulbe et il s'était écrasé à terre. Près de là, une rangée de maisons sur pilotis qui, au-delà d'un vaste marché aux poissons, avaient vue sur les quais, s'était effondrée dans un enchevêtrement de planches et de bambous brisés. Des femmes furetaient dans les décombres, surveillées par un moine bouddhiste vêtu d'une robe safran, qui, de temps à autre, tâtait les débris du bout de son parapluie noir.

Pran le rejoignit à la fenêtre. Une sensation de gêne et de colère étreignit Schanberg.

— Alors, c'est cela qu'ils veulent dire dans leur communiqué, dit-il. Quand ils parlent de bombes tombées dans des zones presque inhabitées, ne causant que peu de pertes parmi les civils, mais infligeant des dégâts considérables aux positions ennemies. C'est cela qu'ils veulent dire !

Pran se détourna sans mot dire. La colère de Schanberg se transforma en exaspération contre le silence trop poli de son assistant. Bon sang, c'était comme essayer d'expliquer les sentiments humains les plus naturels d'agression et de haine à un enfant qui n'y comprendrait rien. Il aurait voulu que Pran lui hurle après, ou fasse quelque réflexion amère ou sarcastique. Au lieu de cela, son silence donnait plus d'acuité au sentiment de culpabilité et de solitude de Schanberg. Si le Cambodge avait défendu les Etats-Unis et, par mégarde, rayé Buffalo de la carte, eh bien, bon Dieu, il l'aurait entendu!

Il y eut des pas à l'extérieur dans l'escalier. Pas trop tôt. Mais quand la porte s'ouvrit, ce n'était pas l'officier, comme Schanberg l'avait espéré. Un jeune garçon coiffé d'un casque trop grand pour lui entra, tenant deux bols de nouilles. Il était âgé de treize ans tout au plus, mais deux grenades à main pendaient à sa ceinture; il lançait des bouffées de sa cigarette et louchait quand la fumée lui piquait les yeux.

Il jeta les deux bols sur le bureau et s'assit à côté, ses pieds nus pendant à quelques centimètres du sol. Schanberg ne put s'empêcher d'éclater.

— Ils vont nous garder ici encore longtemps? Allez, vas-y, dis-lui que j'exige de voir un officier. Tu entends? *J'exige* de voir un officier.

Le soldat empoigna son fusil. Schanberg eut un haussement d'épaules; il regarda Pran d'un air courroucé.

— Allez, mange, ordonna-t-il, en faisant un geste vers la nourriture. Mange! Mange donc!

Pran secoua la tête. Il ouvrait de grands yeux effrayés.

— Je suis inquiet, Sydney, fit-il.

— Pourquoi?

— C'est moi qui t'ai amené ici. Ils vont peut-être m'accuser. Peut-être m'arrêter...

— Comment ça t'arrêter? Tu es déjà arrêté. Mange.

La porte de la salle de classe s'ouvrit à nouveau et un autre soldat apparut, tenant son M-16 comme s'il savait s'en servir. Avec une expression de reconnaissance, leur gardien dégringola du tas de caisses de munitions où il était perché et partit faire un somme. Schanberg tonna:

— Eh! vous, là-bas. Pran, dis-lui qu'il me faut des cigarettes et que j'ai envie de pisser.

Pran marmonnait à part lui:

— Ils vont téléphoner à Phnom Penh pour moi.

— VAS-TU LEUR DIRE QUE JE VEUX PISSER!

Pran traduisit:

— Il dit, on ne pisse pas.

— Comment ça, on ne pisse pas? On ne peut pas empêcher quelqu'un de pisser. J'exige de pisser.

26

Pran traduisit encore :

— Il dit, pisse par la fenêtre. Les Américains ont l'habitude de pisser de haut.

— Il n'est pas bien, ce type ? Il se fout de ma gueule ? Il y a des gens là-bas.

Schanberg farfouilla dans un paquet de Bastos locales ; il était vide, et il le lança violemment au milieu des débris d'obus.

— J'en ai plein le dos, de leurs conneries ! Je me barre. J'ai un papier à envoyer à New York.

Il se dirigea vers la porte, bousculant le garde. Pran resta pétrifié.

— Ne me laisse pas, Sydney !

La culasse d'un fusil claqua. Un autre soldat se tenait au pied de l'escalier, l'arme pointée sur Schanberg, et le doigt sur la détente. Schanberg mit aussitôt les mains en l'air.

— Je ne te quitte pas, Pran, fit-il.

Les heures passèrent. Schanberg faisait les cent pas entre le matelas et la fenêtre. Dehors, des gens étaient venus grossir le nombre de ceux qui furetaient dans les ruines. Deux infirmiers de l'hôpital étaient parvenus à soulever une plaque de tôle ondulée. Schanberg se détourna du spectacle de ce qui gisait dessous. Juste sous la fenêtre, une famille de réfugiés était assise dans un char à bœufs. L'homme et son épouse avaient des visages burinés et carrés de paysans, mais marqués par la faim et la fatigue. D'une main, l'homme tenait les rênes, et, de l'autre, il se frottait sans arrêt les yeux, comme s'ils étaient infectés. Sa femme tirait sur ses cheveux noirs tressés, couverts de poussière, et les tordait machinalement, sans cesser de regarder calmement devant elle, comme si la douleur n'avait pas de prise sur elle. Leur petite fille était assise à l'arrière, où s'entassait tout un fatras, marmites, couvertures, sacs de grains, et un tas de vêtements enroulés dans un matelas.

Bien calé entre une pioche et une houe, luisait un poste à transistors. A quoi avait-il jamais pu leur servir ? Il ne les avait certes pas prévenus du raid des B-52. Pas plus qu'il ne les avait informés des succès des Khmers Rouges, de leur lente progression à travers le pays, à la manière d'un acide détruisant tout ce qu'il ne pouvait pas transformer. Et puis, il n'était pas assez puissant pour capter les discours du Président Nixon, à Washington, qui rappelait à toutes les personnes dans des chars à bœufs, où qu'elles se trouvent, que les petites nations étaient menacées, et que, quand les dés seraient jetés, s'il leur devenait impossible de contrôler leur propre destin, les Etats-Unis d'Amérique entreraient alors en scène et les sauveraient « des forces du totalitarisme et de l'anarchie qui menacent la liberté des nations et des institutions partout dans le monde ». Non. Tout ce que la radio leur apprenait, c'était qu'à Phnom Penh, vers où ils se dirigeaient certainement en cette matinée, il faisait chaud et humide, avec des risques d'orage dans le cours de la journée.

— Monsieur !

C'était le petit garçon aux grenades. Balançant ses jambes, il adressa un sourire timide à Schanberg et tint un long discours bavard en khmer.

— Qu'est-ce qu'il dit ?

Pran traduisit en souriant.

— Il dit qu'il a douze ans. Et qu'il aime l'Amérique.

— Vraiment ? Et qu'est-ce qui lui plaît en Amérique ?

Cette fois, le gamin rassembla tout son courage :

— Voitures, dit-il en anglais, après avoir beaucoup réfléchi. Amérique, très bonnes voitures. *Tout le monde partout* avoir bonnes voitures.

— Où a-t-il appris l'anglais ?

— Un conseiller américain dans son unité... Il lui a appris, traduisit Pran. Il demande quel genre de voiture vous avez en Amérique.

Schanberg songea aux canyons embouteillés de Manhattan.

— Je n'ai pas de voiture. Seulement la Mercedes.

Le visage du gosse s'éclaira. Il s'essuya le bras sur le visage et sourit jusqu'aux oreilles :

— Mercedes. Bon. Très bon.

Schanberg examina le gamin. Il était trop petit pour porter un M-16. C'était peut-être pour cela qu'on lui avait donné des grenades à la place.

— Pran, demande-lui pourquoi il n'a pas de bottes.

Pran parla, écouta, et traduisit.

— Ils n'ont pas de souliers parce qu'on ne leur donne pas de solde. Ils n'ont pas de solde parce que les généraux ont besoin de maisons...

De quelques mots incisifs en khmer, l'autre garde le fit taire. Le gamin se leva pour s'en aller, non sans s'être incliné poliment devant Schanberg. Dans un élan, Pran lui tendit le badge Mercedes que la petite fille lui avait donné. L'enfant le prit et, s'inclinant encore, l'air ravi, sortit à pas feutrés. L'air hargneux, le garde parla de nouveau à Pran, qui secoua la tête.

— Il dit, s'il n'a pas de chaussures, la raison c'est : pas assez d'argent américain.

Schanberg haussa les épaules et se retourna vers la fenêtre. La raison, c'est qu'il y avait trop d'argent américain, et non trop peu — et en particulier depuis que l'accord signé à Paris en janvier, et qui visait à suspendre les bombardements sur le Vietnam, avait fait du Cambodge le seul terrain de chasse autorisé. Il avait rendu les commandants de l'armée très gourmands. Il leur avait permis de s'acheter de luxueuses villas, des voitures rapides, et une ribambelle de maîtresses, sans parler d'un compte à l'étranger et d'un billet d'avion assuré pour quitter le pays si les choses tournaient au vinaigre. Quand l'afflux des billets verts fit grimper l'inflation à des hauteurs vertigineuses, ils trouvèrent d'autres moyens de s'enrichir. Par le biais d'intermédiaires, ils se mirent à revendre les canons et les mortiers de l'armée américaine à leurs ennemis les Khmers Rouges. Ils inventèrent de toutes pièces des brigades et des bataillons entiers de soldats fantômes, et empochèrent leurs soldes ; un tiers des appointements de l'armée allèrent à des soldats imaginaires. De nombreux commandants refusaient même de verser aux soldats bien réels leurs maigres treize dollars mensuels, et leur faisaient payer les rations de riz qu'ils étaient supposés leur distribuer.

Le résultat était prévisible. Les troupes, dont on attendait qu'elles combattent les Khmers Rouges et les Vietnamiens, devaient passer le plus clair de leur temps à glaner leur survie dans le voisinage, volant des poules, pêchant et ramassant du bois. En fait, la seule denrée que l'on trouvât en abondance au Cambodge, c'était les munitions américaines. En telle abondance même que personne ne se souciait véritablement de viser juste, et bien moins encore ces fils de paysans et de porteurs d'eau qui n'avaient jamais été correctement entraînés au maniement des armes.

C'était là bien sûr le genre de choses qu'il avait tenté de dénoncer, ce qui lui avait valu quelques coups sur les doigts. L'ambassade à Phnom Penh considérait cela comme subversif. A Washington, le Pentagone avait émis de sérieux doutes sur sa crédibilité en tant que reporter. Les Etats-Unis d'Amérique étaient engagés dans une guerre contre la menace rampante du communisme. Il était mauvais pour le moral du pays de laisser entendre que, si l'on perdait cette guerre, c'était de l'intérieur aussi bien que de l'extérieur.

On descendait une civière vers un patrouilleur amarré au quai. Schanberg se souvint du Chinois, très droit sur son antique fauteuil, et chercha Pran des yeux. Son assistant était patiemment assis sur le plancher, dans sa chemise blanche et son pantalon gris, au milieu des éclats d'obus et des crottes de poules, comme un employé de banque attendant l'ouverture des portes. Un employé très affamé.

Pran releva la tête et croisa son regard; Schanberg eut un petit sourire. Ils étaient dans le même bateau. Il alla jusqu'à la table et prit les deux bols de pâtes. L'effet du Nytol s'était dissipé maintenant, et il s'apercevait soudain qu'il avait une faim de loup. Il s'assit aux côtés de Pran et plaça entre eux les deux bols.

— Tu sais ce qui m'étonne toujours? dit-il à Pran. C'est la façon dont ces gens peuvent continuer à vivre, au milieu de toute cette mort et de cette destruction.

— Ils souffrent pourtant comme les autres, dit Pran après avoir marqué un temps. La seule différence peut-être, c'est qu'avec les Cambodgiens, la tristesse quitte très vite le visage, mais elle descend à l'intérieur, et y reste très longtemps.

Une autre heure s'écoula, deux peut-être. Ils étaient allongés dans un demi-sommeil, une sorte de coma dû à la chaleur, lourde et suffocante. Même les mouches qui tournoyaient doucement en bourdonnant autour des bols semblaient comme anesthésiées. Pran avait les yeux fermés; Schanberg, tout près de sombrer, les yeux mi-clos, regardait un rayon de soleil sur le canon du fusil du garde.

Soudain, un mugissement en khmer le tira de sa torpeur. C'était une annonce par haut-parleur. Pran commença à traduire presque avant d'être réveillé.

— Le gouvernement cambodgien se joint aux Etats-Unis pour exprimer sa sympathie aux citoyens de Neak Luong... A titre de compensation, le gouvernement des Etats-Unis est prêt à verser des indemnités substantielles... 400 dollars pour chaque personne décédée, 20 dollars pour chaque blessé... Des formulaires vous seront distribués...

L'indignation coupa toute envie de dormir à Schanberg. Il griffonna quelques mots dans son carnet et rajouta une note pour se rappeler de vérifier la sanction réservée à l'équipage du B-52. Il n'entendit le bruit de l'hélicoptère que lorsqu'il fut presque au-dessus de leurs têtes.

— Un Huey, fit Pran, penché à la fenêtre.

Schanberg vint se placer derrière lui. Le gros hélicoptère ventru se posait en douceur sur le marché aux poissons à proximité de la pagode. Si les fenêtres avaient encore eu des vitres, Schanberg les aurait fracassées du poing.

— Ils ont amené une équipe de reporters, dit-il d'un air incrédule et douloureux. — Puis il le répéta, en rugissant, fou de rage : ILS ONT AMENÉ LEUR PUTAIN D'ÉQUIPE !

Par-dessus l'épaule de Pran, il regardait les fringants uniformes descendre dans les décombres : deux marines portant d'un air détaché des mitrailleuses Uzi, juste pour le cas où les habitants auraient eu quelque chose à leur reprocher. Deux gradés cambodgiens, dont le général Hemaus, les suivaient, puis venait le major Slade, de l'Etat-Major américain, Lincoln, que Schanberg avait vu pour la première fois debout sur les marches de l'hôtel *Phnom,* Barry Morgan, Desmond France, deux femmes reporters de périodiques américains, et un journaliste indien.

— Seigneur, regarde-les, dit Schanberg, souriant sans gaieté, des lèche-culs sélectionnés pour laver le linge sale.

Il se retourna brusquement vers le garde, tellement hors de lui qu'il pouvait à peine le fixer.

— Je vais te dire une bonne chose, s'écria-t-il. Je sors d'ici. Et *tout de suite.*

Le garde secoua la tête. Un autre soldat monta en courant les escaliers. Schanberg sortit son passeport et le leur brandit à la figure, désignant sa photo du doigt.

— Qu'est-ce que vous voulez faire ? Me faire sauter la cervelle ? On a les marines et le général là-bas. Et ça, c'est un passeport américain. Et ça, c'est moi.

Pran traduisit précipitamment :

— Il doit aller chercher l'officier...

— Eh bien ! Qu'il y aille. QU'IL Y AILLE !

Le temps pour Schanberg et Pran de descendre et d'arriver sur le marché aux poissons, et la scène avait été, on ne sait trop comment, américanisée. Partout, c'était des visages amicaux. On serrait des mains. On se donnait des tapes sur l'épaule. L'apathie et le désespoir avaient disparu devant un déploiement d'énergie fébrile qui communiquait aux habitants de la ville l'illusion que les choses n'étaient pas aussi sombres qu'elles l'étaient en fait. Certains marines même prêtaient main-forte aux brancardiers.

Sur une estrade surélevée, improvisée spontanément sur les ruines aplanies de la maison d'un pêcheur, un haut fonctionnaire de l'ambassade américaine, flanqué d'un assortiment d'officiers de l'armée cambodgienne et de prêtres bouddhistes, terminait son discours :

— En temps de guerre, chacun apprend à souffrir. Mais je pense que vous serez d'accord avec moi pour dire qu'il est particulièrement démoralisant de se voir infliger mort et destruction par ses propres amis. Tout ce que je peux vous dire, du fond du cœur...

Un deuxième Huey, amorçant son atterrissage, emporta ses dernières paroles ; les habitants et les journalistes assemblés applaudirent néanmoins avec enthousiasme lorsqu'ils le virent rendre le micro. Cependant, Barry Morgan avait obtenu d'un détachement de brancardiers qu'il s'arrêtât un instant devant la pagode. Il prit la photo lorsque la main qui s'agitait faiblement sur le drap taché de sang se fut immobilisée.

— Touche de miséricorde dans un paysage de légende, murmura-t-il.

Et, d'un geste, il congédia les brancardiers.

Schanberg n'était pas d'humeur à participer à la petite fête amicale.

Par hasard ou à dessein, de l'autre côté du Mekong parvenait le bruit d'un combat d'artillerie. Par-delà la vaste étendue d'eau, l'air était si plein des vibrations des canons à gros calibre que chacun pouvait les sentir sur son visage.

Des F-111 passaient avec fracas sur leurs têtes ; les hélicoptères de combat Huey envoyaient des gerbes de napalm orange éclore très haut au-dessus des palmiers qu'on voyait au loin. Slade, habillé de kaki, jouait les commentateurs de la bataille à l'intention d'un groupe de journalistes. Schanberg se dirigea sur lui, traînant après lui Pran qui griffonnait avec fougue, se mordant les joues dans sa concentration.

— Cet hélicoptère va maintenant effectuer un deuxième voyage, en mettant à profit l'écran de fumée pour se dissimuler, poursuivait Slade.

Bâti comme un footballeur américain, puissant, le teint rose, il avait d'énormes mains musculeuses, capables de déchirer un gros livre en deux.

— Ces petites ordures à la peau basanée continuent d'avancer, mais chaque mètre qu'ils font leur coûte une bonne vingtaine de vies humaines.

— Ne pouvez-vous intensifier les bombardements ? demanda Desmond France.

Slade soupira.

— Si seulement nous le pouvions, monsieur, dit-il. Actuellement, la Septième Division de l'Armée de l'air en est à un rythme de quatre-vingts raids par jour sur le Cambodge. Cela fait vingt fois plus que le maximum des raids au Vietnam, et là, très franchement, nous avons des problèmes au niveau du contrôle du trafic aérien. Il y a tellement de ces foutus bombardiers là-haut que nous ne pouvons plus émettre les signaux d'attaque aérienne assez rapidement. C'est comme de jouer au flipper avec quatre-vingts spots vous clignotant dans la figure... Je suppose que c'est un jeu auquel vous ne jouez guère, monsieur France !

Cette saillie provoqua des petits rires étouffés. Schanberg intervint, respirant difficilement :

— Jeu de flipper non autorisé, Slade, étant donné que les deux Chambres ont voté l'arrêt des bombardements, avec prise d'effet il y a six semaines de cela.

Slade le foudroya du regard.

— Oh, Schanberg, vous n'avez vraiment pas de leçons à me donner sur le non-respect des règlements.

Quelqu'un frappa Schanberg sur l'épaule. C'était Lincoln, un sourire sinistre aux lèvres.

— Toujours entier, Sydney ?

— Vous, foutez-moi la paix.

Schanberg s'éloigna à grands pas. L'essentiel était maintenant de rentrer à Phnom Penh avant la fermeture du bureau des dépêches. Un correspondant de la télévision, en treillis impeccable et bottes en peau de serpent, venait juste de débarquer avec l'équipage d'un patrouilleur, et mettait tout en place pour une prise de vue, de manière à englober à la fois la pagode et le combat sur l'autre rive du Mekong. Un assistant, collé à ses talons, lui lisait son texte...

— La transition entre les éternelles vérités du bouddhisme et les techniques sophistiquées de la guerre moderne a été tragiquement rapide pour ce magnifique pays au destin funeste.

Schanberg s'arrêta pour laisser passer une civière. On l'avait descendue d'une péniche qui transportait les blessés de la bataille de l'autre rive ; c'était une jeune fille soldat, une fleur jaune piquée sur son casque, l'estomac à moitié emporté, toujours cramponnée d'un air hébété à son émetteur-récepteur, et qui geignait doucement. Il la regardait, avec un mélange d'horreur et de pitié, quand Lincoln le rattrapa.

— Vous n'avez pas été très juste tout à l'heure, Sydney. Après ce fameux vote, le Congrès a accordé à l'Administration un prolongement des bombardements de sept semaines, pour tenter de forcer les Khmers Rouges à un cessez-le-feu. Vous le savez très bien. *Il nous faut les contraindre à négocier, de force.*

— Qu'est-ce que Tim O'Neill a dit, déjà ? Les bombardements doivent cesser parce que « le Cambodge ne vaut pas le sacrifice d'un seul Américain ». Ce sont ses propres mots. Mais regardez donc autour de vous, James. Quel est le prix de toute cette souffrance ? Combien vaut-elle, aux yeux de l'Amérique ?

Il secoua la tête.

— Excusez-moi, j'ai un article à envoyer.

Il fit un signe à Pran et ils s'en allèrent vers le Huey, en passant devant les tentes de mousseline de fortune dressées pour les blessés. Slade les aperçut et les interpella d'une voix tonitruante.

— Vous retournez au *bateau*, monsieur Schanberg.

Schanberg le dévisagea fixement, trop étranglé par la colère pour pouvoir articuler un mot. Il était à Neak Luong depuis vingt-quatre heures, à préparer un article détaillé, et maintenant on donnait la priorité à une équipe qui était restée vingt minutes, et repartait avec de minables photos de quelques victimes bandées. Lincoln essaya de le raisonner.

— Sydney, écoutez-moi. C'est vous qui êtes à l'origine de tout ceci. Si vous n'étiez pas ici, je n'y serais pas non plus. Ça ne me plaît guère, d'être ici. Cela vous a servi à quoi ?

Quelque chose qui avait couvé en Schanberg toute la journée, prêt à exploser, déborda soudain :

— Ça servira à gâcher quelques petits déjeuners à New York ! glapit-il. Et peut-être à apprendre à certains ce que signifie cette guerre en réalité !

La lumière déclinait déjà quand le patrouilleur reprit sa route vers l'amont du fleuve, emportant Pran et Schanberg à son bord. Au-delà du Mekong, un Huey inondait la jungle à l'horizon d'une lumière artificielle, comme s'il n'existait plus d'hier ni de demain.

DEUXIÈME PARTIE

CAMBODGE, JANVIER-AVRIL 1975

AL ROCKOFF AVAIT échangé son blue-jean contre une chemise à fleurs et un pantalon impeccablement repassé, car il s'agissait là d'une soirée respectable, voire même distinguée. C'était le réveillon du Nouvel An à Phnom Penh, et un diplomate de haut rang, Howard Best, offrait chez lui une réception. On célébrait au champagne les dernières minutes de 1974 ; l'on dansait sur la pelouse aux accents de Frank Sinatra ; aux dames en robes de soirée, l'on recommandait de se tenir à l'écart du barbecue et des éclaboussures d'huile brûlante que les côtelettes projetaient sur l'herbe. C'était une version un peu moins fastueuse des réceptions que le prince Sihanouk donnait jadis, et qui se prolongeaient jusqu'à l'aube, à moins que l'on ne congédiât plus tôt les diplomates dans leurs uniformes de gala blancs, tachés de vin. Non que beaucoup des personnes présentes aient pu se souvenir de Sihanouk et des jours anciens. C'était alors un Cambodge bien différent, comme un coin de province, coupé des grands courants du siècle, aux yeux de la plupart des Occidentaux.

Mais plus aujourd'hui. Les diplomates conviés à la réception chez Howard Best pouvaient se promener la tête haute. Après tout, le Cambodge s'était vu confier un rôle géopolitique clé. Il était possible désormais de se pencher à ce balcon et de regarder, au-delà des lampes de couleurs et de l'orchestre dans le jardin, jusqu'au Mekong, et de savoir, avec un petit frisson d'orgueil, que là-bas, quelque part dans la nuit, la vague rouge du communisme était tenue en respect. Ici même, au milieu des habits de fête, le monde libre résistait à la tyrannie. Encore une tournée de champagne, et l'on pourrait porter un toast à la liberté.

Le champagne était un Krug de qualité honnête et Al Rockoff n'en était plus à son premier toast. Si c'était cela, la démocratie, il était pour. S'étant traîné jusqu'au buffet, il remplit son assiette de caviar et de mayonnaise, et commença à se promener dans la salle. Sous son chapeau de papier rose et derrière ses lunettes noires, il finissait par se sentir invisible. Droit devant lui, se dressait une imposante masse d'organdi vert et bleu, pleine à en craquer d'une grosse dame rose, qui portait trois rangs de perles et des larmes de diamant à ses oreilles grassouillettes. Auprès d'elle, le major Slade, débordant de sa chemise, tenait entre deux doigts sa coupe de champagne et acquiesçait aimablement :

— C'est tout à fait exact, madame Shaw-Stewart. Enfin, comment voulez-vous expliquer le communisme à un dobermann ?

— Naturellement ! Mais j'en ai le cœur brisé, répliqua Mme Shaw-Stewart d'un ton pincé très britannique. Je suppose qu'en temps de guerre chacun doit faire des sacrifices. Mais je ne sais vraiment pas comment je pourrais regarder Geoffrey en face s'il nous faut le faire piquer. Je veux dire, que dire dans ces cas-là ?

— Le mieux est de ne rien dire, fit son mari d'un ton décidé.

Il était clair que c'était un homme accoutumé à prendre des décisions pénibles.

— En mettant les choses au pis, en dernier recours, je le supprimerais moi-même, rapidement et sans douleur. Et ne dis pas de bêtises.

Al Rockoff allait s'approcher pour suggérer un excellent vétérinaire pour ce pauvre Geoffrey, quand il y eut un bruissement de médailles dans son dos, et Howard Best rejoignit le groupe en remorquant une paire de généraux. Il avait de toute évidence des préoccupations plus sérieuses que de donner une réception, mais il s'acquitta néanmoins de ses devoirs d'hôte, et fit allégrement les présentations :

— Général Green, madame Green, j'aimerais vous présenter M. et Mme Shaw-Stewart. Le général... euh, le colonel Kem Kosal, qui est notre nouveau ministre des Télécommunications, et Mme Kosal. Je crois que vous connaissez déjà Graham Slade. Et voici... voici...

— Alan D. Rockoff, dit poliment Rockoff, tenant son assiette en équilibre sur son verre, et tendant la main.

Slade plissa les yeux.

Avec un aplomb tout britannique, Mme Shaw-Stewart parvint à parler par-dessus les têtes du minuscule ministre cambodgien et de son épouse sans paraître les exclure de la conversation.

— C'est bien vous qui avez ce merveilleux bougainvillier ? demanda-t-elle à Mme Green.

— Je leur ai parlé de votre jardin, interrompit Slade, observant Rockoff en train d'extraire des grains de caviar coincés entre ses dents.

— Rosemary a une véritable passion pour les fleurs, déclara M. Shaw-Stewart. En fait, elle s'inquiète beaucoup du sort qui sera réservé à notre jardin s'il nous faut partir précipitamment. Rien n'indique que les Khmers Rouges portent le moindre intérêt à l'horticulture et au paysagisme. Tout pourrait bien se trouver saccagé.

Les signaux que Rockoff pouvait capter ne laissaient place à aucun doute. Il battit en retraite vers le buffet, aux accents de Sinatra chantant *I did it my way*, et accrochant au passage des lambeaux de conversations éméchées.

— Si les choses tournent vraiment mal, nous retournerons à Saïgon.

— J'aurais tellement aimé visiter Angkor Vat. Quelle merveilleuse architecture ! Cela vous fait voir les Cambodgiens sous un autre jour.

— Tous mes regrets. J'en ai eu quelques-uns, mais vraiment trop peu pour qu'il vaille la peine d'en parler...

— On peut manger des escargots absolument frais !

Il y avait des fraises à la crème et des profiteroles au chocolat. Rockoff en glissa un peu sur son assiette, et s'attaqua à la glace. Il était en train de coiffer le tout de poudre de pistache lorsque Slade le rejoignit.

— Qu'est-ce que vous faites là, Rockoff ?

— La fête. On doit avoir gagné quelque chose.

— M. Best veut que vous sortiez.

— Ah ? Bon, d'accord.

— Immédiatement.

— D'accord.

Rockoff lui remit son assiette pleine à ras bord et s'en alla vers la porte sans se presser. Slade chercha du regard un endroit où poser l'assiette. Un bureaucrate bronzé et bien en chair, membre d'une organisation internationale de santé, affublé de lunettes à monture dorée et à chaînette d'or, agita son doigt d'un air de reproche.

— Ils vous tueront.

— Qui ça ?

— Les hydrates de carbone. Dans votre assiette.

— Ah! Docteur Horrle, n'est-ce pas ? Nous avons deux personnes de la Croix-Rouge ici. Peut-être vous plairait-il de les rencontrer ?

Slade pilota le docteur entre les chapeaux de papier.

Rockoff s'était discrètement faufilé jusqu'au jardin. Après Sinatra, c'était maintenant Elvis qui chantait *Heart-break Hotel*, et la piste de danse spécialement installée pour l'occasion était pleine de couples se déplaçant lentement, joue contre joue. Américains et Cambodgiens, Français et Chinois, Australiens et Allemands, Anglais et Anglais... Il était extraordinaire de voir comment une guerre pouvait rapprocher dans une telle harmonie tant de nationalités diverses, cimenter tant d'amitiés, de relations d'affaires et d'histoires d'amour. Desmond France était là, dansant sur ses longues jambes avec une blonde couleur moutarde. Lincoln, coiffé d'un tricorne très napoléonien, déambulait dans la cohue avec un sourire féroce, un nœud papillon phosphorescent autour du cou.

Rockoff, qui avait été reçu froidement par deux Cambodgiennes qu'il croyait mieux connaître, avait finalement persuadé une secrétaire de l'ambassade de venir danser avec lui. La jeune fille avait le visage frais de son Kansas natal, elle sentait bon le maïs et le lait, et par-dessus tout, arborait de grands yeux ronds et sérieux derrière de grandes lunettes rondes et sérieuses.

— Ne quittez-vous donc jamais ces choses sur votre nez ? lui demanda-t-elle, en détournant de lui son visage.

— Mes lunettes ? Vous plaisantez. Je n'en n'ai pas le droit.

— Pourquoi ?

— Je ne peux rien dire. Je suis envoyé par le gouvernement des Etats-Unis. Mission top-secrète.

— Vraiment ?

Elle plissa poliment son petit nez retroussé, en signe d'incrédulité.

— Vous voulez tout savoir ?

— Evidemment.

— Alors venez tout près de moi.

La serrant contre son thorax, Rockoff sentit ses petits seins fermes ; il lui murmura à l'oreille :

— Je suis l'agent de liaison de la B.S.A.P.

— Qu'est-ce que c'est ça ?

— La brigade des stupéfiants anti-personnel. Vous devez savoir que la guerre ne tourne pas à notre avantage...

— Ah bon ?

— Et il nous faut les contraindre à négocier. Aussi, nous

allons déverser des centaines de tonnes de came et de graines de marijuana sur une trentaine de kilomètres carrés dans le territoire occupé par les Khmers Rouges. On appelle ça Opération *Chute d'acide* et cela devrait permettre un retournement de situation.

— Vous me faites marcher !

Il fit un signe de dénégation.

— Ce n'est certes pas une matière à plaisanterie.

— Eh bien, dites donc !

Pressée tout contre sa chemise, elle prit une profonde inspiration ; c'était encore meilleur que la crème glacée. Il allait le lui dire, quand le système d'annonces au public fit entendre un sifflement suivi d'une voix grésillante :

— *Should auld acquaintance be forgot* (1)...

La musique et les conversations s'arrêtèrent net. Lincoln, debout sur une petite plate-forme dressée près du sapin de Noël illuminé, sourit d'un air penaud.

— C'était juste pour tester vos réflexes, messieurs-dames. Fausse alerte. Il reste vingt-trois minutes, et le compte à rebours a commencé.

Une vieille connaissance de Rockoff, celle qui avait des mains capables de déchirer un livre en deux, apparut sur les degrés qui menaient au jardin. Laissant Miss Kansas méditer sur le fait qu'il y avait plus de choses sur la terre et dans les cieux qu'elle n'aurait pu l'imaginer, Rockoff tenta de se fondre dans le décor. Un chemin détourné le conduisit au balcon où Mme Shaw-Stewart et la femme du général Green continuaient leur assaut de paroles. Au bar, Horrle avait coincé Gordon Mc Intyre, le médecin de la Croix-Rouge, dans un guet-apens, alors qu'il en était à son troisième scotch. Mc Intyre, un homme un peu abrupt, originaire d'Aberdeen, regardait son verre d'un air renfrogné, tandis qu'Horrle faisait son exposé :

— Ce que nous allons faire, c'est une analyse cellulaire. Prendre un échantillon d'enfants, mettre tout ça dans un ordinateur, et trouver de manière scientifique à partir de quand la faim commence à compromettre les fonctions mentales et physiologiques. C'est le genre de choses que les gens de l'A.I.D. aimeraient savoir.

— Monsieur Horrle. Je vous demande pardon, Docteur Horrle. Depuis combien de temps êtes-vous au Cambodge ?

---

(1) Premiers mots d'*Auld Lang Syne*, ancienne chanson redécouverte par le poète écossais Robert Burns, et chantée traditionnellement pour le Nouvel An : « Devons-nous oublier nos anciennes connaissances et ne jamais les évoquer... »

Horrle consulta sa montre suisse.

— Huit heures.

— Et combien de temps comptez-vous y rester, si je puis me permettre ?

Horrle fit un clin d'œil à la jeune Cambodgienne qui se tenait à côté de lui et qui faisait semblant de s'intéresser à la conversation.

— Ceci dépendra des avions, fit-il avec un petit rire étouffé.

Mc Intyre se détourna avec dégoût. Mais le whisky et la colère eurent raison de ses bonnes manières. Il projeta son doigt en direction des lunettes dorées d'Horrle.

— Quand un gosse avec un ventre plus gros que le vôtre meurt dans mes bras, je n'ai pas besoin de faire une analyse cellulaire pour savoir qu'il est mort de faim. Et quand dans toutes les rues et ruelles de cette ville je vois des mères qui ne peuvent se nourrir correctement, sans lait, et qui doivent donner à leurs bébés l'eau dans laquelle elles ont fait cuire le riz pour la famille, je n'ai rien à faire d'un programme de recherches pour savoir qu'ils ont besoin de secours. Cette ville est en train de crever, mon cher. Vous ne pouvez rien voir de ce balcon, mais demain vous pourrez le sentir si le vent souffle dans la bonne direction...

Il s'arrêta. Horrle hochait gravement la tête, avec une indulgence ironique ; il pensait probablement que c'était bien sa chance, au milieu de ces deux cents personnes venues s'amuser, d'être tombé sur cet oiseau de mauvais augure. Il avait commis le péché de pessimisme, bien sûr, oubliant, en vrai britannique, qu'ici l'optimisme était plus qu'un état d'esprit : une philosophie.

Il quitta le bar du balcon, et s'aventura au rez-de-chaussée. Près du sapin de Noël, il fut transformé en passoire par un individu qui fit semblant de lui tirer dessus.

— Tu es mort ! cria un gamin avec un foulard noué autour du visage.

— Je vais me saouler d'abord. Et après je m'écroulerai, promit Mc Intyre.

La fête battait son plein. On en était à faire éclater des ballons. Sur la piste de danse, des couples se les renvoyaient avec des cigarettes et saluaient chaque explosion de cris d'allégresse. L'orchestre disco avait plié bagages et une chanteuse indonésienne obèse de la troupe du Moulin d'Or, que l'on avait engagée pour la soirée, se lamentait dans un micro près d'un arbre.

42

Yesterday ii
Love was such an easy game to play-ii
Now I need a place to hide away ii
O I believe in yesterday ii...

Au-dessus d'elle sur le balcon, Rockoff avait un regard pensif. Il sentait comme une intention occulte dans ces paroles. Peut-être les Khmers Rouges l'avaient-ils infiltrée dans cette soirée pour répandre leur sinistre propagande. S'il lui renversait sur la tête l'assiette de crème glacée qu'il avait récupérée là où Slade l'avait abandonnée, peut-être parviendrait-il à la démasquer et contribuerait-il ainsi à l'effort de guerre. Des visions de cœurs pourpres flottèrent devant ses yeux.

— Je croyais vous avoir demandé de vous en aller, monsieur Rockoff.

Rockoff pivota brusquement sur lui-même. Plus écarlate que jamais, Slade se tenait au-dessus de lui. Mais, suffisamment proches pour lui rendre impossible toute voie de fait à son encontre, devisaient le vice-consul de France, Dyrac, le général Green et une petite formation de grosses huiles cambodgiennes, au nombre desquelles le ministre des Télécommunications, Kem Kosal. Ils suspendirent leur conversation et jetèrent un regard autour d'eux.

Rockoff haussa les épaules :

— Je n'ai pas pu trouver l'escalier vers la base d'envol de l'hélicoptère, déclara-t-il.

Les Cambodgiens eurent un air choqué ; il était malséant de plaisanter sur l'évacuation.

— J'ai remarqué que vous en aviez fait installer une sur le toit, continua tout haut Rockoff, qui s'amusait beaucoup.

Slade eut du mal à conserver son calme :

— Il n'y a pas de base d'hélicoptère sur le toit.

Rockoff avala une bouchée de glace et lorgna son assiette d'un œil sévère :

— C'est qu'il y a un chahut infernal dans l'herbe par ici. Alors j'ai pensé qu'on montait peut-être tous là-haut, destination l'Amérique...

En bas dans le jardin, Lincoln s'était glissé subrepticement près de la chanteuse de charme, et comptait à travers le haut-parleur les dernières secondes de 1974 :

— 4, 3, 2, 1... Minuit, mesdames et messieurs ! Il est minuit, zéro heure ! Joyeuse année 1975 !

Il y eut un lâcher de ballons blancs et noirs, et l'assistance explosa en hourras et en applaudissements. Lincoln serra dans ses bras ce qu'il put attraper de la chanteuse. Desmond France embrassa la blonde moutarde et en eut la moustache toute poudrée. La secrétaire de l'ambassade chercha en vain du regard l'espion de la Brigade des Stupéfiants, qui, en cet instant même, était engagé dans une poursuite infernale, avec Slade à ses trousses. Lincoln entonna *Auld Lang Syne*, et les invités d'Howard Best joignirent leurs mains pour former une immense chaîne qui se répandit hors des salles de réception jusque dans le jardin, aussi loin que s'éparpillaient les cendres du barbecue...

> *Should auld acquaintance be forgot*
> *And never brought to mind ?*

Les Cambodgiens avaient un imperceptible sourire, comme ravis de découvrir que les Occidentaux sacrifiaient eux aussi à des rites dénués de sens. La farandole se scinda, et deux cercles se formèrent, qui s'élargissaient et se resserraient dans la nuit tropicale, aux sons de la vieille chanson à boire. Rockoff et Slade se retrouvèrent presque face à face, et Slade, entraîné en arrière par le mouvement de la danse, vociféra :

— Vous n'êtes qu'un vautour, Rockoff. Et je vais veiller personnellement à ce que les Cambodgiens vous collent dans le premier avion quittant le pays !

Ils avançaient, reculaient, tournoyaient ; les Cambodgiens et les autres Orientaux faisaient de leur mieux pour bouger à l'unisson...

> *For Auld Lang Syne, my dear,*
> *For Auld Lang Syne...*

Des visages empourprés se lançaient à nouveau l'un vers l'autre. Rockoff rabattit ses lunettes sur son nez et hurla en direction de Slade :

— Section fumeurs ! Et repas végétarien pour moi !

Tout à coup, le choc violent et le rugissement d'une gigantesque explosion. Toutes les lumières s'éteignirent. Les rondes se dispersèrent dans une grande confusion. Chacun, seul dans l'obscurité, attendit un long moment avant que l'énorme boule de feu ne s'élevât lentement dans le ciel, sur l'autre rive du Mekong.

Puis une autre explosion, et des cris ; mais la lumière déjà était revenue, et Lincoln exhortait les gens au calme à travers le haut-parleur.

— Aucune raison de vous inquiéter, mesdames et messieurs, ce bâtiment est entièrement en ciment armé. En attendant que l'électricité soit rétablie, c'est le générateur de secours qui nous fournit la lumière... et qui vous garde le champagne au frais !...

Les dignitaires cambodgiens tenaient entre eux des conciliabules. Les deux Marines qui s'étaient prestement rangés aux côtés du maître de maison accompagnèrent celui-ci jusqu'à un petit bureau au rez-de-chaussée. Un homme de la C.I.A. entra :

— M. Best, les insurgés semblent avoir engagé une offensive de grande envergure contre les positions gouvernementales au nord, à l'est et à l'ouest de la ville.

— Comment résistent-elles ?

— Les premiers rapports font état d'un recul au nord. Ils ont essuyé des tirs d'artillerie et de lance-roquettes très intenses. En ce qui concerne le gazomètre de l'autre côté du fleuve, nous pensons que cela a pu être l'œuvre de gens de l'intérieur.

Le diplomate le remercia d'un air morne, et retourna à ses invités. Il écouta une petite plaisanterie assez mal venue sur le coût exorbitant des feux d'artifice ; mais il n'était pas difficile à ceux de ses invités qui étaient mieux informés de se douter de ce qu'il avait en tête. La mission américaine à Phnom Penh devait s'en tenir aux consignes formelles du docteur Kissinger : *négocier par la force !* Mais, de mois en mois, les troupes de Lon Nol s'affaiblissaient et les communistes se renforçaient. Maintenant que l'offensive de la saison sèche avait commencé, la seule chose qui puisse les sauver, c'était que les Khmers Rouges se retrouvent à court de munitions, comme cela était arrivé en 1973 et 1974.

La plupart des invités qui étaient restés sur place s'étaient regroupés sur le balcon, d'où l'on avait une plus belle vue sur le feu d'artifice. En bas, saoul comme seul un habitant d'Aberdeen peut l'être, Mc Intyre avait pris le micro des mains de Lincoln pour rendre à Burns l'hommage qui lui était dû...

> We twa hae run about the braes,
> And pou'd the gowans fine :
> But we've wandered mony a weary foot
> Sin' auld lang syne...

Tandis que flamboyait l'incendie et que le vacarme des explosions allait crescendo, Mc Intyre chanta seul tous les couplets d'une voix ténue et nasillarde de cornemuse, la voix d'un homme trop imbibé de whisky pour pouvoir encore s'effrayer de quelque chose. Puis un autre obus des Khmers

Rouges tomba sur l'usine à gaz, et une lumière plus vive encore que tout ce que l'on avait vu auparavant resplendit sur l'autre rive. Elle immobilisa les participants à la fête dans une salve d'éclairs blancs, les noyant dans une blancheur glacée où ils se découpaient en silhouettes blafardes.

Elle immobilisa dans un éclair livide les aiguilles de la montre suisse au poignet du docteur Horrle ; et les ballons blancs, les plastrons blancs et le champagne givré dans les verres cristallins ; et aussi les cheveux neigeux de la blonde à qui Desmond France chuchotait un mot d'esprit sur le *son et lumière*, et les grands yeux blancs de la serveuse chinoise ramassant sur la pelouse les côtelettes nettoyées et blanchies...

We twa hae paddled i'the burn.
Frae Mornin' sun till dine
But seas between us braed hae roared
Sin' auld lang syne...

Elle éclaire d'autres spectacles aussi, que les convives n'ont peut-être pas remarqués — une jeune femme allongée sur le sol et tailladée par des éclats d'obus parsemés sur le tapis sanglant de son corps ; seuls, ses yeux roulent, affolés, pour s'arrêter enfin sur son mari agenouillé pour la réconforter ; une vieille Austin noire touchée par une roquette et qui a brûlé si rapidement que le pare-brise a fondu sur le visage du conducteur ; la famille d'un boulanger, qu'on pourrait croire endormie, pelotonnée sur le seuil de l'échoppe, n'était que tout le bas du corps du père a été emporté et que ses mains agrippent le vide avec des doigts recroquevillés comme des pattes de poulets morts.

La partition elle aussi a changé, passant du son aigu de cornemuse de Mc Intyre au hurlement des sirènes. C'est le Nouvel An à l'autre bout de Phnom Penh, sur le marché de Pochentong. Un homme dévale la rue en prenant des photos. En temps normal, il s'arrêterait aussi pour prendre des notes, de son écriture propre et circonspecte, mais quelques minutes auparavant il a aidé à dégager une petite fille de sous un tas de briques et les pages de son carnet ont été si bien collées par le sang qu'il ne peut pas les détacher l'une de l'autre.

Cela n'est pas sans inquiéter Dith Pran. A son retour de Bangkok demain, Sydney ne manquera pas de lui demander son rapport de première main sur l'attaque à la roquette contre le marché de Pochentong. Il ne voudrait pas faire défaut à Sydney. Au cours des deux années passées, celui-ci l'a introduit dans un univers dont il ignorait pour ainsi dire l'existence, un univers de Scoops, d'Exclusivités, et de Délais, de bruyantes machines à télex et de courses en taxi à se rompre le cou. C'est une litanie de mots d'urgence qui fait bondir son cœur dans sa poitrine et bouillir son sang; elle fait tourner la terre plus vite sous ses pieds, presque assez vite pour que ses dieux en soient distancés. Lève-toi et marche! Telle est la leçon que Sydney Schanberg lui a enseignée. Ne reste pas là à réfléchir, agis! Si tu t'arrêtes pour admirer le monde autour de toi, le monde ne t'attendra pas, et tu pourras toujours courir!

Il est facile de ne pas réfléchir au milieu du spectacle de cette désolation. Il y a trop de souffrance. Les gens font tout ce qui est en leur pouvoir pour n'y pas penser.

Les pompiers en portant leurs tuyaux et en cherchant une bouche d'incendie qui puisse encore fournir une pression suffisante; les ambulanciers en procurant des secours d'urgence et en charriant les brancards; les victimes en s'occupant à mourir ou à surmonter leurs traumatismes. Les seuls qui aient le temps de réfléchir sont les rescapés, les affligés, les survivants. Ceux qui pleurent, ce sont eux.

Pran se demande ce que ferait Sydney à sa place. Sydney serait calme, impassible, détaché. Il n'aurait pas de larmes dans les yeux, comme Pran, car cela l'empêcherait de voir clairement la situation. Il saurait identifier ces cris avec exactitude, non comme des plaintes humaines mais comme le crissement de plaques de tôle ondulée sur du métal. Sydney ne permettrait jamais qu'un simple carnet trempé de sang l'empêche de rapporter les faits.

Dith Pran, debout sur le champ de carnage de Pochantong, sèche ses larmes. Il aperçoit un grand nombre de boîtes à chaussures traînant dans les ruines d'un magasin. Il y court et les vide des souliers et du papier de soie. Et, à l'intérieur des couvercles, il se met à écrire son histoire.

L'attention de Sydney Schanberg fut pour la première fois attirée sur l'offensive du Nouvel An lorsqu'il vit le tableau d'affichage des départs à l'aéroport international Don Muang à Bangkok. Le vol à destination de Phnom Penh avait été retardé d'une heure, et l'on avait remplacé l'avion d'Air France sur lequel il avait retenu sa place, par un appareil d'Air Cambodge.

Leurs hôtesses de l'air cambodgiennes affirmaient n'être au

courant de rien, mais elles en savaient assez pour enlever à chacun son verre et procéder à une double vérification des ceintures avant la manœuvre d'approche. Par le hublot, Schanberg ne vit d'abord que les rizières, plaines d'un vert boueux qu'il n'avait cessé de regarder depuis qu'ils avaient quitté les vallées et les collines boisées de vert sombre de l'ouest du pays. Et puis il distingua enfin la ville et les spirales de fumée blanche. Alors l'avion piqua du nez et plongea sur Pochentong à un angle de quarante degrés, avec de brutales secousses de ses réacteurs.

Schanberg crut d'abord qu'ils avaient été touchés. *Le responsable de la rédaction du* New York Times, *quarante ans, tué dans un accident d'avion.* Et, en plus petits caractères : *Il a passé les quinze derniers jours de sa vie en compagnie de son épouse et de ses filles.* Il ferma hermétiquement ses paupières ; lorsqu'il les rouvrit, la Caravelle s'était posée et parcourait en cahotant en direction de l'aéroport la piste d'atterrissage encombrée d'immondices. Les soldats édifiaient avec l'aide du personnel de l'aéroport un mur de sacs de sable autour du terminal. L'équipe au sol qui vint à la rencontre de l'appareil portait des gilets pare-balles.

Il était revenu dans une ville en état de siège.

L'employé du service d'immigration avait un visage lisse et franc. Et comme ceux de la plupart des Cambodgiens instruits, tel celui de Pran, son sourire ne reflétait pas nécessairement l'état de son âme.

— Vous vous êtes fait pousser la barbe, monsieur Schanberg.

— C'est une vieille photo.

— Vous êtes journaliste ?... J'espère que vous direz la vérité sur notre compte.

— Je m'efforce toujours de m'en tenir aux faits, répliqua Schanberg.

La chaleur dehors faisait l'effet d'un cataplasme. On ne voyait aucun signe de Pran, de Sarun ni de la Mercedes, seulement des taxis, des pousse-pousse, des gamins pieds nus sous les larges feuilles sèches des bananiers, et un panache de fumée s'épanouissant dans le ciel d'un bleu intense. Schanberg regarda sa montre avec impatience. Il sentait l'odeur de brûlé et voulait se mettre au travail. Un petit galopin au large sourire, muni d'un parasol Martini qui servait de parapluie pendant la saison des pluies et d'ombrelle pendant la saison sèche, tiraillait le bord de sa veste. Schanberg hocha la tête, l'air mécontent, sauta dans un antique taxi Peugeot, et tendit quelques rials au gamin pour son service.

C'est en parcourant le marché de Pochentong qu'il prit conscience de l'ampleur de l'attaque à la roquette : les maisons se consumaient lentement, les devantures des magasins avaient été fracassées. Mais déjà la vie avait repris son cours ordinaire, avec la promptitude qui l'avait toujours confondu en Orient, comme une peau se cicatrisant instantanément sur une profonde blessure. Au lieu de pompiers et d'ambulanciers, quelques balayeurs flegmatiques recueillaient les détritus. Les marchands de fruits et légumes avaient ouvert leurs boutiques et vendaient à nouveau bananes, melons, oranges, mangues, patates douces, choux chinois et canne à sucre disposés sur des tréteaux en équilibre sur les décombres des arcades qui, hier, les avaient abrités. Côte à côte on pouvait voir des têtes de porcs et des bottes de feuilles de tabac jauni. Une vieille Chinoise, assise sur un téléviseur Sanyo posé la tête en bas, recousait l'ourlet d'une robe d'enfant. La foule se bousculait autour d'elle et marchandait toutes sortes d'objets détériorés par le bombardement.

Plus loin vers l'intérieur, les longues et grouillantes ruelles des bidonvilles mijotaient dans la chaleur humide et cachaient leur pauvreté derrière les murs tachés de rouille et de soleil qui bordaient la grand-rue. Les premières villas commencèrent à se profiler, de discrets petits pavillons de couleur ocre, qui avaient été jadis occupés par les artisans français qui avaient tracé les larges avenues de Phnom Penh, avaient dessiné ses parcs, ses jardins et ses places, et en avaient fait la plus jolie des capitales d'Indochine.

Tout ceci n'était plus qu'un souvenir désormais. Déjà beaucoup de ces charmes étaient en train de disparaître à l'époque du premier voyage de Schanberg en 1972. On abattait les flamboyants qui bordaient le boulevard pour en faire du bois de chauffage. Dans les parcs, les soldats élaguaient les jacarandas, les jasmins et les hibiscus pour éviter qu'ils ne donnent asile à des francs-tireurs communistes. Aujourd'hui, deux ans plus tard, le peu d'arbres qui restait mourait pour une toute autre raison : des réfugiés affamés en arrachaient l'écorce qu'ils faisaient bouillir en guise de nourriture.

Phnom Penh avait perdu sa beauté. Contre les principaux édifices du gouvernement, d'une élégante architecture française néo-coloniale, on avait appuyé des sacs de sable et des barricades de planches. Sur la place de la Poste, les tables des cafés avaient fait place à des rouleaux de fils de fer barbelés. Le parfum des jasmins et des bougainvilliers avait été recouvert par celui des pots d'échappement des camions militaires qui crissaient des pneus en se mettant en route pour les champs de bataille. Mais c'était pour cela même que Schanberg était venu jusqu'ici. Comme un homme dont le plus grand risque auquel il ait été exposé depuis deux semaines avait été une excursion dans un sampan pour touristes sur la rivière Chao Phraya, il sentit une décharge d'adrénaline lui parcourir les veines. Arrivé à l'hôtel *Phnom*, il régla le taxi et jeta une pièce à un vendeur d'allumettes aveugle qui prestement l'attrapa et la mit dans son écuelle, puis il monta dans sa chambre.

Il y faisait sombre. Il ouvrit à peine les volets, juste assez pour laisser filtrer un petit triangle de lumière. Le monceau de draps sur le lit s'anima et parla :

— Ferme ces saloperies de volets, tu veux bien !

Schanberg reconnut la voix. Il ouvrit d'un seul coup les volets en grand. Les draps se soulevèrent, et, donnant tous les signes d'une douleur extrême, un visage apparut, clignant des yeux larmoyants, comme un masque de souffrance, tentant de maîtriser les effets d'une gueule de bois qui lui donnait l'impression qu'il allait éclater. Un œil unique, injecté de sang, s'ouvrit et parvint à fixer son regard sur lui.

— Ah ! Syd. Désolé. Vraiment, excuse-moi. J'ai cru que c'était le garçon de chambre.

Schanberg ne répondit pas. Il ramassa son sac de voyage et entra dans la salle de bains. Al Rockoff fit une tentative pour s'asseoir, et cramponna de sa main son front bandé. De l'autre il chercha à tâtons un analgésique sur la table de nuit. Schanberg lui cria de la salle de bains :

— Qu'est-ce que c'est que ce foutoir ?

— J'étais en train de développer des pellicules. Désolé, Syd. Désolé. Mais, écoute, Syd. Je ne me sens pas dans mon état normal. Alors, si tu as décidé de gueuler, je m'en vais, et je reviendrai plus tard...

— Je n'ai aucune intention de gueuler, vociféra Schanberg. J'ai même envie d'être de bonne humeur. Mais tout va de travers.

Il sortit de la salle de bains et vida le reste du contenu de son sac sur le lit : des vêtements de rechange, un Nikon, des boîtes de pellicules et un exemplaire du *New York Times* reçu par la poste aérienne.

— Pour commencer, mon avion est en retard... Ensuite, le

pilote croit que la meilleure façon d'éviter les bombes est de voler à la verticale... pas la moindre foutue voiture pour me récupérer à l'aéroport... et, de retour ici, tout ce que je veux faire, c'est travailler, et, qu'est-ce que je trouve ? Toi.

— Joyeux Nouvel An, fit Rockoff dans un faible murmure.

Schanberg composait un numéro sur le combiné. Il jeta un rapide coup d'œil au photographe.

— D'ailleurs, comment es-tu entré ?

— Monté par le balcon...

— Allô ? Ser Moeun ? Est-ce que Pran est là ? Sydney Schanberg. Non, je viens juste d'arriver de l'aéroport. Bien sûr. Oui, je comprends. D'accord, d'accord, j'attends.

Il promena son regard à travers la chambre. Rien n'avait bougé, ou presque, depuis qu'il était parti ; la vieille Olivetti portative toute cabossée était toujours sur la table, avec les crayons bien taillés, le papier machine et les enveloppes, les coupures de journaux soigneusement empilées et une photo.

Tout était à sa place, à l'exclusion de l'épave sur le lit. Schanberg désigna le turban blanc que Rockoff maintenait sur sa tête.

— C'est quoi ça, exactement ?

Rockoff émit un grognement.

— Une couche de bébé. Il a fallu que je la trempe dans des glaçons.

Schanberg ne put retenir un sourire, et hocha la tête :

— Je me demande comment tu peux respirer, Al.

— Monsieur Sahnber ?

L'épouse de Dith Pran était à nouveau au bout du fil :

— Lui venir. Lui dire qu'il a histoire d'attaque sur Marché de Pochentong. Beaucoup photos.

— Très bien. Parfait. Ecoutez, dites-lui que je l'attends au Café Central. Dites-lui que je le retrouve dans quarante minutes au Café Central. Merci. Entendu.

Il reposa le combiné. Rockoff était parvenu à ouvrir son deuxième œil.

— Je suis allé en resquillant à la réception d'Howard Best, dit-il. Et j'ai rencontré une superbe petite minette qui faisait du trafic de drogue pour les Khmers Rouges... A moins que ce ne soit le contraire...

— Allez, viens donc, dit Schanberg. Je t'offre le petit déjeuner.

Schanberg était à la terrasse. Il ferma les yeux, approcha son nez de sa tasse de café, et soudain il fut à Paris à la fin des années cinquante, au temps où il voyageait avec sa bourse de Harvard, posant sur l'Europe les regards concupiscents d'un gamin dans la boutique d'un confiseur. S'il ouvrait les yeux assez lentement, c'était encore Paris : les épaisses tasses de porcelaine, l'auvent de toile jaune festonné au-dessus de sa tête, les arbustes plantés dans de petits bacs tout autour de la terrasse, les journaux que l'on froisse, les deux officiers de l'armée jouant aux échecs à la table voisine.

Mais, que son regard se porte au-dessus des arbustes, et la vision disparaissait. Des vélos-pousse et des motos Honda se disputaient âprement le passage dans la rue qu'il surplombait. D'un camion de poissonnier, l'on déchargeait des huîtres, des anguilles, des crabes vivants. Deux jeunes filles en chapeaux de paille et sarongs violets vendaient des bouquets de jasmin aux tables du café installées sur le trottoir. En face, deux Chinois étaient assis sous un parapluie jaune, dans un grand étalage de surplus de l'armée américaine, où l'on remarquait une rangée de monstrueuses bottes, faites pour des pieds américains, et en train de se déformer sous les rayons du soleil. Un moine en robe couleur de sucre d'orge examinait avec circonspection une bombe insecticide de l'armée. Dans la vitrine d'une pâtisserie définitivement fermée, une affiche aux couleurs criardes annonçait une projection exceptionnelle en nocturne de *Croyez-vous au péché suédois ?*.

— Elle a le même destin que Saïgon, dit Schanberg.

— Qui ça ?

— Cette ville. Saïgon était française aussi avant, Al.

— Ah bon ?

Rockoff regardait les photos de vacances de Schanberg. Il s'était un peu ressaisi, et s'était glissé dans un tee-shirt blanc et une paire de jeans ; avec ses inséparables lunettes noires et ses deux Nikons autour du cou, il avait l'air à peu près normal. Il montra une photo :

— Qui est-ce ?

— C'est ma plus jeune fille ; c'est à Chiang-Mai. Elle est en train de m'acheter une rose de soie jaune porte-bonheur. Je l'ai rapportée avec moi.

— Très joli coin. Les arbres sont beaux. Tu as dû passer d'excellentes vacances. Et comment allaient les choses à Singapour ?

— Bangkok. Singapour, c'est l'endroit où je vis.

— Ah ouais !

Rockoff semblait plus intéressé par les gens. Il contemplait une image de la femme de Schanberg drapée dans un sarong de soie.

— Tu sais, Syd, c'est drôle, dit-il lentement. Je n'arrive pas à t'imaginer en père de famille.

Un serveur se présenta et Schanberg l'interrompit :

— Tu veux autre chose ? Tu veux des œufs ?

— Je ne mange jamais d'œufs. Tu n'as jamais vu d'où ils sortaient ? Je prendrai un autre café complet, et deux aspirines.

— Des œufs brouillés avec du jambon et encore un café complet s'il vous plaît, demanda-t-il en français. Et est-ce que vous avez des aspirines ?

— Oui, monsieur.

Le garçon s'éloigna pour s'occuper d'un cameraman assis un peu plus loin sur la terrasse. Tous les pros revenaient à Phnom Penh l'un après l'autre ; cela signifiait qu'ils flairaient la matière d'un article. L'un des deux officiers cambodgiens à la table voisine renversa son roi blanc et se leva pour s'en aller. Schanberg bâilla. Même sous l'auvent protecteur, la chaleur faisait l'effet d'une dose de valium. Sur l'autre trottoir, un homme en sandales et pantalon bouffant s'était affaissé lourdement sous un tamarinier, hébété par la chaleur — ou bien peut-être mourant de faim, comme ce jeune garçon aux traits émaciés, âgé de treize ou quatorze ans sans doute, qui se pendait faiblement au bras de sa mère, comme le ferait un enfant de quatre ans.

Schanberg s'empara d'un journal local abandonné sur la chaise par l'officier : *L'ancien patron du casino trouvé poignardé dans un bordel,* annonçait le titre en français. Il fallait prendre la peine de chercher dans les pages intérieures pour trouver des nouvelles de la guerre.

Rockoff en était toujours à ses œufs :

— Tout ce que j'absorbe doit être à cent pour cent mort. C'est pourquoi tu ne me feras jamais avaler une huître. J'ai lu quelque part que, si on leur presse du citron dessus, c'est pour les anesthésier. En ce qui me concerne, une huître inconsciente ne vaut pas mieux que la même foutue huître fraîche et dispose... Syd ?

Rockoff n'avait pas forcé sa voix, mais, en un éclair, Schanberg avait relevé les yeux.

— Syd, il y a un type qui vient juste de jeter quelque chose de sa moto.

La grenade explosa avant qu'ils aient eu le temps de se

jeter à terre. Elle fut suivie immédiatement par deux autres à la file. Pendant un moment, il y eut un silence de mort, troublé seulement par le déroulement du Nikon du cameraman. Le vélum jaune au-dessus de la tête de Schanberg se marbrait lentement de taches roses.

Le journaliste descendit les marches sur les talons de Rockoff et s'enfonça dans le chaos. La Honda s'était volatilisée. Les deux officiers avaient dû atteindre le camion de poissons en même temps que les grenades. Ils gisaient, objets non identifiables, dans de scintillants cristaux de glace rouge, dans une rouge écume de poissons et de morceaux d'anguilles secoués de soubresauts. Ce qui était immobile était mort, ce qui bougeait l'était presque.

Rockoff s'élançait de tous côtés et prenait photo après photo. Le cameraman avait cadré l'un des officiers, qui pendant un instant s'était agité au milieu des poissons, puis s'était immobilisé. Tout près, une boutique de réparateur de vélos avait pris feu. Derrière le voile d'épaisse fumée noire dégagée par les pneus qui se consumaient se blottissait l'enfant affamé que Schanberg avait vu du haut de la terrasse. Son tricot était couvert du sang d'une blessure provoquée par un éclat de grenade, mais il essayait cependant, de ses jambes maigres, de se pousser vers sa mère qui ne pouvait plus lui tenir la main. Un morceau de métal lui avait ouvert la gorge et elle gisait, fixant sans le voir le visage suppliant. Schanberg mit un genou en terre et prit la photo tandis que deux ambulanciers emportaient l'enfant.

Déjà la rue était envahie d'une foule bruyante. Les appareils photo mitraillaient de toutes parts; on charriait des civières. Une nappe avait été soufflée de la terrasse du café; quelqu'un la ramassa et en couvrit le visage de la mère. C'était Pran.

— Ah! te voilà.

— Qu'est-ce qui arrive?

— Les Khmers Rouges. Trois grenades lancées d'une Honda. Il me faut la réaction d'un ministre cambodgien... un commentaire sur la nouvelle campagne de terrorisme, et aussi sur l'engagement de l'offensive de la saison sèche par les Khmers Rouges...

Pran prenait note en faisant la moue.

— Lon Nol est à une cérémonie de médailles, dit-il.

— Où ça?

— Place de l'Indépendance. Elle commence à onze heures trente. Bientôt.

Dans l'ambulance, le petit garçon hurlait. Schanberg tâcha

de se remémorer ce qu'il était sur le point de dire. Une vieille femme passait sur un brancard ; pour ne pas voir ce qui lui restait de jambes, elle avait mis son bras sur son visage. Rockoff revint vers eux, hors d'haleine.

— Syd, peux-tu me prêter des pellicules ? S'il te plaît, Syd.

— Oh ! merde.

— Je t'en conjure, Syd. C'est la dernière fois, promis.

Schanberg lui en jeta un ou deux rouleaux. Son moment d'absence était passé. Il savait maintenant le repérer : une réaction à retardement, après un choc violent. Il était parvenu à réduire le délai à quelques secondes ; c'est à peine s'il le remarquait désormais. Pran l'attendait. Il lui donna une claque sur l'épaule.

— Allons-y, dit-il.

Sarun attendait avec la voiture dans une rue adjacente. Dans le ronflement du petit ventilateur à piles attaché au tableau de bord, il se répandait en excuses pour quelque faute obscure. Pran expliqua :

— Le sang sur le siège. Moi désolé, Syd. J'ai emmené quelqu'un à l'hôpital, depuis le marché de Pochentong. Sarun n'a pas le temps de laver la voiture.

Il s'arrêta et son visage eut une expression d'extrême contrariété. Escaladant le dossier pour passer à l'arrière près de Schanberg, il sortit un mouchoir, cracha dessus, et se mit à frotter vigoureusement une tache de sang sur la veste du journaliste.

— Syd, je suis désolé, répéta-t-il.

A l'avant, Sarun laissa échapper un gémissement aigu.

La nouvelle de l'attentat était parvenue jusqu'à la place de l'Indépendance, et les mesures de sécurité avaient été renforcées. Les A.P.C., les gros véhicules blindés de transport de troupes, paradaient ostensiblement sur le pourtour, en un mouvement lent et avec des bruits métalliques. Cependant, les soldats à l'intérieur avaient épaulé leurs fusils et surveillaient attentivement les fenêtres des bâtiments qui donnaient sur la place. Les laissez-passer produits par Schanberg et Pran suffirent à leur permettre de pénétrer dans une enceinte barrée de cordes près d'une estrade ; en face de celle-ci, trois rangées de soldats cambodgiens, revêtus pour une fois d'uniformes à leur taille, se tenaient au garde-à-vous.

Le maréchal Lon Nol, successeur de Sihanouk à la tête du Cambodge, était debout sur l'estrade. Son uniforme kaki gonflait sur ses hanches ; ses grosses joues s'étaient creusées, conférant une expression chagrine à son visage d'ordinaire rond et avenant. Entouré de son habituelle coterie de partisans, il était présentement en train de serrer la main à un personnage corpulent couvert de décorations.

— Sek Sam Iet, le gouverneur de la province de Battambang, chuchota Pran.

Schanberg agita la tête d'un air incrédule. Sek Sam Iet était considéré comme le plus corrompu de tous les chefs d'état-major de l'armée de Lon Nol. Il vendait le riz de ses soldats aux Thaïs, et des milliers de cartouches de munitions chaque année aux Khmers Rouges. L'ambassadeur avait exigé sa destitution. Mais, sachant qu'il aurait l'approbation de la Maison-Blanche quoi qu'il fît, Lon Nol n'avait pas tardé à le rappeler à son poste. La décision qu'il avait prise avait toutes les apparences d'une manœuvre politique dirigée contre l'ambassade américaine. Schanberg remarqua la haute silhouette aux cheveux coupés en brosse de Lincoln, assez proche de lui pour qu'il puisse sentir sa brillantine. Il se faufila à ses côtés. Lon Nol avait enfin rendu la liberté à son associé ; une sonnerie de trompette retentit et Sek Sam Iet eut un sourire crispé.

— Il n'a pas l'air fou de joie, dit Schanberg.

Lincoln acquiesça de la tête.

— Peut-être espérait-il un billet d'avion...

On présentait au maréchal une écharpe à poser autour du cou de l'un de ses acolytes.

— C'est Lon Nol qui aurait bien besoin du billet, murmura Schanberg.

— Tout à fait d'accord.

— Y a-t-il quelque espoir de ce côté-là ?

— Pas le moindre.

— Mais, juste entre nous...

— Juste entre nous, Sydney, la réponse est toujours non. Lon Nol est l'incarnation de la Doctrine Nixon, je ne vous apprends rien. Il est le symbole de la détermination de la Maison-Blanche à ne cesser de combattre le communisme en Asie du Sud-Est. Puisque le Congrès ne veut pas le laisser se battre jusqu'au dernier Américain, Ford se battra donc jusqu'au dernier Cambodgien. Grâce à l'incompétence de Lon Nol, il est sûr de pouvoir poursuivre son juste combat tout en marchant la main dans la main avec le Congrès.

— Et c'est pourquoi Kissinger a refusé de négocier avec Khieu Samphan ?

Une autre sonnerie de trompette retentit, et la cérémonie

56

d'investiture prit fin. Lincoln saisit Schanberg par le bras et l'entraîna hors de l'enceinte.

— Sydney, je voulais justement vous en parler...

— C'est de notoriété publique ! — Schanberg bouillait d'indignation. — Nous savons tous que l'ambassadeur a envoyé à Kissinger des dépêches l'informant que Khieu Samphan, le leader des Khmers Rouges, était en déplacement à l'étranger, et qu'il priait Kissinger de lui accorder une entrevue, celle-ci constituant le dernier espoir pour le Cambodge, et Kissinger lui a câblé une réponse négative...

— Je sais, je sais. Je ne dis pas le contraire. Mais Kissinger s'est mis dans une telle fureur quand l'histoire a filtré que nous avons bien cru que nous allions avoir notre quatrième chef de mission en deux ans. Aussi, rendez-moi un grand service, Sydney : évitez de parler de Kissinger pendant un certain temps, s'il vous plaît. Si vous tenez absolument à égratigner quelqu'un de votre plume, attaquez-vous donc au Pentagone. Cela fait aussi mal, mais pas autant de bruit.

Lincoln ne disait jamais rien à la légère. Schanberg jeta un coup d'œil rapide alentour sur les soldats qui s'éloignaient, et sur l'artillerie et les A.P.C. qui quittaient lentement la place de l'Indépendance. Il parla avec un petit rire.

— On a fait courir le bruit que, même dans l'éventualité où tout ce matériel serait bousillé, le Congrès américain n'accorderait plus aucune aide militaire...

Lincoln sourit très largement, comme reconnaissant bien là un vrai pro.

— Vous ne vous étonnerez pas, Sydney, si je vous dis que je ne sais rien à ce sujet. Mais, sans doute êtes-vous déjà au courant, le Pentagone a récemment découvert une « erreur » dans sa comptabilité. Ils estiment qu'ils doivent quelque chose comme vingt et un millions de dollars au gouvernement cambodgien.

Il regarda autour de lui, laissant à ses paroles le temps de faire leur effet. Personne n'avait pu entendre. L'assistant de Schanberg parlait là-bas avec un aide de camp cambodgien. Il continua d'un ton désinvolte :

— Apparemment, notre ambassade aurait fichu le chantier dans la comptabilité des armées. Par conséquent, le Pentagone va se faire un devoir de rembourser Lon Nol avec du matériel militaire. Vous devriez vérifier. D'autant plus que l'ambassade des Etats-Unis à Phnom Penh n'a pas de service de comptabilité des Armées. Eh oui ! comme toujours, Sydney...

— Attendez un peu, James, dit Schanberg, réfléchissant le plus vite possible.

Mais Lincoln avait déjà disparu, comme le proverbial Chat du Cheshire, ne laissant flotter dans l'air qu'un sourire bien trop cynique pour qu'Alice ait jamais pu le déchiffrer.

Au fur et à mesure que passaient les semaines de la saison sèche, Phnom Penh s'affaiblissait et se distendait, comme l'un de ses enfants affamés. Les rescapés de la terreur des Khmers Rouges venaient gonfler son ventre vide et se pressaient vers le centre de la ville, érigeant leurs maisons de carton derrière les buissons des parcs ou étalant des feuilles de plastique entre les pierres tombales des cimetières, et dormant d'un sommeil agité au-dessus des morts.

Les hôtels eux aussi étaient pleins, de journalistes cette fois, de photographes et d'équipes de télévision, et des hyènes et des vautours qui prospèrent dans toute société parvenue à un stade avancé de décomposition : spéculateurs français ou allemands proposant aux Cambodgiens, affolés, qui s'en allaient en exil, des sommes dérisoires pour leurs trésors d'art khmer ; Philippins colportant des drogues à bas prix ; armateurs australiens et indonésiens, embarquant à prix d'or de riches familles, partant vers la Thaïlande dans l'espoir d'y trouver un avion pour rejoindre leurs parents dans le midi de la France. Un ancien membre du service d'approvisionnement en matériel militaire fit réapparition à Phnom Penh comme marchand d'armes basé à Singapour et offrait aux officiers cambodgiens de racheter l'armement qui leur avait été alloué au titre du programme d'aide américain. Et ils étaient nombreux à son image, les équivalents, à une plus grande échelle, du boutiquier chinois qui échangeait un M-16 tout neuf contre un billet de dix dollars sur le trottoir de Monivong Boulevard.

— L'aide est comme une drogue, observa Schanberg.

A la lueur de la vieille lampe de cuivre, il voyait Jon Swain assis sur le plancher de teck à un mètre ou deux de là. En face de lui, sur les nattes de roseaux, étaient allongées deux autres silhouettes qui lui étaient moins familières. Leurs visages semblaient changer chaque fois que la lampe lançait ses ombres dansantes.

— Plus on en a, plus on en veut, continua-t-il, comme s'il découvrait une grande vérité. Et plus on en veut, plus on en a besoin. Nous avons fait prendre au Cambodge trop de pipes d'opium. Les symptômes de désintoxication vont se révéler fatals.

— Vous pensez donc que la faute incombe aux Américains ? Je suis pas d'accord avec vous.

La voix qui sortait de l'ombre sonnait comme celle d'un Cambodgien cultivé. La fille aux seins nus l'avait appelé Excellence, et Schanberg aurait bien aimé pouvoir reconnaître son visage.

— J'ai combattu contre les Français durant la première guerre d'Indochine. Maintenant je me bats contre les communistes soutenus par les Chinois. La prochaine fois, ce sera peut-être les Vietnamiens. La faute en incombe au colonialisme. L'intention des Etats-Unis n'est pas de gouverner le peuple khmer. Son aide a pour but de nous permettre de vaincre les colonisateurs et de nous gouverner nous-mêmes.

Il s'interrompit lorsque la jeune fille revint du couloir en portant un plateau de pipes d'opium fraîchement préparées. Schangerg se sentait mal à l'aise. Tous les hommes politiques cambodgiens qu'il avait rencontrés partageaient ce même détachement serein, cette même conviction que les Américains écoutaient leur bon cœur et non leur esprit. Il regarda la fille à genoux au milieu de la pièce. Elle était nue, à l'exception d'un sarong de soie vert enroulé autour de son ventre et de ses cuisses. Sa chevelure, noire comme du graphite liquide, ondulait autour de ses petites oreilles, de ses fines mâchoires et coulait le long de son dos.

Elle chauffa longuement l'opium au-dessus de la flamme, puis en emplit délicatement une pipe de platine. Avec un mouvement gracieux, elle l'offrit à l'homme qu'elle avait appelé Excellence, qui refusa d'un signe de tête, puis à l'autre forme appuyée contre les coussins, un homme âgé, à la moustache argentée, qui la remercia dans un khmer parfait avant de commander en français un autre whisky. C'était probablement un Français de la délégation des Nations Unies à Phnom Penh, dont les membres, contrairement à ceux de l'ambassade américaine, étaient autorisés à fréquenter la fumerie d'opium de madame Chantal.

Swain, avec un tact tout britannique, avait enchaîné sur la conversation de ses compagnons :

— Il y a un obélisque à Londres, sur le Mall, à la gloire des marins britanniques, leur dit-il. Et dessus il y a une plaque figurant un soldat de la Marine enfonçant sa baïonnette dans les tripes d'un Chinois. Sous la violence du coup, sa natte se dresse tout debout comme un point d'exclamation. Dessous il est écrit : Shanghaï, campagne 1898.

Il continua solennellement tandis que la fille s'agenouillait tout près de lui et soutenait la pipe pour qu'il aspire :

— C'est vraiment complètement dément, vous ne trouvez pas ? Vous imaginez la même chose à Pékin ? Une plaque avec un Chinois plantant sa baïonnette dans un Anglais au beau milieu de Regent Street, le chapeau melon lévitant sous le choc. Et dessous : campagne du centre de Londres, 1898 !

Il respira profondément :

— Dieu seul sait ce que nous faisions en Chine pour commencer.

Le diplomate français rit avec discrétion :

— Vous protégiez votre commerce d'opium, mon cher.

— Il s'agissait là de baïonnettes dans des combats au corps à corps, dit Schanberg. Les Chinois vous ont pardonné. Mais qu'en sera-t-il des Khmers Rouges ? Cinq ans de bombardements incessants ; des milliers de litres de napalm déversés ; des dizaines de milliers d'entre eux écrasés sous les bombes ou brûlés. Et aucun moyen de représailles, rien contre quoi tourner leur fureur, sinon leur propre peuple. Croyez-vous qu'ils vont oublier et pardonner ?

Il n'y eut pas de réponse. Swain regardait la fille droit dans les yeux. Il murmura un merci en khmer. Elle eut un rire ressemblant à un petit gloussement et répondit quelque chose, puis elle rit à nouveau, lui tirant une petite langue rose entre ses lèvres rougies au bétel.

— Qu'est-ce qui te fait rire ? demanda Swain, riant lui aussi, tandis qu'elle se blottissait contre son épaule.

— Vous devriez apprendre le khmer, mon cher, murmura le haut personnage avec un peu de tristesse dans la voix.

— La haine, dit le délégué français. — Il vida son verre de whisky et le posa sur la natte avec un petit bruit sec. — Pour répondre à votre question à propos des Khmers Rouges. Et quand ils gagneront, comme ce sera assurément le cas, ce sera la victoire d'hommes en qui la haine aura chassé tout autre sentiment.

La fille se leva sans bruit, et ramassa le verre de Swain qui se mit sur ses pieds et la suivit quand elle sortit avec le plateau. La pièce resta silencieuse. L'opium tissait ses toiles dans le cerveau de Schanberg. Il se sentait absorbé par le fatalisme de cette antique contrée. La haine passerait. L'amour était plus fort que la haine. Quand le haut dignitaire parla, il l'écouta avec un respect tout neuf.

— Nous négocierons, dit la voix cambodgienne aux accents policés. A la fin de la saison sèche, quand les Khmers Rouges seront fatigués. Nous leur proposerons alors une place dans notre gouvernement, dans le cadre de la Constitution. Et il n'y aura pas de châtiment pour les fautes passées.

Les yeux de Schanberg s'embuèrent de larmes devant tant de magnanimité. C'est ainsi qu'il devrait en aller des guerres. Seul le mandarin des Nations Unies ne semblait pas ému.

— Je crois que c'est Byron, n'est-ce pas, fit-il remarquer, qui a écrit : « Maintenant la haine est de loin le plus durable plaisir. Les hommes aiment dans la hâte, mais haïssent tout à loisir. »

Il tira une bouffée de sa pipe d'opium et eut une expiration profonde ressemblant à un soupir.

On aurait dit que les meubles de toutes les villas de Phnom Penh avaient été mis aux enchères, et que les vendeurs dans les rues étaient devenus fous. Réfrigérateurs, téléviseurs, tourne-disques, climatiseurs et surplus américains de l'armée encore dans leurs emballages du Ministère de la Défense, se déversaient sur la chaussée. Les gens fourmillaient et piétinaient autour, offrant des sommes ridicules et hurlant de rire. Au volant de la Mercedes qui avançait à une allure d'escargot, Sarun, trempé de sueur dans sa chemise de nylon, racontait une histoire drôle en khmer. Schanberg était assis à l'arrière à côté de Pran, le visage couvert d'un journal.

— Demande-lui pourquoi c'est toujours quand nous sommes pressés qu'il raconte des blagues ? dit-il.

Pran traduisit, provoquant chez Sarun un petit rire sec et haut perché.

— Il dit, parce que le rire voyage plus vite que la peine.

Schanberg répondit par un grognement. Ils s'arrêtèrent à un feu rouge, et il souleva son journal. De jeunes garçons s'agglutinaient aux fenêtres comme des mouches, avec des bouteilles de vin pleines d'essence de marché noir. *Essence ? Essence ? Voulez-vous acheter d'essence ?* En fait, ils étaient plus près de l'ambassade des Etats-Unis qu'il ne l'aurait cru. Mais maintenant la mélopée à l'extérieur avait changé. Le son devenait plus fort et plus courroucé, et c'était de l'anglais.

— Assez de l'aide américaine ! Paix au Cambodge !

Schanberg donna une tape sur l'épaule de Sarun, et sauta de la voiture. Pran le suivit. Entre eux et les grilles de l'ambassade, la rue s'emplissait d'étudiants agitant des banderoles et protestant à grands cris. « A bas Lon Nol ! Nous voulons une paix honorable ! Les Américains dehors ! »

« Les Américains ont occulté la voie moyenne ! criaient-ils. Pourquoi devons-nous choisir entre Lon Nol et les Khmers Rouges ? Où est passée la solution intermédiaire ? »

Pran et Schanberg se forcèrent un passage parmi eux. La police militaire était au garde-à-vous derrière les portes de fer soigneusement closes de l'ambassade. Les hommes fixaient droit devant eux un regard indifférent : tout ceci ne les concernait pas. Les Etats-Unis ne voulaient certes pas intervenir dans les affaires intérieures d'une nation étrangère. Schanberg le savait, les troupes de Lon Nol étaient désormais si clairsemées que l'ambassadeur avait tenté de persuader le maréchal d'annoncer une mobilisation générale. Mais cela aurait signifié appeler sous les drapeaux les étudiants des classes moyennes comme ceux qui étaient ici, ce qui aurait anéanti les fondements du pouvoir politique de Lon Nol en un clin d'œil. Ses camions militaires continuaient donc à écumer les rues les plus pauvres pour enrôler de force les jeunes paysans, tandis que les riches s'achetaient de faux papiers les déclarant fous et les exemptant de service. Et voici que les étudiants manifestaient.

Schanberg, le dos tourné à la clôture de l'ambassade, ne se sentait pas très à l'aise pour aborder ce sujet. Le bloc-notes en main, il appela d'un geste un étudiant au visage rond, en espadrilles et chemisette de sport, qui portait sur le nez des lunettes d'écaille. Le garçon, les poings serrés sur sa banderole, répondit aux questions de Schanberg par d'autres questions.

— Pourquoi appuyez-vous ce gouvernement ? Pourquoi soutenez-vous Lon Nol ? Pourquoi vous, les Américains, faites-vous durer cette guerre ? Nous voulons négocier. Les Khmers Rouges sont des Cambodgiens eux aussi... Pourquoi les Cambodgiens ne pourraient-ils discuter avec les Cambodgiens ?

S'il existait des réponses à ces attaques, Schanberg fut préservé d'avoir à les donner. Des camions blindés étaient apparus aux deux extrémités de la rue. La police militaire cambodgienne s'avançait en un mouvement de tenailles, fouettant l'air de ses matraques et jetant à terre tous les étudiants qui avaient été trop lents à se sauver. Une seconde rangée venait derrière, qui relevait les manifestants et les enfournait dans les camions.

Pran griffonnait nerveusement. L'étudiant au visage rond

reçut un coup sur la tête, s'écroula et fut emporté. Lorsque le portail de l'ambassade s'ouvrit et qu'il fut tiré à l'intérieur, Schanberg vit les lunettes d'écaille restées sur le trottoir.

— Sydney !

Pran n'avait pas de laissez-passer officiel. Il ne pouvait entrer sans Sydney. Les policiers se rapprochaient.

— Sydney !

Schanberg ne l'entendit pas. Il grimpait les escaliers en courant et passait à toute allure les portes battantes, car il avait déjà dix minutes de retard pour la conférence de presse.

La jeep dévalait à tombeau ouvert la Grande Rue numéro Un, tout en évitant les trous de bombes. Au volant était Joe Marocco, un conseiller militaire américain. Schanberg était assis près de lui. A l'arrière, pleins de craintes pour leurs précieuses vies, se cramponnaient Swain et Rockoff, avec le pauvre Pran inconfortablement pris en sandwich entre eux.

Marocco parlait de la guerre.

— Selon nos informations, le Vietcong a augmenté ses fournitures d'armes, cria-t-il. L'année dernière à la même époque, les Khmers Rouges ne pouvaient plus combattre !

— Et qu'est-ce qu'il en est des fournitures pour Lon Nol ? cria Schanberg.

— Comment ça ?

— N'est-il pas exact que le Pentagone va fournir pour vingt et un millions de dollars d'équipement militaire, en dépit des vœux du Congrès ?

Marocco souleva deux de ses doigts du volant en signe de victoire. Schanberg sourit amèrement. Lors de la conférence de presse, on avait dit aux journalistes assemblés ce qu'ils savaient pertinemment qu'on leur dirait, à savoir qu'il y aurait probablement un bain de sang si les Khmers Rouges prenaient le pouvoir ; que les Etats-Unis faisaient tout ce qui était en leur pouvoir pour garder le contrôle de la situation et apporter une solution au conflit ; et que le pont aérien acheminant du carburant et des munitions de Thaïlande et du riz de Saïgon, contrebalançait la perte du Mekong au profit des Khmers Rouges. Les efforts pour obtenir de la Maison-Blanche qu'elle approuvât une tentative de négociation entre les Khmers Rouges et Lon Nol étaient de toute évidence tombés à l'eau. Tout l'accent était mis sur l'obtention d'une aide américaine supplémentaire pour leur permettre de tenir jusqu'à la fin de l'offensive de la saison sèche.

Un bœuf mort gisait, les pattes antérieures en travers de la chaussée un peu surélevée, et la jeep, en faisant une embardée dans une flaque pour l'éviter, éclaboussa presque tout sur la banquette arrière.

— Hé! Doucement, tu veux bien! grinça Rockoff en abritant ses précieux appareils. Qu'est-ce que tu nous fais chier à foncer comme ça, d'ailleurs?

— C'est qu'il ne risque pas de contredanse pour excès de vitesse, dit Swain.

— Je me fous de ce qu'il risque; je me soucie seulement de ce que je risque, moi... De me retrouver dans un frigo et d'aller danser de l'autre côté.

— Ouais, dit Pran, en hochant la tête.

Ils avaient franchi le pont des Nations Unies et traversé le marché de Chbar Ampou quelques minutes auparavant. Le front ne se trouvait plus qu'à cinq minutes en avant d'eux, au-delà de la continuelle débandade des réfugiés.

— Avant la poussée de la semaine dernière, tout ce territoire était aux mains des Khmers Rouges! cria Marocco, regardant fixement devant lui. Peut-être que demain ils couperont à nouveau la route!

Personne ne songea plus à se plaindre de la vitesse. Ils virent encore d'autres animaux morts, et même trois corps exposés à l'attention de tous sur le bas-côté, sous un linceul de plastique transparent. Un camion entièrement consumé, l'avant planté dans une rizière, laissait voir à l'arrière son chargement de mannequins de vitrine, tordus et carbonisés en une obscène parodie de cadavres humains.

La route s'engageait maintenant entre les arbres. Swain désigna à Schanberg une ou deux cabanes sur pilotis avec des toits de chaume. Il n'y a pas si longtemps, elles avaient été des bordels fréquentés par les planteurs français dont on pouvait encore voir les belles maisons coloniales qui tombaient en ruine au bout d'allées envahies par la végétation. Tout ce qui bougeait aujourd'hui dans le paysage verdoyant avait une arme à la main.

De l'un des postes militaires entourés de sacs de sable qui jalonnaient la grand-route, un soldat leur fit signe de ralentir avec un drapeau. Marocco sortit son Smith et Wesson et dépassa l'homme avant de freiner. Celui-ci les rattrapa en courant.

— Avez-vous ces cigarettes ? demanda-t-il en découvrant une rangée de dents noircies.

Schanberg lui lança un paquet de Bastos. Sur les sacs de sable étaient assises trois jeunes filles soldats qui riaient bêtement. Elles devaient avoir quinze ans tout au plus et, vêtues de treillis trop grands pour elles, tenaient maladroitement des M-16 flambant neufs ; mais de toute évidence, elles étaient plus intéressées par le rouge à lèvres qu'elles venaient d'essayer et par l'enregistrement de Paul Mc Cartney, tiré de *Quatre garçons dans le vent*, tonitruant sur leur petit poste à transistors. Rockoff prenait des photos de leurs visages maquillés, et elles éclatèrent de rire comme si la mort était loin. Schanberg commençait à sourire lui aussi, mais il remarqua Pran, assis immobile, les larmes aux yeux. Swain l'avait vu également et ressentit la tristesse pitoyable de la scène.

— Aujourd'hui vivant, mort demain, dit Marocco sombrement.

Et il enclencha la vitesse de la jeep.

Après environ deux kilomètres, Swain brisa le silence.

— Vous avez vu ces M-16 ? dit-il. Ils avaient même encore leurs foutus étuis.

Ils pouvaient deviner le front, maintenant, aux horribles moutonnements de fumée noire qui jaillissaient dans le ciel sans nuage. Ils provenaient d'une usine en flammes à la limite de l'une des dernières enclaves de la périphérie de Phnom Penh qui soit encore défendue par l'armée de la République khmère. C'était une usine de Pepsi-Cola qui subissait un tir de roquettes depuis le début de la matinée. La moitié de son toit avait été emportée. Le reste n'était plus qu'un champ de décombres de ciment, de cageots brisés, de cannettes explosant et de flaques d'huile en flammes autour de machines disloquées. Un haut mât d'aluminium avait été coupé net et plié en deux comme une simple brindille. Tout au bout, une enseigne au néon, traînant presque à terre, faisait encore clignoter un rouge BUVEZ PEPSI.

Marocco gara la jeep près d'un camion renversé à proximité du portail. La scène qui s'étalait devant eux évoqua à Schanberg les gravures de Goya sur *les Désastres de la Guerre* qu'il avait vues au lycée. Dans les ombres capricieuses projetées par le voile de fumée, deux petits garçons emportaient sur une perche un chien mort, vers un lugubre feu de camp, contournant les cratères de bombes qui grêlaient la terre jonchée de gravats. Contre une souche d'arbre noircie était tapie la famille d'un jeune soldat du front. Sa femme, à peine plus âgée que les jeunes filles qu'ils venaient de voir, donnait le sein à son bébé sous un grossier abri de planches qu'elle avait installé pour le protéger du soleil de midi. Sa mère lavait des vêtements dans une petite cuvette en plastique. Tout ce qui permettait à Schanberg de les distinguer des réfugiés, c'était que la chemise que la mère frottait était celle d'un vieil uniforme kaki de l'armée française.

A la queue leu leu, Joe Marocco en tête, ils cheminèrent en direction du front le long de chars à bœufs, de feux de camp et de silhouettes informes entassées pêle-mêle.

— Nous devrions être avec eux avant qu'ils ne s'arrêtent pour le repas, fit remarquer Marocco.

— Avant qu'ils ne s'arrêtent pour le repas ?

Swain avait un ton incrédule.

— C'est bien ça. Les officiers d'artillerie de Lon Nol ont des horaires de travail très stricts : six heures trente à treize heures, sauf le samedi et le dimanche, qui sont les jours de repos. Ce qui veut dire que l'armée attaque les positions des Khmers Rouges en fin de matinée, et bat généralement en retraite avec de lourdes pertes en fin d'après-midi, à cause du manque de couverture d'artillerie.

— Et alors, la nuit ?

— Il n'y a que les communistes pour se battre la nuit.

Schanberg était déjà au courant. L'une des raisons pour lesquelles le taux d'efficacité de l'armée cambodgienne était aussi bas que celui des plus mauvaises troupes au Vietnam, était qu'elle allait se battre un peu comme elle aurait semé du riz, ou serait allée au bureau. Les Khmers Rouges pouvaient régler leurs tours de garde sur ses attaques ; lui tendre des embuscades était aussi facile que s'il s'agissait d'un facteur dans sa tournée matinale. Accablées sous le fardeau de l'incompétence de leurs officiers, et de la corruption des hommes qui les commandaient, les troupes combattaient comme des automates ; il était même étonnant qu'elles combattent du tout. Avant le début des années 70, les seules expériences que ce peuple pacifique avait eues de la guerre moderne avaient été de servir de figurants dans les films patriotiques du prince Sihanouk. En conséquence, ils étaient partis pour leur première bataille contre les Vietnamiens avec des clairons et un porte-étendard, et avaient été pris dans des embuscades et massacrés par milliers. Lâcher la puissance américaine parmi ces populations, équivalait à placer un requin dans une piscine pleine d'enfants terrorisés.

66

— Par ici ! glapit Marocco.

Rockoff, qui s'était attardé pour photographier aux rênes d'un char à bœufs une petite fille, dont les parents réfugiés chargeaient des paquets derrière elle, se retourna et le rejoignit en courant à petits bonds. Le bruit du feu des mitrailleuses légères les guida jusqu'à un petit mur de briques consolidé de sacs de sable. Quelque trente soldats épuisés, dont aucun ne semblait avoir plus de dix-huit ans, risquèrent un coup d'œil par-dessus. Lorsque les journalistes arrivèrent, quatre d'entre eux se levèrent et coururent à demi courbés le long d'un canon anti-tank disloqué, jusqu'à une maison en ruine cent mètres plus loin. Au-delà s'étendait un morceau de rase campagne long comme deux terrains de football ; et plus loin, une rangée de palmiers se dessinait vaguement à travers les volutes de fumée.

C'était le front.

Deux officiers étaient accroupis par terre et buvaient du coca-cola en écoutant un émetteur-radio qui aboyait des ordres en khmer. Ils fixaient un regard incrédule sur les journalistes qui s'approchaient. L'un d'entre eux, un énorme moine bouddhiste enveloppé d'une toile de coton jaune et sale, secoua la tête et marmonna.

Pran traduisit à l'intention du conseiller militaire.

— Il dit, il pensait que vous étiez rentrés chez vous.

— Non, monsieur ! fit Marocco en essayant de sourire.

Il fit un pas en avant et tendit brusquement sa main.

— Fabriqué aux U.S.A., dit-il.

Le visage du moine se crispa. Il frappa la main tendue. Puis, avant même que Marocco ait pu en prendre ombrage, il sourit avec des larmes dans les yeux et le serra chaleureusement sur sa poitrine.

— Il dit, vous êtes arrivé à temps pour aider, traduisit à nouveau Pran.

Marocco se dégagea. Ses lunettes lui étaient tombées du nez et Schanberg pouvait lire dans ses yeux l'expression embarrassée, coupable et attristée de Judas.

— Je ne puis rien pour vous aider, fit-il avec colère. Je ne suis que conseiller.

Schanberg marchant devant, ils se dirigèrent vers un nid de mitrailleuses. Le sergent responsable avait à peu près vingt ans ; pieds nus comme les autres, il portait un parapluie vert en signe d'autorité. Son crâne était enveloppé de linges sanglants et une longue tache d'huile et de sang ornait son blue-jean. Il s'inclina devant le groupe et s'en retourna vers une mitrailleuse M-60 qui crépitait sans résultat en direction de la lointaine rangée de palmiers.

— Jamais rien vu d'aussi dingue, maugréa Rockoff. — il s'était mis un peu à l'écart pour prendre la photo d'une chèvre coupée en deux par une bombe mais encore attachée à un mât de drapeau. — On va tous se faire rétamer comme des cons.

On entendit soudain un sifflement de mortier. Schanberg et Pran plongèrent sur le sol. Des mitrailleuses cachées dans la ligne d'arbres ouvrirent le feu, et les M-60 leur répondirent. Par terre à leurs côtés, l'émetteur-radio gargouillait furieusement. Pran traduisit au milieu du vacarme des balles : *Pourquoi n'avancez-vous pas !*

Le jeune sergent taché de sang, maladroit à force d'épuisement, saisit l'appareil et hurla à l'adresse du colonel invisible, là-bas, à des centaines de mètres à l'arrière du front :

— *Pourquoi ne venez-vous pas voir vous-même ?*

Les tirs de mortiers des Khmers Rouges avaient augmenté. Les obus pleuvaient de partout. Le conseiller militaire regardait sa montre avec perplexité : ceci était contraire aux usages. L'émetteur continuait à protester avec des cris rauques, et de grosses éclaboussures de terre et de maisons en feu étaient projetées dans les airs, pour retomber sur eux en une pluie jaune de briques pulvérisées. Rockoff planta son visage juste en face de celui de Schanberg :

— Foutons le camp d'ici, bon Dieu !

Une caisse de bouteilles de coca explosa près de Schanberg et les éclats de verre volèrent en tous sens. *Pourquoi n'avancez-vous pas ?* rugissait la radio. En baissant les yeux, il vit une ligne de sang jaillir et couler sur sa paume. Tandis que la terre tremblait autour d'eux, Pran lui prit la main et se mit à sucer le sang.

— Danger de poison, dit-il.

Et il sortit son mouchoir pour panser la blessure.

Schanberg regarda son assistant avec stupéfaction. Ils se tenaient sous les bombes, et Pran était là, à le soigner comme un malade à l'hôpital. Avec son plus gentil sourire, Schanberg retira très doucement sa main :

— Ça suffira pour l'instant, dit-il.

Une explosion de mortier à une quinzaine de mètres de là, sur la ligne de front, les plaqua contre le sol. Des sacs rouges s'élevèrent lentement dans les airs et s'ouvrirent, vomissant des entrailles humaines. Deux tout jeunes soldats sortirent péniblement à quatre pattes de la pluie de poussière, criant silencieusement. Ils portaient des bandeaux autour de leur tête, et l'un d'eux avait aux pieds de grosses sandales de caoutchouc. D'un commun accord, ils se débarrassèrent de leurs fusils et s'enfuirent. Le jeune sergent cria vers eux sans espoir, d'une voix éraillée et défaite, tandis qu'ils s'évanouissaient dans la brume.

Le bombardement allait crescendo, comme une rame de métro new-yorkais arrivant avec fracas sur ses rails. Le conseiller militaire avait reculé de cent mètres dans la fumée et désignait sa montre en criant à tue-tête. Il s'agissait d'une poussée capitale des Khmers Rouges. Schanberg empoigna Pran et ce fut un sauve-qui-peut. Certains obus avaient pour cible les réfugiés. Ils fuyaient au milieu des enfants qui criaient, des charrettes branlantes, et des animaux épouvantés. Rockoff était loin devant, les appareils au vent. Swain était avec lui.

Schanberg regarda par-dessus son épaule et vit des formes indistinctes tourner autour du poste de mitrailleuse déserté. Il s'arrêta, et se jeta à terre entre deux murs de caisses de coca. Pran lui cria :

— Viens donc, Sydney !

— Continue ! hurla Schanberg. — Il lança son bras en direction de la jeep. — Pars en avant ! Je te rattraperai !

Il fixa la lointaine ligne de palmiers. Des insectes noirs en sortaient en débandade et se précipitaient à travers la rizière verte. Et maintenant ils se pressaient comme un essaim d'abeilles dans la maison en ruine au-delà des sacs de sable qui, cinq minutes auparavant, appartenaient encore au monde libre.

— Les Khmers Rouges ! murmura une voix près de lui. Pran était revenu.

Ils contemplaient tous deux, fascinés et craintifs, les silhouettes aux visages sombres et aux longs cheveux noirs. Peut-être était-ce des femmes. Un bâtiment prit feu, et la fumée les masqua. Lorsqu'elle se dissipa, les silhouettes noires avaient disparu. Un klaxon retentit ; il était temps de foncer vers la voiture.

Tandis qu'ils couraient, pliés en deux, il y eut une nouvelle explosion. Le char à bœufs que Rockoff avait photographié était couvert de sang. Les rênes avaient glissé de la main de la fillette ; l'une des bêtes était morte ; l'autre, dont le sang jaillissait à l'encolure, essayait de se relever en titubant. La petite fille ne s'était pas retournée pour voir ce qui restait de ses parents. Fermant les yeux de toutes ses forces, les doigts dans les oreilles, elle hurlait à pleins poumons.

Schanberg était attablé et dégustait son cocktail de crevettes à la lueur des chandelles. Avec l'électricité coupée, comme cela devenait de plus en plus fréquent en ce mois de mars, la salle à manger de l'hôtel *Phnom* ressemblait plus encore qu'à l'habitude à un mausolée aux gloires passées. Au-dessus de Schanberg, un lustre baroque tintait dans la brise qui soufflait des fenêtres à claire-voie. De chaque nappe damassée, des bougies projetaient leurs ombres sur les murs lambrissés, mais à cette heure tardive, Schanberg était l'unique client, et l'on n'entendait aucun bruit, si ce n'était celui du lustre et le tapotement de sa cuiller sur le plat de cristal taillé.

Il s'habituait à la solitude. Sans les visites de Pran, il aurait vécu entièrement avec son travail et ses réflexions. Le Cambodge — les gens et la guerre — occupait toute sa pensée. Lors de ses rares voyages pour voir sa famille à Singapour, il se réveillait chaque matin la tête pleine d'hélicoptères tournoyants. Les cris des enfants qui jouaient dans la cour de l'école plus bas dans la rue lui faisaient fermer la fenêtre ; et il relevait le son de la radio pour étouffer le souvenir d'autres cris plus pénétrants, des cris de douleur. La seule chose qui lui parvînt, au fond de la région lointaine où il se trouvait, était l'image de l'une de ses filles lui donnant en cadeau d'adieu une rose de soie jaune, et disant avec un léger tremblement de la lèvre : « Papa, je t'aime, mais je te perds toujours. Juste quand je commence à te connaître à nouveau, je te perds. »

Schanberg se frotta les yeux de fatigue et repoussa son assiette. Un serveur approcha silencieusement avec un curry de poulet froid ; il le refusa d'un geste, et alluma une cigarette. Il faisait décidément trop chaud pour manger. Il semblait actuellement ne vivre que de tabac, d'alcool et de pilules de vitamines. Lors de son tout premier voyage au Cambodge, en tant que reporter de guerre débutant, il s'était accroché aux basques de quelques correspondants expérimentés que ses questions n'incommodaient pas ; et le seul truc de métier qu'il s'était efforcé de ne pas imiter était leur consommation effrénée de stimulants. Mais il avait depuis appris à connaître les effets de la constante omniprésence de la guerre sur les systèmes nerveux. Elle vous mettait sous tension et vous insensibilisait tout à la fois. Rien de pire que de promener un estomac plein devant certains des spectacles qu'il lui fallait couvrir.

Il avait eu beaucoup de difficultés samedi dernier chez Pran à absorber la nourriture qu'avait préparée Ser Moeun. C'était la seconde fois seulement qu'il acceptait une invitation à dîner dans leur appartement ; l'épouse de Pran s'était visiblement donné beaucoup de mal, achetant au marché des petites douceurs qu'elle avait disposées dans des bols autour du curry, et cependant, à la moitié du repas, il avait posé ses baguettes et demandé l'autorisation de fumer. Avec son excessive politesse, Pran avait cessé de manger et s'était joint à lui. Ser Moeun avait ramassé les assiettes avec un sourire déçu et les avait emportées à la cuisine.

— Mon père fume toujours à table, dit Pran avec un petit rire. Ma mère, elle fait curry très piquant, et il dit toujours : « La fumée après le feu. »

— Comment vont tes parents, Pran ?

Son assistant abaissa le regard vers la table brillante de cire. Schanberg avait manqué de délicatesse ; il s'en aperçut dès qu'il eut posé la question. Les parents de Pran habitaient un quartier excentré de la ville de Siem Reap, là-haut dans le nord, près des temples d'Angkor Vat. Son père était haut fonctionnaire dans les Travaux Publics, et chargé de superviser la construction des routes dans le district de Siem Reap. Et toute cette région subissait en ce moment de furieux assauts des Khmers Rouges.

— Mon père est très triste. Toute sa vie il a fabriqué des routes. Il a construit la nouvelle route vers Angkor Vat, quand je travaillais à l'hôtel là-bas en 1967 comme guide. Il disait toujours : « Mes routes conduire Siem Reap au XXe siècle. » Maintenant il dit : « Mes routes sont détruites. Les avions américains les ont bombardées. Puis les Vietnamiens et les Khmers Rouges ont bombardé. Maintenant elles sont bonnes seulement pour les chars à bœufs. »

Schanberg se souvenait du vieil homme. Ils étaient montés jusqu'à Angkor Vat trois ans plus tôt, quand il était encore possible de s'y rendre, et Pran lui avait montré l'Auberge Royale des Temples, où il avait travaillé, et la pagode où il avait fait emménager sa famille en 1970, quand les combats autour de sa propre maison étaient devenus si intenses qu'il avait craint pour leurs vies. C'était alors que Pran s'était enrôlé dans la milice locale. Il avait porté l'uniforme kaki et appris à manier une mitraillette Thompson avant de décider qu'il avait plus de chances d'en sortir vivant en descendant à

Phnom Penh pour y chercher du travail. Avec sa connaissance du français et de l'anglais (qu'il avait appris tout seul), tous les journalistes de la capitale ne tardèrent pas à vouloir l'engager. Des reporters japonais, des équipes de télévision de la B.B.C. et de l'O.R.T.F... C'était une chance, vraiment, que Craig Whitney, le chef de l'agence du *New York Times* à Saïgon, ait pu mettre la main dessus lors d'une de ses premières visites au Cambodge et l'ait recommandé à Schanberg.

Ser Moeun leur apporta le thé. Schanberg sentit son regard anxieux se poser sur lui ; il pressentit qu'on l'avait invité à dîner pour discuter de ses plans en cas de retrait des Etats-Unis. Mais Pran savait très bien que l'on s'occuperait de sa famille ; il n'y avait rien à ajouter, du moins avant qu'il ne reçoive les instructions de l'ambassade. En attendant, Schanberg n'avait aucune intention de se comporter comme s'il s'agissait d'une sorte de dîner d'adieu. Son regard tomba sur la petite statue de la Liberté en plastique moulé que Pran avait reçue en guise de souvenir et qui trônait sur le rebord de la fenêtre.

— Tu as toujours ce truc que Craig t'a donné, dit-il en la désignant du menton.

Et il leva son verre de thé en riant.

— A la vie, à la liberté et à la poursuite du bonheur !

— A la vie, à la liberté et au bonheur ! dit Pran avec un froncement de sourcils solennel.

C'était il y a cinq jours. Il n'y avait guère eu depuis lors d'occasions de porter des toasts, fût-ce avec une tasse de thé. Le pont aérien américain ne compensait nullement la perte du Mekong, et les pauvres mouraient de faim. Le taux d'inflation était si élevé que les professeurs de l'université s'étaient mis en grève parce que leurs salaires ne suffisaient pas à payer leurs tickets d'autobus. Une roquette avait atterri juste devant l'hôtel *Monorom*, projetant des morceaux du portier sur les genoux d'un reporter de la télévision américaine. Pis encore, une école en plein milieu de Phnom Penh avait été frappée de plein fouet par une bombe, tuant dix enfants sur le coup, et en blessant beaucoup d'autres. Il était arrivé sur les lieux avec Pran peu de temps après l'événement, et avait vu les cameramen filmer des gros plans des petits corps mutilés qu'on emportait vers la rue. Les Khmers Rouges avaient fait à maintes reprises, par l'intermédiaire de Sihanouk, des déclarations avertissant tous les étrangers de quitter la ville sans plus tarder. Et pendant ce temps, les meilleurs restaurants continuaient à servir des escargots et du Puligny Montrachet à la lueur des chandelles, et Lon Nol poursuivait son projet de construction d'un nouveau parking-avec-zoo, peut-être pour honorer dignement les trois éléphants sacrés que le prince Sihanouk lui avait confiés à son départ...

Schanberg écrasa sa cigarette. Les portes battantes s'ouvrirent dans son dos ; il se retourna, croyant voir apparaître Pran, mais c'était Swain en compagnie de Gordon Mc Intyre, le médecin de la Croix-Rouge originaire d'Aberdeen, tous deux en tenue de tennis blanche et raquettes à la main. Mc Intyre avait le visage allumé.

— Je perds le premier set, et voilà que ces sacrés projecteurs s'éteignent, ronchonna Swain en attirant une chaise. Et au Cercle Sportif le bar grouille de types, des hommes d'affaires, en train d'échanger leurs impressions sur les souvenirs qu'ils s'apprêtent à escamoter du pays.

— Ils appellent ça les « sauver des Khmers Rouges », ajouta Mc Intyre d'un ton caustique. Et cela va sans dire, c'est un meilleur investissement de sauver des Khmers Rouges un Bouddha en méditation en bronze du XVIIe siècle, que de sauver son chauffeur.

Schanberg sourit et se tut. Les deux Anglais conversèrent encore un peu avec lui, puis le laissèrent à ses pensées. Pran vint les interrompre, brandissant des télex.

— Sydney ! Je crois les communistes ont pris Neak Luong.

— Est-ce que c'est sûr ?

— Non. Seulement une rumeur. Dans la rue.

Schanberg parcourut la page de télex. On signalait une autre tentative de la part de Kissinger et du président Ford pour faire retomber le blâme sur le Congrès si le Cambodge tombait, pour avoir retiré son aide à ce « moment critique » de la lutte. « Le président a déclaré qu'il devenait urgent de poser la question d'ordre moral de savoir si les Etats-Unis allaient délibérément abandonner un petit pays en plein milieu d'un conflit où sa vie même était en jeu », lut-il d'une voix douce. « Il a ajouté que l'aide à ses alliés avait toujours été une des pierres angulaires de la politique américaine, pourvu que ceux-ci soient disposés et aptes à assumer le fardeau de leur propre défense. Le Cambodge, a dit le président, a été un tel allié. »

Schanberg déposa la déclaration sur la nappe blanche.

— Nous n'avons plus guère de temps, murmura-t-il, en

partie pour lui-même. Si Neak Luong est tombé, cela signifie que des milliers de Khmers Rouges, plus l'artillerie dont ils se sont emparés, se dirigent droit sur nous. Il n'y a plus rien pour les arrêter.

Pran ne dit mot. Schanberg leva les yeux vers son visage, tourmenté et lointain à la lumière des chandelles.

— Qu'est-ce qu'il y a ? demanda-t-il.

— Quelque chose que j'entends cette nuit, Sydney. Les Khmers Rouges... attaqué Siem Reap. Ils ont pris le village où sont mes parents.

Un garçon passait de table en table pour éteindre les bougies. Schanberg le suivit des yeux.

— Viens, allons prendre un verre, dit-il.

— Le bar est fermé, Sydney.

— J'en ai rien à foutre, que le bar soit fermé. Nous l'ouvrirons.

Une mitrailleuse crépita. Hugh Elder se jeta sur le sol et fit une roulade sur le côté pour aboutir dans un cratère de bombe. Dans la Mercedes, Sarun poussa une petite exclamation de frayeur, fit un écart et donna un grand coup de frein. Hugh Elder se hissa hors du trou et secoua la poussière sur la manche de sa veste de combat.

— C'est bon. Prenons ça depuis le haut, lança-t-il.

Son équipe de télé, un réalisateur et deux techniciens, se mit en place pour la prise de vue avec le Mekong en toile de fond. Hugh Elder parla comme à la dérobée dans le micro :

— Derrière moi, à quelque six cents mètres, les communistes ont pris et tiennent encore le Mekong. C'est d'ici qu'à l'aide de l'artillerie de cent cinq millimètres qu'ils ont saisie, ils font à volonté pleuvoir la mort sur la ville. Mais les forces armées de la République khmère, sous le haut commandement du maréchal Lon Nol, se défendent vaillamment. Diverses sources bien informées s'accordent à dire que, si la présente offensive peut être contenue jusqu'à l'arrivée de la mousson dans quatre semaines, les communistes ne seront plus jamais capables d'organiser un assaut de cette ampleur. Mais, comme me le disait hier soir un représentant officiel des Etats-Unis, « nous en savons bigrement peu sur les Khmers Rouges ».

Sur un signal de lui, le réalisateur pressa sur le bouton d'un magnétophone, et l'écho d'un tir de mitrailleuse se répercuta à travers toute la rue. Filmé par la caméra de télé, Hugh Elder exécuta de nouveau son saut spectaculaire pour se mettre à couvert, et redressant la tête, parla d'une voix enrouée dans le micro :

— Ici Hugh Elder. Pris en plein cœur de la bataille, quelque part dans la banlieue ouest de la ville assiégée de Phnom Penh...

Schanberg eut un sourire sarcastique, ouvrit la fenêtre de la Mercedes et jeta sa cigarette. Sarun acheva les quelques centaines de mètres qui les séparaient de l'ambassade des Etats-Unis.

A l'intérieur de la Mission, c'était comme les grands magasins à la veille des fêtes de Noël. Les secrétaires s'affairaient frénétiquement et jacassaient dans les couloirs en portant des brassées de chemises. Des plantons manipulaient des bureaux et des armoires et les charriaient dans les escaliers. Slade passa près de Schanberg dans le vestibule, en parlant de façon animée avec un ouvrier.

Il trouva James Lincoln dans son bureau au deuxième étage. Au mur s'étalait une grande carte du Cambodge piquée de petites épingles noires. En face, le président Ford souriait largement du haut de son portrait, entre deux caoutchoucs posés sur une armoire de classement. Schanberg se souvint de la salle de classe de Neak Luong.

Lincoln était en train de vider ses tiroirs. Sur le plancher, un énorme tas de coupures de journaux ne cessait de s'épaissir. Sur son bureau, auprès de deux sacs-poubelles en plastique, se trouvait une pile beaucoup plus modeste.

— Qu'est-ce que vous diriez d'une vente au mètre ? suggéra l'homme du *New York Times.*

— Qui voudrait de ce fatras ? J'ai presque envie d'en faire cadeau aux Services secrets. Ils sont en train d'installer un centre d'opérations à cet étage pour parer à l'éventualité d'une attaque à la roquette sur l'étage supérieur.

Lincoln ouvrit un autre dossier et laissa échapper un gémissement.

— Seigneur ! il y en a des saloperies qui se sont infiltrées ici depuis quelques années ! Pratiquement à la vitesse d'une dysenterie. Regardez-moi ça... 1972... ça vous dit de voir une photo de moi et du Doc ?

Schanberg fit une grimace, et Lincoln envoya Kissinger rejoindre le tas de détritus sur le sol.

— On ne peut pas dire qu'il soit dans les petits papiers de l'ambassade en ce moment, dit le diplomate avec amertume.

— Pourquoi ?

— Il a rejeté la demande de l'ambassadeur de le laisser évacuer de Pochentong. On lui faisait remarquer qu'au train où les communistes resserraient l'étau au nord, c'était notre dernière chance de pouvoir nous en aller sur des avions de lignes régulières. Kissinger est resté inébranlable. Par conséquent les derniers d'entre nous devront s'envoler en hélico du centre de Phnom Penh. Un spectacle pas très revigorant pour le moral du Cambodgien moyen.

— C'est peut-être que Kissinger juge qu'il y a encore une chance de négocier...

Lincoln vida le reste du contenu de la chemise sur le plancher avec une expression tellement découragée que Schanberg eut un élan de sympathie à son égard. Il en connaissait la cause. L'ultime plan, de toute dernière minute, conçu par les Français et soutenu à la fois ici et par Graham Martin, ambassadeur des Etats-Unis à Saïgon, avait été de faire revenir Sihanouk afin de former un gouvernement de coalition à Phnom Penh. Sihanouk était d'accord. Mais le bras mort de la Doctrine Nixon ne voulait pas lâcher Lon Nol à présent. Le projet était tombé à l'eau et, avec lui, tout espoir véritable de parvenir à une solution modérée au Cambodge.

Lincoln tenait une photo de Sihanouk que de nombreux services de dépêches avaient diffusée. On l'y voyait passer avec un large sourire ses bras autour des épaules de deux des leaders Khmers Rouges, Ieng Sary et Khieu Samphan.

— Vous savez qu'il nous a contactés, dit-il abruptement.

— Sihanouk ?

— Ouaiš. Oh, pas pour négocier. Il veut qu'on lui expédie à Pékin tous ses vieux films personnels. Il dit qu'ils constituent « un témoignage culturel unique » sur ce qu'était la vie dans l'ancien Cambodge !

Schanberg rit bruyamment.

— Il a également dit à notre ambassadeur à Pékin que les Khmers Rouges veulent calquer l'organisation du pays sur celle de l'Albanie stalinienne, ajouta Lincoln d'un air morne. Et il pourrait bien avoir raison.

Il retourna à l'armoire à classement. Schanberg, lui, s'approcha du bureau et regarda rapidement le papier qui surmontait la pile. Il releva le nez et vit que Lincoln l'observait.

— Désolé, James. C'est bizarre, mais dès que je vois votre nuque, je me sens contraint de baisser les yeux.

— Cela s'appelle la force de l'habitude. Vous pouvez lire si ça vous chante.

— C'est déjà fait.

Lincoln lui rendit son sourire ironique. Ils étaient tous deux rompus à ce petit jeu.

— Je conserve cela pour des raisons historiques, expliqua-t-il. Ce sont les premiers articles de journaux où j'ai vu mentionner les Khmers Rouges par leur nom. Quelle date était-ce ? 1969 ? Ils étaient quatre mille à l'époque. Six ans et une guerre plus tard, et nous en avons soixante-dix mille aboyant aux portes. Ce pays avait de nombreux travers et de nombreuses vertus, et ce qui est triste, c'est que nous n'avons misé que sur les travers.

Il vida une autre chemise par terre, sans même en vérifier le contenu. Schanberg entendit une voix dehors dans le couloir :

— Il y a des documents à l'appui, Will. Ils ont lancé les enfants contre les arbres. Les femmes ont été clouées vivantes aux murs de leurs maisons. Les hommes pendus et brûlés...

Une autre personne dit quelque chose d'un ton apaisant. La première voix s'éleva à nouveau lorsqu'ils passèrent devant le bureau de Lincoln.

— Vous pouvez leur dire que nous avons fait tout ce qui est en notre pouvoir. La Maison-Blanche nous met des bâtons dans les roues dans tout ce que nous essayons d'entreprendre. Croyez-moi, quand ces types écriront leurs mémoires, j'ajoute-rai une petite note au bas de chaque page.

Lincoln et Schanberg se regardèrent en silence tandis que les voix s'éloignaient peu à peu dans le long couloir éclairé au néon. Le diplomate déballa les sacs-poubelles et en tendit un à Schanberg. Ensemble ils y enfournèrent six années de commentaires sur un pays qui était sur le point de disparaître.

— Croyez-moi, Sydney, je serai sacrément content de quitter cet endroit.

Lincoln glissa une corde autour du cou du sac de détritus et la serra très fort.

— Je crois que personne ne tient plus le coup. Le chef du programme de l'A.I.D. n'a pas été la seule victime. Quelqu'un là-haut aux Services secrets a eu une crise cardiaque la semaine dernière — même s'il en a réchappé. Dean fait de l'hypertension. Tom Bailey, son adjoint, a dû être traité d'urgence pour des ulcères qui saignaient. Un autre gars dans ce même couloir boit tous les soirs jusqu'à tomber dans le coma. Il y a beaucoup de chagrins noyés dans des litres de whisky dans les parages.

— Et qu'en est-il du pont aérien ?

Schanberg fit un nœud au cou de son sac.

— Nous l'emportons avec nous. Le terme technique consacré est *Eclipse.*

Schanberg réfléchit un instant.

— Cela signifie deux cent mille personnes condamnées à mourir de faim. *Au minimum.*

— Je le sais, Sydney. Que faire d'autre ? Hein, dites-moi, que faire d'autre ? Pardonnez-moi le jeu de mots, mais, ou nous nous en allons, ou nous y restons...

Schanberg souleva son sac et emboîta le pas à Lincoln. Le diplomate se pencha et ramassa une lettre qui avait échappé à l'holocauste. Il lut à haute voix :

— « Monsieur, ma famille, et moi-même... » — Et regardez bien la date, cela date d'un mois ! — « ... ma famille et moi-même projetons un séjour touristique en Asie du Sud-Est, et prévoyons de passer deux semaines au Cambodge... »

— Oh, monsieur Schanberg...

Ils étaient parvenus dans le vestibule, et Schanberg fut abordé par un assistant du Bureau du personnel portant des lunettes en demi-lune et une large feuille attachée à un sous-main. En haut, on lisait : « Opération Bon Samaritain. »

— Monsieur Schanberg, je n'ai pas reçu la liste de vos personnes à charge.

— Désolé, j'ai été très occupé. La voici.

Ils descendirent une autre volée de marches, jusqu'au sous-sol. Lincoln poursuivit sa lecture :

— « ... Nous vous serions reconnaissants de bien vouloir nous adresser renseignements et dépliants touristiques. Vous remerciant par avance. Wendell Payne. » — Wendell habite à Potlatch, Caroline du Sud !

Les deux hommes rirent, à moitié par soulagement de voir que l'on pouvait encore plaisanter ensemble et retrouver la sensation d'être humain. Schanberg jeta un coup d'œil vers Lincoln et vit les rides d'inquiétude reprendre leur place.

— C'est là-dedans, dit Lincoln.

Il ouvrit une porte insonorisée et ils entrèrent dans un espace plein d'une sorte de piaulement grave et assourdissant. Des hommes en bleus de travail alimentaient trois grands broyeurs, et deux caddies de supermarché pleins de sacs-plastique attendaient d'être déchargés. Un homme corpulent en pantalon large et lunettes noires montait la garde : Schanberg le reconnut pour être un membre du contingent de la C.I.A. à l'ambassade qui fréquentait le Cercle sportif. Ainsi c'était là qu'allaient se perdre les secrets, hachés menus par le métal et recrachés à l'autre extrémité en fins rubans blancs que même les Khmers Rouges auraient renoncé à recoller.

L'agent de la C.I.A. prit leurs sacs et agita ses mains pour leur signifier qu'ils devaient s'en aller.

— Qu'est-ce qu'il advient des lambeaux de papier ? demanda Schanberg tandis qu'ils remontaient l'escalier.

— On les incinère, répliqua Lincoln. Mais pas tout de suite. Le raisonnement des officiels, c'est que la vue d'une fumée blanche sortant de la cheminée de l'ambassade pourrait être interprétée par la ville comme un symbole de reddition.

Ils se faufilèrent entre les cageots et les cartons d'emballage qui encombraient le hall de réception. Avant de le mettre dans une caisse, on enveloppait dans plusieurs couches de papier de soie un grand aigle de bronze naguère suspendu au mur de l'ambassade. Lincoln tendit à Schanberg une brochure qu'il venait de prendre sur une haute pile adossée contre le bureau d'entrée. Dessus, en gros caractères, s'étalaient les mots : « Instructions et conseils aux civils en cas d'urgence. »

Schanberg le regarda et Lincoln rougit.

— Vous savez, Sydney, dit-il avec embarras, il pourrait bien y avoir un bain de sang. Cette histoire a traîné trop longtemps pour que tout se passe dans la lumière et dans la joie...

Schanberg acquiesça de la tête. Il pensa à Pran. Soudain il voulait être loin de cette maison, loin de ces gens, dehors, à l'air libre.

— Merci, James, dit-il.

Lincoln l'accompagna jusqu'à la porte principale. Sur son visage douloureux, naissait l'esquisse d'un sourire de mauvais augure.

— Après ce par quoi ils sont passés, je ne crois pas que les Khmers Rouges se montreront tendres envers les Occidentaux, dit-il. Vous vous en doutez, je pense.

— Je crois que oui, dit Schanberg.

La Mercedes attendait. Schanberg y monta et ouvrit la brochure de conseils de sécurité. Il n'osait regarder Sarun.

— Hôtel *Phnom*, dit-il.

L'opuscule était un tissu de généralités. Schanberg passa rapidement sur les exhortations à s'inscrire pour l'évacuation, à se tenir à l'écart des foules, et à rester à l'écoute de la radio des forces armées. On trouvait un chapitre spécial sur ce qu'il fallait emporter avec soi dans l'hélicoptère qui vous serait assigné au moment du « départ » : « ... deux tenues de rechange, un imperméable, un nécessaire de couture dans un parapluie, un ouvre-boîtes, une bombe contre les insectes, du sparadrap, votre certificat de mariage, une procuration et votre testament. Vous ne pouvez malheureusement pas emmener votre automobile. » Schanberg regarda la nuque de Sarun, aussi grasse que les sacs de vieux papiers qu'il avait noués avec de la ficelle dans le bureau de Lincoln. Il jeta la brochure de « sécurité » par la portière, sur un tas de surplus de l'armée américaine que l'on vendait sur le trottoir.

— L'hôtel ! s'écria Sarun, radieux. Très rapide !

Le hall de l'hôtel était aussi plein de caisses que l'était l'ambassade, mais celles-ci étaient tamponnées d'une grande croix rouge sur leurs flancs. Hugh Elder se glissait entre elles, chargé de plusieurs sacs et de deux valises ornées de cuir florentin. Il était clair que son reportage en direct du trou de bombe était le dernier auquel ses auditeurs devaient s'attendre de la part de leur correspondant à Phnom Penh. Il serait sur le prochain vol à destination de Saïgon. Il passait à proximité d'un groupe de colons français grisonnants qui avaient une discussion enflammée avec le directeur de l'hôtel, quand tout à coup l'un de ses sacs craqua. Il en tomba un ravissant tigre de laque et d'or aux yeux de rubis.

— Merde ! lâcha Hugh Elder.

Schanberg l'évita et se dirigea vers l'escalier. Une silhouette hirsute sortit des toilettes pour hommes et lui courut après.

— Syd !

Schanberg pressa le pas.

— Syd, peux-tu me prêter cinq dollars ?

Al Rockoff reçut un regard courroucé de Schanberg.

— Dis-moi une chose, Al. La direction t'a proposé une chambre à l'étage supérieur pour deux dollars la nuit ?

— Allez, Syd. Personne ne loge plus au dernier étage maintenant. Pas même les pauvres bougres de pigistes.

— Par pitié, Al ! J'envisageais justement de vendre tes coordonnées géographiques aux Khmers Rouges, comme service rendu au public.

Les cris d'indignation des Français leur parvenaient du vestibule. Schanberg fit un signe du pouce dans cette direction :

— Que se passe-t-il ?

— Quelques anciens en train d'en venir aux mots au sujet de la Croix-Rouge.

Rockoff semblait inquiet.

80

Schanberg extirpa un billet de cinq dollars de sa poche. Rockoff le prit et descendit les escaliers en courant. Schanberg le rappela :

— Al !

Il n'obtint pas de réponse, et remonta dans sa chambre.

Le lit n'était pas fait. Une odeur de tabac froid flottait dans la pièce. Des vagues de bruit arrivaient de la piscine ; Schanberg ouvrit les volets dont la peinture blanche s'écaillait, et sortit sur le balcon.

L'appareil à javelliser était tombé en panne des journées auparavant et personne n'était venu le réparer, mais les gens s'obstinaient à patauger dans l'eau jaunie. Une fille en bikini rouge s'enduisait les chevilles de crème à bronzer, observée par-dessus son verre de Pernod par un gros colonel cambodgien. Les groupies de la guerre étaient sorties en force, de longues filles maigres et hâlées qui avaient échangé leurs pulls à côtes pour des vestes de combat tachées, et qui prenaient leur pied à exhiber les trophées des héros morts avec qui elles avaient couché. Barry Morgan était dans une petite troupe de journalistes, autour d'une de ces groupies au bord de la piscine, essayant de lui enlever le haut.

Schanberg demanda un appel téléphonique longue distance et revint sur le balcon. La scène exerçait sur lui une sorte de fascination en même temps qu'elle le dégoûtait. Dans l'air régnait une atmosphère de gaieté fébrile qui lui rappelait certaines scènes du film de Stanley Kramer *Sur la plage*, ou encore ce qu'avait dû être Shanghaï en 1947. Tout le monde était rassemblé pour le coït final, le dernier orgasme d'un pays condamné.

Hors de portée de leur vue, derrière les frangipaniers, la Croix-Rouge avait déjà réquisitionné les pavillons particuliers de l'hôtel et y emménageait du matériel chirurgical. Mais ce n'était que pour demain. Aujourd'hui encore, on mangeait, on buvait et l'on se réjouissait. Même ce vieux Desmond France était là-bas, les pantalons retroussés, barbotant les pieds dans l'eau et riant de manière hystérique en compagnie d'une laideur diplomatique décolorée en blond moutarde.

Pas plus tard qu'hier, à la Poste centrale, Schanberg était tombé sur France occupé à lire son papier à une quelconque « source bien informée » qui le tenait à sa botte. Le ton de sa dépêche, à l'intention du *Boniment matinal* de Londres, était d'un « optimisme mesuré ». Apparemment, on avait « de bonnes raisons d'espérer » que les récents bouleversements politiques à Phnom Penh « allaient ouvrir la porte à des négociations de paix ». L'éviction de Lon Nol deux jours plus tôt « avait débarrassé la voie d'une dangereuse pierre d'achoppement » et le nouveau cabinet du Premier ministre Long Boret comprenait des personnalités « qui sauraient, en cas de nécessité, entrer en pourparlers avec les Khmers Rouges ».

Schanberg avait aimé le « en cas de nécessité ». On imaginait un industriel de l'époque victorienne, portant monocle, condescendant à recevoir une délégation de mineurs arrogants, mais faisant rouler le tapis du salon au préalable pour qu'ils ne répandent pas de poussière de charbon sur son beau Wilton au poil épais.

Le téléphone sonna. Schanberg se précipita dans la chambre. La voix de sa fille lui semblait lointaine, comme venue de l'autre bout du monde.

— Allô, ma chérie ! C'est papa. Oui. Oui, je vais bien. C'est de cela que je veux parler à maman. Entendu, va la chercher. Oui, bien sûr, mon chou. J'attends.

Il secoua le paquet pour en sortir une cigarette, et l'alluma d'une main qui tremblait un peu. Il savait ce que sa femme allait dire. Il savait qu'il ne serait pas d'accord. Mais il devait lui laisser une chance de le convaincre. Il lui devait bien cela.

— Allô ? Non, non, tout va bien. Comment ? Je ne t'entends pas. Quoi ? C'est justement pour ça que je t'appelle. Je dis, c'est pour ça que je t'appelle. Allô ? Allô ?

Sur la ligne, c'était un tonnerre d'électricité statique entrecoupé de rafales de voix. On entendit la standardiste ; Schanberg lui cria :

— Non ! Je n'ai pas fini. Bon sang, j'essaye de communiquer avec Singapour ! Libérez la ligne, enfin ! Allô !... Et merde !

De rage, Schanberg cogna violemment le récepteur, puis il le reprit et actionna le bouton à plusieurs reprises.

— Allô ? J'étais en ligne avec Singapour. J'ai été coupé. Cet appel est extrêmement important. Essayez de me remettre en contact, s'il vous plaît. *Schanberg.* J'ai mis douze heures pour avoir la communication. Oui. Entendu. J'attends.

Il reposa le récepteur et alla s'étendre sur le lit. Quelques mouches bourdonnaient autour de la rose jaune qu'il avait placée dans un verre à dents sur la table. Une minute après, il se leva et sortit à nouveau sur le balcon.

La fille en bikini rouge s'était retournée et exposait au soleil son dos bronzé. Certains des officiers cambodgiens étaient partis ; ils avaient été remplacés par d'autres journalistes occidentaux et vendeurs de marché noir, plus quelques individus étranges que Schanberg situait mal, mais probablement drainés par les affiches offrant aux expatriés un vol gratuit jusque chez eux, que le personnel de l'ambassade avait épinglées dans tous les fumeries d'opium et bordels louches de la ville.

Une petite bande de journalistes buvait du whisky à l'ombre des palmiers et chantait un refrain sur l'air du *Pont du Nord*...

> *Y aura-t-il un bain, un bain de sang,*
> *Quand les Khmers Rouges arriveront en ville ?*
> *Oui il y aura un bain, un bain de sang,*
> *Quand les Khmers Rouges arriveront en ville.*

Leurs plateaux à la main, des serveurs cambodgiens en livrées blanches les considéraient avec des sourires intrigués. En portant son regard au-delà des palmiers, Schanberg réalisa avec un choc de déplaisir qu'ils avaient un auditoire plus nombreux qu'il n'y paraissait. Des centaines de réfugiés avaient escaladé le mur d'enceinte des jardins de l'hôtel. Ils étaient paisiblement assis au sommet de la muraille avec leurs baluchons, ou bien passaient leur nez par-dessus et scrutaient avec leurs visages sombres, écoutant la chanson et épiant les nageurs à travers les branches des arbres. Une petite fille coiffée d'un chignon avait vu l'homme du *New York Times* et lui faisait bonjour de la main, comme à l'empereur sur son balcon.

Schanberg leva le bras lui aussi, mais le laissa retomber aussitôt. L'empereur était nu. Il rentra se faire couler un bain, en fermant les volets derrière lui.

La chaleur est accablante. Le ventilateur électrique sur le buffet ronfle bruyamment mais c'est à peine s'il semble agiter l'air. De petits piaillements assourdis parviennent de la chambre à coucher où Dith Pran a envoyé les quatre enfants pour regarder un dessin animé de Tom et Jerry à la télé. Il est maintenant assis à la table avec sa femme, des bols vides entre eux, écoutant le ronronnement du ventilateur et le tic-tac du réveil Donald Duck sur le réfrigérateur près du buffet. Il en a fini. Il ne voit plus rien à ajouter.

Ser Moeun a cessé de pleurer. Elle s'essuie les yeux d'un coin de son sarong et rassemble les bols, comme chaque soir. Mais ce soir, ses jambes sont sans force, et elle ne peut se lever. Elle pose les bols sur la toile grossière de la nappe et baisse la tête.

— Cela dépendra de Sydney, répète Dith Pran en khmer.

— Oui.

— S'il a besoin de moi, je dois rester.

— Oui.

— C'est mon devoir. C'est...

Pran cherche. Certes, il existe un mot en khmer pour dire « professionnel », mais il n'a pas les connotations grandioses qu'il a en Occident.

— Je suis appelé à être journaliste, finit-il simplement.

— Oui. Pourquoi ne pourrais-tu pas être journaliste en Amérique ?

Ser Moeun tourne nerveusement l'anneau à son doigt. Les larmes ont recommencé à couler sur ses joues. Pran fronce les sourcils. Comment pourrait-il expliquer à sa femme une chose qu'il peut à peine s'expliquer à lui-même ? Le journalisme n'est pas un simple métier, comme d'enseigner, ou de guider les touristes sur les ruines d'Angkor Vat. Il implique l'être tout entier. Pour faire connaître la vérité sur une guerre, il vous faut d'abord être courageux et penser vite ; mais il vous faut aussi *comprendre*. Et comme toute activité impliquant un travail de compréhension — comme lorsqu'il s'agit de devenir prêtre de Bouddha par exemple —, elle exige en premier lieu que l'esprit s'y consacre tout entier. Pour *faire partie*, il faut d'abord *partager*, partager tout ce qui peut survenir, même la peur, la douleur ou le chagrin.

— Ils te tueront !

Ser Moeun est secouée de sanglots. Pran secoue la tête. A l'instar de beaucoup de femmes, elle a coutume de laisser son imagination prendre le pas et l'emporter loin de la réalité.

— Je n'ai rien fait aux Khmers Rouges, lui dit-il. Je n'ai rien à craindre d'eux. Ils vont avoir besoin de gens qui ont fait des études, comme moi. Tu as entendu ce qu'a dit Khieu Samphan à la radio : « Chaque Cambodgien a son rôle à jouer dans la société de la nation, sans considération de son passé. »

Ser Moeun contemple fixement le Bouddha de bois peint accroupi derrière le ventilateur. Les yeux mi-clos, la tête légèrement détournée, il fait de son mieux, c'est certain, pour ne pas être immiscé dans la conversation. Mais peut-être cet air de ne pas vouloir s'en mêler signifie-t-il aussi qu'il médite sur l'un de ses Douze Commandements, celui qui interdit à ses disciples de se servir des mots pour cacher la vérité. En dépit de ses paroles de réconfort à l'adresse de Ser Moeun, Pran a malheureusement conscience du fait que personne n'a la moindre idée de ce que feront les Khmers Rouges lorsqu'ils auront pris Phnom Penh.

Certains de ses amis ont choisi de croire les discours rassurants de Samphan et Sihanouk; comme Sarun, par exemple. Mais d'autres, comme Nhiek Sann, qui travaille comme interprète au ministère de l'Industrie, des Mines et du Tourisme, pensent qu'une fois victorieux, les Khmers Rouges se montreront plus brutaux encore que tout ce qu'ils peuvent imaginer. Un de ses amis, assistant du Premier ministre Long Boret, a même en fait partagé un appartement à Paris avec Khieu Samphan dans les années cinquante. Il certifie qu'il l'a bien connu, mais lorsqu'on lui pose des questions sur l'idéologie révolutionnaire de Samphan, il hausse les épaules, dans un grand embarras.

Auprès du Bouddha, se trouve une photo de Pran et de Sydney Schanberg au bord de la mer au début de 1973, à Kompong Son, dans le golfe de Siam. Tous deux portent des shorts larges et se tiennent par l'épaule. Grands sourires pour l'appareil. A la pensée de ce qui les attend tous, les yeux de Pran eux-mêmes se remplissent de larmes, qu'il refoule d'un battement de paupières.

— Je crois que Sydney ne me demandera pas de rester, dit-il.

Ser Moeun se lève sans le regarder et emporte les bols et les cuillers dans leur minuscule cuisine. Elle ouvre grand le robinet pour que Pran ne l'entende pas pleurer. Il y a d'autres photos de Sydney dans la pièce. L'une d'elles, appuyée contre un ours en peluche, représente Sydney en train de traverser une rivière près de Battambang. Son bloc-notes sous le bras, il fume une cigarette d'un air insouciant. Il ressemble à l'explorateur français qui, vers 1850, redécouvrit Angkor Vat et introduisit les Français au Cambodge à la place des Vietnamiens. Sinon que Sydney n'a pas de temps à perdre avec les vestiges du passé. Il est un homme d'aujourd'hui, un homme mené par une volonté farouche, et cela le rend digne de respect et d'admiration.

Pran se lève avec lassitude. A la place d'honneur sur la fenêtre se dresse la Statue de la Liberté, le souvenir que Sydney avait remarqué. Il la prend et la tient avec précaution, comme il pourrait tenir le Bouddha de bois. Il a toujours pensé que le large geste confiant du bras qui brandit la torche indique le chemin vers l'avenir de l'humanité. Maintenant, il en est sûr. Il sait également ce qu'il essayait de dire à Ser Moeun. La liberté, c'est la possibilité de faire des choix. C'est cette liberté que Schanberg possède — lui aussi la veut, et il l'aura, lui aussi — la liberté de choisir.

Des hurlements de rire lui parviennent de la chambre. Il est temps de mettre les enfants au lit. Pran entre juste à temps pour voir la fin du dessin animé. Tom a poursuivi Jerry à travers tout le grenier, le plancher tremble sous son pas pesant. Mais la petite souris n'a pas dit son dernier mot. Elle attire Tom dans un coin, le plancher s'effondre et le gros et puissant chat est cloué, écrasé, aplati dans l'écroulement des planches. Tom se débat pour se relever, et fuit en clopinant ce combat par trop inégal, non sans jeter par-dessus son épaule un regard furibond. Jerry lisse ses moustaches ; la maison est à lui.

Sa fille rit aux larmes. Pran la prend dans ses bras et fait signe aux autres d'aller se coucher. Il cajole la petite qui lui passe les bras autour du cou.

— Ça te plairait de faire un beau voyage ? lui murmure-t-il à l'oreille.

L'aube vint, sans un souffle d'air, poisseuse, comme la nuit qui l'avait précédée. Schanberg n'avait pratiquement pas dormi. Dès qu'il fermait les yeux, des visages sombres l'encerclaient dans l'obscurité, des visages qui le scrutaient et louchaient sur lui par-dessus un mur de brique qui tournoyait sans cesse, comme la roue d'un char à bœufs.

Il se leva de bonne heure et déversa sa rancœur sur la machine à écrire. Il n'avait toujours pas eu sa communication avec Singapour. Les ampoules étaient grillées ; il travaillait à la lumière d'une lampe à piles, l'attention distraite par les grosses mouches qui plongeaient en piqué tout autour de sa tête et s'écrasaient dans son cendrier plein. Le climatiseur produisit un bourdonnement de franc mécontentement... Il serait sans doute le prochain à rendre l'âme.

Il alluma une autre cigarette et se remit à son Olivetti. Les mots ne venaient pas. La radio militaire d'A.F.N. Saïgon avait rapporté il y a une heure la nouvelle de débâcles encore plus spectaculaires au Sud-Vietnam. Danang était déjà aux mains des communistes ; maintenant Nha Trang l'avait rejointe. Les forces rouges avaient brisé la nouvelle ligne de défense du gouvernement tracée à l'est de Tay Ninh, et se dirigeaient vers le sud sur Bien Hoa et la capitale. Pas une ligne, pas un mot sur la situation de la guerre au Cambodge.

Schanberg en avait fait la triste expérience : les événements importants au Cambodge coïncidaient toujours avec un bouleversement ailleurs dans le monde. Les bombardements de 1973 avaient été éclipsés par l'affaire du Watergate. A présent, au moment de son ultime agonie, il était relégué au second plan, au rang d'une histoire sans importance par le désastre du Vietnam. Tout ce qu'il écrivait à cette table ne ferait qu'un titre de colonne en bordure de la première page du *New York Times,* et même, plus vraisemblablement, serait attaché en annexe à un article de fond sur le Vietnam. Et dans la publication spéciale qui serait expédiée dans tout le pays, le Cambodge, comme d'habitude, serait éliminé. Wendell Payne, de Potlatch, Caroline du Sud, ne différait guère, après tout, de l'immense majorité des honnêtes et dévots citoyens américains qui, si vous leur aviez dit qu'il y avait une guerre au Cambodge et que l'Amérique n'y était pas étrangère, en seraient restés bouche bée.

Il arracha une page de la machine à écrire, la froissa, et recommença. La sueur coulait sur les touches. Si seulement ce roulement lointain pouvait être celui du tonnerre avant l'orage, et non pas toujours le bruit sourd de la mitraille. « Hanoï fournit aux Khmers Rouges plus d'armes et de munitions que jamais auparavant, écrivit-il, mais pas de leurs armes sophistiquées, comme les missiles antiaériens SAM-7, qui pourraient aisément entraîner la fermeture de l'aéroport de Pochentong en quelques minutes et obliger Phnom Penh à capituler. L'on estime ici que les Vietnamiens, ennemis traditionnels des Khmers, veulent que Saïgon tombe la première, avant que les Khmers Rouges ne parviennent à leurs fins. »

La sonnerie du téléphone retentit, mais ce n'était pas l'appel que Schanberg attendait.

— Très bien, faites-le monter, dit-il brièvement.

Et il se versa un autre scotch.

Une fois les télex du matin envoyés, Pran pourrait se rendre utile. Il pourrait se renseigner auprès de son contact cambodgien à l'ambassade de France pour savoir ce qu'on pensait de la décision de Giscard d'Estaing de reconnaître la légitimité des Khmers Rouges.

Il y eut un petit coup hésitant frappé à la porte, et Pran entra, en pantalon de coton bleu. Schanberg ne le regarda pas ; il fixait sa machine à écrire d'un air renfrogné.

— Où étais-tu ? demanda-t-il avec impatience. Tu es en retard.

— Ils m'arrêtent à cause du couvre-feu. C'est de la tombée de la nuit jusqu'à l'aube, Sydney.

Schanberg relut ce qu'il avait écrit jusqu'alors et le fit glisser sur le bureau en direction de Pran.

— N'envoie pas tout de suite les deux derniers paragraphes. Je serai au bureau des télex dans une heure avec les corrections.

Il éteignit la lampe et ouvrit les volets, plissant des yeux éblouis par la brillante lumière du matin. Quand il revint à la table, Pran le dévisageait d'un air absent. Schanberg soupira et désigna ce qu'il avait écrit :

— Ça commence avec « Les Français ont reconnu le gouvernement des insurgés au Cambodge », et ça finit par « Se préparant pour le scénario de la dernière chance, les bâtiments militaires américains *U.S.S. Hancock* et *U.S.S.Okinawa* naviguent en ce moment dans le golfe de Siam ».

— Sydney...

— Ça va ?

— Ils ne transmettent pas aujourd'hui, Sydney.

Schanberg fixa son assistant. Pran continua précipitamment, parlant en phrases hachées :

— L'émetteur de Kambol a été touché. Ils apportent matériel de dép... dépannage. Mais pas de téléphone ni télex aujourd'hui.

Schanberg le fixait toujours, furieux et incrédule. Pran se mordait les joues.

— Je n'ai rien pu faire...

— Alors, pourquoi foutre est-ce que je fais tout ça ?

Dans un rugissement, il laissa exploser sa frustration, son sentiment d'échec, son apitoiement sur lui-même nourri par le whisky qu'il avait absorbé.

— Tu crois que je veux passer ma vie à ça ? A tourner avec un peu de bromure autour de tous les diplomates puants ? Hein ? De tous les petits politiciens véreux, à leur graisser la patte, à leur donner des petites tapes dans le dos et à leur lécher le cul ?

Il se redressa d'un coup, envoyant sa chaise s'écraser sur le tapis éraillé et faisant voler les pages qu'il avait tapées.

— Hein ? Tu veux me le dire ? Pourquoi est-ce que je fais tout ça ?

Il arracha brutalement la nouvelle page sur sa machine, en fit une boule et la lança violemment dans la direction globale des réfugiés. Rien ne marchait dans ce putain de pays. Ils n'étaient même pas fichus de faire une guerre et de la gagner. Et Pran était là, sur ses genoux à la con, à ramasser les pages.

— Ils disent, peut-être qu'à six heures ce soir nous pouvons déposer..., risqua Pran.

— A six heures ? Qu'est-ce que tu crois que c'est, ce journal ? Une revue mensuelle ? Je croyais qu'on travaillait en association !

Fou de rage, Schanberg récupéra une ou deux pages que Pran aurait dû aller rechercher à quatre pattes sous la table. Il lui avait fait mal. Et il voulait lui faire mal en retour.

— Ne pourrions-nous essayer de mettre à jour demain ?

Pran, effrayé, clignait des yeux à toute vitesse.

— Oh ! ne me demande rien. Je t'ai déjà dit, *ne me demande rien.*

Tel un missile téléguidé ayant perdu le contact, le journaliste fonça sur la cible la plus proche :

— Si tu veux savoir quelque chose, eh bien, tu te débrouilles tout seul. Voilà des feuilles. Voilà un dictionnaire. S'il y a quelque chose que tu ne comprends pas, tu cherches. Tu veux être journaliste, tu veux être le meilleur. Eh bien, vas-y, vérifie ! Ecris... ! Lis donc... !

Pran se tenait là, les pages à la main. Le silence qui s'était abattu était plus bruyant que les mouches, plus bruyant que le climatiseur. Schanberg le traversa, sans regarder le Cambodgien. Il tomba en arrêt devant le balcon. Des hommes étaient en train de peindre une large croix rouge sur le toit de tôle de l'un des pavillons de l'hôtel. D'une voix froide, monocorde, il lança :

— J'étais à l'ambassade hier. On m'a dit que quand cet endroit sauterait, il y aurait un bain de sang. Sans l'ombre d'un doute.

— Ah...

Schanberg regarda Pran qui fixait les pages, avec des rides sur le front. Ce n'est pas ainsi qu'il avait pensé que cela se passerait. Il continua, sur le même ton protocolaire, comme si cette question de procédure avait distendu leur amitié et creusé un gouffre entre eux.

— J'ai arrangé l'évacuation pour toi et ta famille. Cela ne dépend que de toi. Veux-tu rester, ou veux-tu t'en aller ?

Pran fixait les pages. Avec un grand effort de volonté, il regarda Schanberg dans les yeux.

— Tu restes ?

— Ça ne te regarde pas. Veux-tu rester, ou veux-tu t'en aller ?

Rien ne bougeait dans la pièce. Dith Pran s'agrippait aux feuilles dans ses mains comme un homme qui se noierait. Il faisait un effort pour parler. Il cligna des yeux pour en chasser l'éclat humide qui y était soudain apparu et dit :

— Je suis journaliste aussi, Sydney.

Ils se regardèrent. De son côté du gouffre, Schanberg ne pouvait déchiffrer le visage de Pran. Il haussa un peu gauchement les épaules.

— O.K. Doucement, nous n'avons pas besoin de décider immédiatement... — Il hésita. — Il nous faut un peu plus d'informations sur cette histoire de reconnaissance des Khmers Rouges par la France, dit-il.

La salle de l'hôtel *Phnom* où l'on servait les petits déjeuners donnait sur la piscine. Le groupe des journalistes était installé sur des chaises de rotin laquées, le dos tourné à la fenêtre. Le soleil matinal projetait leurs ombres sur les plateaux de tasses de café disposés sur la table de service, et sur les cafetières argentées et les pots à lait placés sur les assiettes chaudes. Al Rockoff mastiquait un toast beurré et tartiné de confiture.

— Montre-nous comment ça marche, Des, pria-t-il instamment.

— Ça marche comme n'importe quel walkie-talkie.

Desmond France jeta un regard peu amène au photographe. Quand Lincoln l'avait forcé à prendre cette sacrée machine hier, France l'avait d'abord portée sous sa chemise. Tout le monde l'avait alors accusé de porter un pistolet sur la hanche, comme un Marine. Il avait donc remis sa chemise dans son pantalon et laissé le walkie-talkie pendre là dans l'attente du signal de l'ambassade.

Un jeune serveur cambodgien au sourire charmant remplit leurs tasses de café et s'en alla tout doucement, comme s'il s'agissait d'une matinée comme les autres. Desmond France but une gorgée et reclaqua sa tasse sur la table.

— C'est froid, dit-il avec violence. Bon Dieu, c'est typique !

— Typique de quoi ? demanda Barry Morgan.

Ils étaient tous épuisés, à cran, prêts à se bouffer le nez. France mordit à l'hameçon.

— De ce foutu pays, pardi ! Vous essayez de les aider, vous leur donnez tout ce dont ils ont besoin, et regarde-les. Ils foutent la merde !

— Ça, c'est l'esquive classique, dit Jon Swain d'une voix traînante. Je crois qu'on n'a pas fini de l'entendre.

Il se pencha en avant :

— Desmond, est-ce que tu connais celle du Bon Samaritain ?

— Je t'emmerde, Jon.

Schanberg sourit. Quand ces deux-là se prenaient à partie, on en avait toujours pour son argent. Swain ne se laissa pas abattre :

— Ce type se fait agresser par des voleurs, qui lui prennent sa montre et son portefeuille. La plupart des mecs froussards comme moi sont passés sur le trottoir d'en face. Mais voilà que notre Bon Samaritain, qui est sorti faire son jogging, voit ce qui se passe. Il se précipite en faisant tournoyer son gros bâton vers les voleurs qui le voient venir et baissent la tête. Mais le pauvre gars qui s'est fait voler son portefeuille reçoit un coup sur le crâne par erreur — si fort, qu'il s'écroule et meurt. Alors qu'est-ce que fait le Bon Samaritain ? Il s'en va prier pour son âme !

Al Rockoff et Schanberg se joignirent au concert des rieurs. France lui-même s'autorisa un petit sourire.

— Les froussards comme toi auraient probablement laissé les agresseurs s'en tirer sans une égratignure, observa-t-il.

La réponse de Swain se perdit dans le rugissement de tonnerre de deux chasseurs bombardiers américains F-4 qui passaient très bas au-dessus d'eux, en faisant s'entrechoquer les tasses de café. Aussitôt après, la poche de Desmond se mit à couiner. Il sortit le walkie-talkie et l'appuya contre la corbeille de toasts.

— Quatre-zéro Alpha. Quatre-zéro Alpha. Ici Tango. Rassemblez votre groupe sur mon emplacement. Je répète. Rassemblez votre groupe sur mon emplacement.

Cela s'arrêta avec un petit clic. Le silence fut troublé par une toux discrète tout contre Schanberg.

— Encore un peu de café, monsieur Schanberg ?

Schanberg regarda la familière face brune.

— Non, dit-il gauchement. Je dois m'en aller.

Comme les autres, il repartit vers sa chambre. Ça y était. *Ou nous nous en allons, ou nous y restons.* Sa détermination des quelques derniers jours chancelait. Pour plus de sûreté, il fourra dans son sac à bandoulière des vêtements de rechange et quelques papiers personnels. A.F.N. Saïgon rapportait que Kissinger proposait de faire rentrer Sihanouk par avion à Phnom Penh, sans conditions. Ma foi, il était trop tard désormais. Il téléphona à Pran pour lui donner des précisions sur l'évacuation, puis descendit, traversa le vestibule et franchit les portes principales, sentant sur sa nuque le regard insistant des chasseurs de l'hôtel.

Au pied des marches, un mendiant rendu aveugle par un éclat d'obus jouait une vieille romance sur une flûte de bois. Un enfant tendait une écuelle. Ravi pour une fois de ne voir trace ni de Sarun ni de la Mercedes, Schanberg jeta quelques rials et héla un vélo-pousse.

— A l'ambassade des Etats-Unis, dit-il, pour la dernière fois.

Les rues grouillaient de Cambodgiens et de Chinois vaquant à leurs affaires habituelles, sereinement confiants en la protection de leur allié l'Oncle Sam. Il se cala plus profondément dans le fond du siège de cuir troué, comme un homme en fuite.

Un modeste attroupement s'était formé devant l'ambassade. Les visages étaient tournés vers le ciel d'où retombaient lentement les gris flocons de cendres de cinq années de dossiers et de dépêches. Un jeune homme, debout sur une jambe, se la grattait avec l'autre. On ne voyait pas de banderoles, on n'entendait pas de cris de protestation. Les gens prenaient des photographies les uns des autres, posant devant les chaînes qui barraient la porte. Un vieil homme tirait sur ses favoris devant le rétroviseur d'une moto flambant neuve. C'était plus la curiosité que la crainte qui animait cette foule. Les avions américains devaient amener des renforts : ils applaudissaient et poussaient des acclamations. Le peuple de Phnom Penh, un sourire anxieux aux lèvres, s'acheminait jusqu'ici pour y être témoin de quelque chose qu'il ne comprenait pas. Et quand tout serait fini, il ne pourrait toujours pas y croire.

L'opération « Retrait de l'Aigle » avait été amorcée dès le début de la saison sèche, et avait dès lors suivi paisiblement son cours. Ceux des employés de l'ambassade dont la présence n'était pas indispensable étaient sortis du pays sur la pointe des pieds, par groupes de deux ou trois, sur des vols réguliers. Leur absence n'avait été remarquée que par quelques personnes à l'œil exercé, comme Schanberg, qui avait vu leurs noms effacés des listes de tournois de tennis du Cercle sportif et constaté la disparition de certains visages familiers au bar. Pendant ce temps, on promenait à toute allure l'ambassadeur et ses principaux adjoints dans les rues de la capitale, inaugurant une nouvelle fabrique de munitions ici, une nouvelle clinique là, comme si ce redoublement d'activité pourrait dissimuler un adieu définitif.

L'ambassade elle-même commença à se hérisser de grillages

de fils de fer et de barbelés, rampant comme des plantes, escaladant, puis courant le long du mur d'enceinte pour enjamber la cour jusqu'au toit du bâtiment d'honneur. Là ils s'enchevêtraient avec les antennes, les dipôles, les réflecteurs et les systèmes de télécommunications, à tel point qu'il devenait difficile de démêler les dispositifs de sécurité de ceux d'espionnage, la défense de l'attaque.

Maintenant que l' « Eclipse » s'était transformée en retrait pur et simple, le temps des simulacres était passé. Le portail principal de l'ambassade était verrouillé et entravé d'une barre de fer. Derrière la barrière, des marines, parés à faire feu, marchaient à grands pas. Deux camions garés dans l'avant-cour chargeaient gens et bagages. Tandis qu'il contemplait les remous de la foule, les oreilles de Schanberg furent remplies d'un puissant rugissement, et cinq hélicoptères *Jolly Green Giant* de la Marine américaine descendirent en écrasant l'air brûlant. Ils fondirent très bas sur l'ambassade et allèrent atterrir dans un nuage de poussière sur le terrain de football à quelque cinq cents mètres de là. Il était neuf heures. L'évacuation avait commencé.

Un *Sea Stallion* surgit d'on ne sait où et suspendit son vol dans un fracas de tonnerre au-dessus de la fumée de l'incinérateur avant de se poser dans l'enceinte de l'ambassade comme un gros oiseau de métal dans un nid de barbelés. Des marines en descendirent, le pas alourdi par les fusils et les munitions qui devaient servir à défendre la Mission contre ses alliés. Schanberg traversa le boulevard pour rejoindre le portail principal. Toujours aucune trace de Pran. L'atmosphère devenait tendue. Sur le trottoir, le bras droit de Lincoln parlait avec une minuscule Cambodgienne qui portait un grand panier à provisions.

— Le major Slade n'est pas là. Je ne sais pas où il est, ma jolie.

— Major Slade, il m'a envoyée chercher ses biftecks! J'ai ses commissions!

Elle lui mit le panier sous le nez pour lui prouver que tout cela était une regrettable erreur.

— Tu as de l'argent? Hein? Est-ce que tu as de l'argent?

— Oui, argent. L'argent, c'est pour tenir la maison.

— Plus maintenant, mon cœur. Tu ferais mieux de le garder. Le major Slade est parti. Ne reviendra pas.

Schanberg fit demi-tour et entendit les pleurs commencer derrière lui. L'antique Renault de Pran, il ne pouvait la rater. Elle était certainement quelque part par ici. Un peu affolé, il joua des coudes jusqu'à la porte latérale. Elle était gardée par des marines, engoncés dans leurs costumes civils. Un sergent de la Marine cochait chaque évacué sur sa liste et leur confiait une étiquette brune sur laquelle étaient inscrits leur nom et leur numéro d'évacuation, puis on les envoyait rejoindre l'une ou l'autre des files formées derrière les camions.

On écarta la foule pour laisser passer des policiers escortant une limousine noire. Une porte s'ouvrit ; un Cambodgien d'un certain âge en descendit ; on le poussa dans la trouée avec sa famille et on leur remit des numéros d'ordre. Schanberg reconnut Saukham Khoy, le président par intérim. Il s'avança dans son sillage et cria une question :

— Dith Pran est-il déjà passé ? Une femme et quatre gosses ?

Le sergent consulta sa liste et fit non de la tête.

— Trente-deux à trente-sept. Non, monsieur.

Il fit un pas pour barrer le chemin à Schanberg et ajouta :

— Une fois entré, vous ne pouvez plus ressortir, monsieur.

Schanberg regarda sa montre. La voix désincarnée de Slade gronda dans les haut-parleurs :

— A neuf heures trente précises, on n'acceptera plus d'évacués.

L'annonce fut accueillie par une poussée générale vers la porte latérale. Les marines se tenaient épaule contre épaule ; cependant c'était de l'étonnement plus encore que de l'impatience qui se lisait sur les visages qui les entouraient. Un riche marchand chinois, suivi de sa famille, essayait d'introduire dans la main du sergent des diamants entortillés dans un petit bout de papier. Schanberg n'attendit pas de voir l'effet de cette tentative de corruption. Il revint à la porte principale, en courant cette fois. Il y trouva Al Rockoff en train de photographier un très grand marine noir entouré d'enfants cambodgiens fascinés.

Lui non plus n'avait pas vu Pran.

Schanberg regarda désespérément les deux extrémités de la rue, puis l'ambassade. A travers les cendres, comme en filigrane, il vit de petites silhouettes sur le toit. Le drapeau était amené du haut de son grand mât. Tout là-haut, un marine releva son M-16 et tira trois cartouches à blanc en l'air, comme sur une tombe fraîchement creusée.

Des chasseurs à réaction hurlaient dans le ciel, escortant trois autres hélicoptères *Sea Stallion* jusqu'au terrain de football. Lincoln appela Schanberg depuis l'autre côté de la clôture de l'ambassade.

— Dépêchez-vous, Sydney! Vous n'avez plus que cinq minutes!

— J'attends Dith Pran!

Lincoln haussa les épaules et disparut.

Le flot des évacués se tarissait. La plupart des camions étaient partis. Son plus jeune enfant dans ses bras, Pran se fraya un chemin vers l'entrée latérale. Ser Moeun le suivait, avec les trois autres. Ils portaient toute leur existence dans deux sacs en plastique et une valise.

— Dith Pran et sa famille.

— Qui?

Le sergent de la Marine eut un air renfrogné. Un *Sea Stallion* repartant pour l'*U.S.S. Okinawa* avait couvert les paroles de Pran.

— Dith Pran et sa famille!

Un coup de sifflet vrilla l'air. Le détachement de marines se rassembla dans l'avant-cour de l'ambassade. Le sergent barra sa liste d'un grand trait de crayon et renvoya Pran au Cambodge d'un geste de la main. La porte latérale se ferma.

Dans l'avant-cour, Desmond France grimpait sur le dernier camion. Pran appela son nom avec ses mains en porte-voix. France n'entendit pas. La foule se pressait autour de lui. Ser Moeun avait des sanglots dans la gorge. Pran cria au sergent :

— *Vous me connaissez!*

Là-haut, les hélices vrombissaient, en route vers la liberté. Les marines suivirent France dans le camion qui disparut derrière l'ambassade.

La foule se dispersa. Le spectacle était terminé. Pran vit Rockoff qui courait à petits bonds en descendant la rue.

— Al! Al! Aide-nous!

Un autre *Sea Stallion* passa très bas au-dessus d'eux. Mais Rockoff l'entendit. Et le vit. Et le reconnut. Et revint en courant pour les secourir.

Le terrain disparaissait dans les volutes de poussière et le souffle des hélices. Les formes noires et trapues s'élevaient l'une après l'autre au-dessus de la ville en une spirale étroite, avant de mettre le cap sur le golfe de Siam. Schanberg, portant le plus jeune fils de Pran, courait de toutes ses forces vers le tourbillon de poussière et de bruit. Pran lui collait aux talons, portant un autre de ses enfants. Ser Moeun venait ensuite, la tête baissée, une écharpe sur le nez. Les deux aînés traînaient derrière eux les sacs et la valise sur la terre desséchée.

Pran fut arrêté dans sa course par une mitrailleuse que tenait un gigantesque marine.

— Ce sont des évacués ! hurla Schanberg.

La mitrailleuse fut braquée sur lui. Un autre *Sea Stallion* spirala vers le ciel, voilant le soleil. Dans son ombre s'avança une Cadillac noire, les fanions battant dans la tempête de poussière. Le marine garda le doigt sur la détente. Un chauffeur ouvrit la portière, et l'ambassadeur des Etats-Unis en descendit, plié en deux sous le vent. Dans ses bras, enveloppée dans un linceul de plastique transparent, il tenait la bannière étoilée.

Schanberg hocha la tête. Voilà qui avait de l'allure : conserver les apparences, même si aucun témoin n'était là pour assister à cette fière sortie, sinon Pran, lui-même, quelques marines, et un petit troupeau d'enfants cambodgiens au loin, près de la ligne de touche, qui criaient et sautaient de joie.

— *U.S. Number One !*

C'est alors que Schanberg remarqua la présence d'un cameraman qui était sorti de l'autre côté de la Cadillac et se mettait en position pour recueillir ces dernières secondes de la présence américaine sur la terre qu'ils étaient venus sauver.

Le visage décomposé, mais la tête haute, l'ambassadeur passa à grands pas devant eux, serrant précieusement le drapeau américain bien protégé dans son enveloppe de polyéthylène. Lincoln s'offrit à le porter, mais l'ambassadeur refusa, les lèvres pincées. Slade, le dernier du groupe, remarqua Schanberg et vint sur son vieil ennemi au pas de charge. Un instant, Schanberg crut qu'il allait le frapper. Slade sortit son pistolet de son étui.

— Restez-vous ? demanda-t-il.

Schanberg fit oui de la tête. La poussière lui cingla les joues tandis qu'un autre *Sea Stallion* s'arrachait vers le ciel dans de grands battements d'hélices. Slade tendit son arme, la crosse vers le journaliste. Elle semblait ridiculement petite dans son énorme poing.

— Vous feriez bien de prendre ça pour vous protéger, dit-il. Il n'y a pas de Formose où se réfugier, cette fois-ci.

Schanberg sentit ses défenses vaciller. Il parvint à ébaucher un sourire :

— Non merci, je suis sûr que je me débrouillerais pour me tirer sur le pied, répondit-il.

La brume de poussière se dissipa tout à coup, au moment précis où, sur l'autre rive du Mekong, après avoir cessé le feu pour laisser les Américains se découvrir, les Khmers Rouges reprenaient leur attaque d'artillerie. C'est un moment que Schanberg voulut garder en mémoire. L'ambassadeur, courbé en deux à la porte de l'hélicoptère, avait fait face et levait la main pour un adieu. Le cameraman, vautré par terre, le filmait. Tout au bout du terrain de jeu, les buts avaient été touchés par un obus communiste et flambaient. Et les enfants, voyant le diplomate agiter le bras, lui faisaient signe également. Schanberg pouvait les entendre rire et l'imiter :

— D'accord, au revoir. D'accord, au revoir...

On reclaqua la porte de l'hélicoptère. Le marine abaissa son arme et s'éloigna en courant. Il ne restait plus maintenant que deux *Sea Stallion* sur le terrain. Les marines convergeaient sur l'un d'eux, y pénétrant à reculons, sur la défensive, prêts à repousser un assaut de dernière minute. Pran et sa famille foncèrent à corps perdu vers le second. Schanberg y parvint le premier et enfourna tous les enfants à bord. Des mains se tendirent pour aider Ser Moeun ; les hélices fendaient l'air de plus en plus vite ; il n'y avait plus de temps à perdre. Pran l'aida à monter, puis elle se pencha en avant, saisit son bras et l'appela.

Schanberg se recula. Pran le regarda et Schanberg secoua la tête. Il restait. C'était à Pran maintenant de prendre sa décision. Ils n'avaient plus le loisir d'en discuter. Pran avait son libre arbitre : il lui fallait prendre ses responsabilités.

Il regarda sa femme. On attira Ser Moeun dans l'ombre ; la porte se ferma à la figure de Pran. Dans le vrombissement de ses moteurs, l'hélicoptère s'éleva en tournoyant dans l'air.

Les deux hommes restèrent seuls au milieu du terrain de football. C'était soudain l'endroit du monde le plus désert.

Quelques-uns des enfants vinrent à Schanberg et firent une ronde autour de lui en se tenant les mains.

— Au revoir ! chantaient-ils à l'Américain, au revoir !

D'un coup d'épaule, Schanberg remonta son sac d'appareils photo qu'il portait en bandoulière, et jeta un regard à la dérobée vers son assistant. Pran se tenait un peu à l'écart, les lèvres serrées, les bras raides le long du corps. Ses belles chaussures noires étaient couvertes de poussière rouge. Ensemble ils regardèrent l'hélicoptère décrire des cercles au-dessus d'eux, jusqu'à ne plus être qu'un point dans l'azur implacable.

Pran regarde avec insistance le visage de Ser Moeun à travers le pare-brise de la Renault. La route qui les ramène à l'hôtel *Phnom* est embouteillée de vélos-pousse et de badauds se dispersant, mais c'est à peine s'il les voit. Quand elle se penche de l'hélicoptère, il y a sur le visage de Ser Moeun une expression de désespoir. Elle est terriblement seule et a horriblement peur, mais il peut voir dans ses yeux qu'elle n'a pas peur pour elle, mais pour lui.

Otant une main du volant, Pran serre le petit Bouddha pendu à son cou et le presse sur ses lèvres. Aussitôt il se sent plus calme. Ser Moeun et lui ne peuvent être séparés en esprit, quels que soient la distance, les océans et les continents que l'on mettra entre eux. C'est sa consolation, à l'idée d'avoir abandonné sa famille à des étrangers dans un pays étranger.

Il regarde Sydney assis auprès de lui, et détourne précipitamment les yeux. Il avait regardé Sydney quand Ser Moeun était dans l'hélicoptère, avait rencontré son regard et vu son petit mouvement de tête. Il avait su alors ce que déjà dans son cœur il savait : que Sydney resterait, et qu'il ne laisserait pas Sydney seul. Mais Ser Moeun le regardait, l'appelant silencieusement dans la folie des moteurs... et il demeurait interdit.

Aussi quand la porte fut reclaquée et que l'hélicoptère les emporta, ce qu'il ressentit n'était pas du chagrin mais de la colère contre lui-même pour sa faiblesse. Sydney avait posément résolu ce qu'il allait faire. Les décisions de Sydney ne le prenaient pas au dépourvu, au dernier moment. En vrai journaliste il était prêt dans son âme à toute situation qui se présentait. Pourquoi, lui, Pran, était-il si indécis? La seule chose dont il se fût inquiété avait été de faire quitter Phnom Penh à Ser Moeun et à ses enfants. Mais ensuite, confronté à la grande décision de sa carrière, il avait... *fait du blabla.*

Il prend un virage très sec pour s'engager sur le boulevard. Schanberg le regarde comme s'il se réveillait d'un état de transe et étire ses bras au-dessus de sa tête.

— Nous allons avoir du pain sur la planche, toi et moi, dit-il tranquillement.

Pran lui répond par un demi-sourire, avec un sentiment de fierté; il a oublié sa colère. Soudain, il a la vision de Sydney et de lui, derniers défenseurs de la ville assiégée, seuls dans la Poste principale barricadée, envoyant des télex au monde entier tandis que les Khmers Rouges, fous de rage, tambourinent violemment aux portes. Emballant un peu le moteur, il fait tourner la petite voiture verte dans l'allée de l'hôtel *Phnom*. Des hommes en bleus tapissent les balcons de la façade de drapeaux de la Croix-Rouge, et traînent des rouleaux de barbelés à travers l'avant-cour.

Schanberg sort tout en fouillant dans son sac à appareils photo et frappe joyeusement sur le toit de la Renault. A mi-hauteur des escaliers, sous une bannière qui dit « Ce bâtiment a été déclaré Zone internationale de Sécurité », il fait demi-tour, son Nikon à la main.

— Un sourire! crie-t-il à Pran, et il le prend en photo.

Nous sommes tout seuls maintenant. C'est ce que Schanberg avait eu envie de dire. Par égard pour Pran, il avait pris une expression confiante dans la voiture, mais il flottait sur la ville un air de solitude que deux millions et demi de réfugiés ne pouvaient combler. L'exode américain avait laissé un vide. Il se sentait comme un scaphandrier à qui on aurait coupé l'oxygène.

— Vous n'êtes pas partis!

Schanberg leva le pouce pour signifier que tout allait bien au secrétaire et au chasseur de l'hôtel dont les visages s'illuminèrent de larges sourires devant cette preuve tangible que l'Amérique ne les avait pas totalement abandonnés.

La première chose qu'il vit dans le vestibule, ce fut justement de l'oxygène — des bouteilles et des bouteilles empilées contre le papier peint fleurdelisé. Deux femmes en costume d'infirmière s'attaquaient à une grosse caisse marqué « Croix-Rouge ». Plusieurs autres boîtes étaient entassées près des toilettes. Une odeur de désinfectant caractéristique des hôpitaux avait remplacé l'arôme familier du café refroidi. Sur le transistor du réceptionniste, les accents de *Sambre et Meuse*, une vieille marche militaire française de la Première Guerre mondiale, mettaient une dernière touche à l'atmosphère de siège.

— Apportez-moi des œufs brouillés et du jambon auprès de la piscine, commanda-t-il en français.

Il flâna dans la salle du petit déjeuner, où trois heures auparavant Tango avait averti Quatre-Zéro-Alpha du décollage, puis sortit vers la piscine.

Même ici, dans ce dernier bastion de la *dolce vita*, la guerre commençait à s'infiltrer. Quelque part un étourneau caquetait et les jaracandas s'alourdissaient de fleurs d'un bleu violacé, mais la piscine avait pris une couleur de sauce vinaigrette et des bouteilles de bière et des paquets de cigarettes y voguaient. Et puis, les réfugiés s'étaient rapprochés depuis la nuit précédente. Ils avaient investi le jardin à présent, tas confus de bohémiens tout le long du mur, avec leurs marmites et leurs matelas enroulés. Les cendres des feux de camps faisaient une brume de fumée grise.

Oublieux de tout cela, deux vieux colons français disputaient une partie d'échecs, assis au bord de la piscine. Plus loin, une silhouette efflanquée, allongée dans une chaise longue défraîchie, se cachait derrière un exemplaire du *Times* de Londres reçu par voie aérienne.

— Jon ? hasarda Schanberg.

— La princesse Anne et le capitaine Mark Phillips ont dû passer un week-end éprouvant, dit Jon Swain, sans abaisser son journal. Les épreuves hippiques de Badminton ont dû être annulées en raison de fortes pluies.

— Le monde est pourri ! dit Schanberg, en s'asseyant près de lui et en prenant un journal pour s'abriter les yeux du soleil. Quelles sont les autres nouvelles ?

— Cinq degrés et temps couvert sur Londres avec de belles éclaircies... — Il observa une pause... — Mort de peur, pas vrai ?

— Quelles autres nouvelles ? dit à nouveau Schanberg, avec un sourire.

Il sortit une cigarette, et l'alluma d'une main qui tremblait un peu. Une poignée de journalistes français et suédois sortirent de la salle du petit déjeuner et restèrent à observer les réfugiés. Derrière eux, les deux infirmières de la Croix-Rouge poussaient dans le chemin menant au pavillon réquisitionné un chariot d'acier couvert d'instruments chirugicaux enveloppés de plastique.

— Quand il s'agira de prendre la poudre d'escampette, dit Swain d'un ton égal, on m'a dit que la meilleure solution serait l'ambassade de France.

— Qui t'a dit ça ?

— L'ambassade de Grande-Bretagne.

— Ça se comprend.

Schanberg bâilla. Ses yeux étaient tout contre un grand dessin humoristique sur le journal qui lui servait de chapeau. Il le prit en main pour l'étudier de plus près. Dessiné d'un trait énergique, un personnage grimaçant et satanique vêtu d'un pyjama noir était désigné comme « le Dangereux Khmer ». Il se dressait au-dessus d'une baignoire pleine d'enfants cambodgiens, et leur passait un savon à grands coups de mortier « fabriqué aux Etats-Unis ». Des dizaines de bombes jonchaient le sol de la salle de bains. Dans le fond, un Oncle Sam en haut-de-forme, accroupi sur une cuvette de W.C., était en train de faire ses besoins... Une grotesque caricature du président Ford, déguisé en puéricultrice éplorée, apportait de nouvelles bombes pour le bain de sang. La légende, en français, disait : « Savon pour le bain. »

Un léger bruit de pas s'approcha sur le sol dallé.

— Sur la table s'il vous plaît, ordonna Schanberg en français.

Mais ce n'était pas le serveur.

— Les Khmers Rouges ont pris Samrong Teav, annonça Pran, lorgnant son carnet couvert de son écriture régulière et minuscule. C'est très près de l'aéroport de Pochentong. Trois kilomètres.

— Bien, dit Schanberg.

— Bravo, interrompit Swain. — Il avait reposé le *Times* et regardait Dith Pran avec une franche admiration. — Seigneur ! Pran, tu pourrais être à mi-chemin de l'Amérique à l'heure qu'il est !

— C'est bon, continue, répéta Schanberg, renfrogné.

— Ils n'ont plus contact-radio avec Arey Khsat. C'est la place forte du gouvernement sur le Mekong, à trois kilomètres d'ici également. Ils pensent les Khmers Rouges ont envahi Arey Khsat. Et les communistes ont attaqué tout le long de la rivière Bassac jusqu'à huit kilomètres de Phnom Penh.

— Qu'est-ce qu'ils disent sur A.F.N. Saïgon à propos de l'évacuation américaine ?

Pran secoua la tête. Swain intervint :

— J'ai écouté à dix heures. Le titre principal, c'était la mort de Joséphine Baker. Née à Saint-Louis, fille d'une blanchisseuse, elle devint une légende dans les music-halls parisiens et l'amuseuse la mieux payée d'Europe. Si les Américains ont évacué Phnom Penh, la nouvelle n'a pas encore fait sensation.

— Long Boret est passé à la radio, reprit Pran.

— Qu'est-ce qu'il a à raconter ?

— Le Premier ministre dit que Saukham Khoy est un lâche d'aller avec les Américains. La direction du pays est maintenant assurée par un comité de ministres et de généraux, qui veulent discuter avec les Khmers Rouges.

Schanberg griffonnait activement dans les marges de son chapeau de papier.

— Pauvres cons, dit-il tout bas. Un gouvernement qui n'a

même plus assez de poids pour arranger une reddition décente...

Pendant qu'il parlait, un cri strident traversa le ciel. Schanberg, Swain et Pran se jetèrent sur le sol, les tasses de café et les soucoupes éclatant autour d'eux. Du nord, à toute vitesse, avec un bruit semblable à celui d'une déchirure dans une feuille de métal, arrivait un chasseur-bombardier T-28. Il passa dans un hurlement au-dessus d'eux, si bas que Schanberg put voir les dispositifs de largage des bombes. Un instant plus tard ils furent secoués par deux explosions à moins de deux cents mètres de là, et une colonne de fumée marron s'éleva en vacillant, sans hâte.

Les journalistes français et suédois coururent prendre leurs appareils. Tandis que Pran et lui-même les suivaient à l'intérieur, Schanberg remarqua les réfugiés assis, immobiles, impassibles comme les pions sur l'échiquier des Français. Ils en étaient déjà passés par là. Maintenant, c'était le tour des habitants de la ville.

PRO : QUARTIER NORD : 05120 : PARA : QUELQUES MINUTES APRÈS DIX HEURES, JE RÉPÈTE DIX HEURES DU MATIN A EU LIEU UNE FORTE EXPLOSION NON LOIN D'ICI : UN PILOTE DU GOUVERNEMENT EN FUITE VIENT DE BOMBARDER LE Q.G. DE COMMANDEMENT MILITAIRE AVANT DE S'ENFUIR VERS LE TERRITOIRE DES INSURGÉS : LES DEUX BOMBES, JE RÉPÈTE DEUX BOMBES SONT TOMBÉES SUR UN BUREAU DE TRANSPORT MILITAIRE TUANT SEPT PERSONNES ET EN BLESSANT BEAUCOUP D'AUTRES : PARA : A SUIVRE : SCHANBERG.

Des employés de la Croix-Rouge qui charrient le corps d'un garçon de sept ans dans un drap de plastique, et son sang qui suinte sur les bords tandis qu'ils le transportent vers l'ambulance de la Croix-Rouge. Un grand bâtiment de ciment peint en blanc qui s'est effondré sur lui-même en couches superposées qui semblent molles comme du gâteau ; les flammes sortent entre chacune d'elles et lèchent la pierre. Un fonctionnaire d'un certain âge en costume sombre à fines rayures, le pantalon arraché par l'explosion, déambule d'un air hébété, chassant du bras ceux qui veulent l'aider ; des filets de sang coulent de sous sa veste et gouttent sur ses jambes nues. Une journaliste américaine interroge l'employé de la Croix-Rouge à l'autre extrémité du brancard qu'elle l'aide à porter jusqu'à l'ambulance. Une équipe de télévision allemande arrive avec un air de chasseurs à l'affût ; leur cameraman avance jusqu'à l'ambulance et un projecteur lance un éclair, illuminant une chambre des horreurs. Une casquette d'officier au milieu de la rue ; les conducteurs de vélos-pousse font tinter leurs sonnettes et la contournent ; personne ne la ramasse, de peur de ce qui pourrait s'y trouver...

PRO : QUARTIER NORD : 05136 : PARA : L'ATTAQUE DES INSURGÉS AUJOURD'HUI VIENT SEMBLE-T-IL ESSENTIELLEMENT DU NORD ET DU NORD-OUEST : ON RAPPORTE LEUR PRÉSENCE DANS UNE BANLIEUE APPELÉE TUOL KORK, JE RÉPÈTE TUOL KORK : MAIS DIFFICILE D'OBTENIR UN TABLEAU COHÉRENT BIEN QUE L'ÉTREINTE DES INSURGÉS AUTOUR DE P.P. SE RESSERRE ET QUE TOUS LES FRONTS SOIENT TRÉS PROCHES : PRAN ET MOI-MÊME COURONS D'UN FRONT A L'AUTRE : ESSAYONS DE PARLER AUX RÉFUGIÉS : ESSAYONS DE VISITER LES HÔPITAUX : MAIS IL SEMBLE QUE NOUS NE PUISSIONS TOUT COUVRIR : PARA : A SUIVRE : SCHANBERG.

Des serpillières et une infecte odeur d'antiseptique dans le pavillon de la Croix-Rouge. Sept hommes et une femme alignés sur des chaises devant une table de bois, et la seringue qui s'enfonce dans le bras et en tire un demi-litre de sang noir. Des infirmières très affairées qui ouvrent et ferment le rideau de batik qui sépare la salle du couloir éclairé de bougies. Pran, les yeux écarquillés de peur, referme son poing sur le garrot de caoutchouc et continue son chemin. Schanberg, plus léger d'un demi-litre, suit l'infirmière anglaise jusqu'à une pièce pleine d'enfants, certains blessés, certains affamés, presque tous malades de dysenterie. Des yeux immenses au milieu de visages hâves et étroits, certains anxieux et confiants, d'autres lointains et sérieux, comme à l'approche d'un mystère, déjà trop loin pour n'être plus ni confiants ni méfiants. Une petite fille avec un chignon sourit et gazouille à la vue de Schanberg... Peut-être le reconnaît-elle. « *U.S. Number one*, d'accord ! » Un médecin de la Croix-Rouge française se penche sur elle et trace une croix sur son front au moyen d'un stylo feutre, la désignant ainsi comme l'une de celles qui s'en tireront probablement. Schanberg ne voit qu'une bosse sous la couverture, là où devraient être ses jambes, et il continue à travers la salle. Dans le coin, un bébé au ventre gonflé par la faim, la peau couverte de plaies, repose sur les genoux de sa grand-mère et tète en vain sa mamelle ridée. Elle est assise

immobile, les yeux clos, incapable de le regarder plus longtemps. Schanberg se détourne avec des picotements dans les
yeux. Il ne peut écrire cela. Il devrait regarder attentivement
les enfants, pour savoir combien ont une chance de survie,
mais la croix rouge est sur leurs fronts et il risquerait de
croiser leurs regards. Pran est debout à la porte et l'observe. Il
a une contenance confiante, comme certains des enfants. Ils
croient tous qu'il peut faire quelque chose...

PRO : QUARTIER NORD : 05142 : MATIN : PARA : UN TÉLÉGRAMME A
DESTINATION DU COMMANDEMENT MILITAIRE CAMBODGIEN : IL EST DU
LIEUTENANT-COLONEL JACK DERING, JE RÉPÈTE JACK DERING, ANCIEN
ADJOINT DE L'ATTACHÉ MILITAIRE DE L'AMBASSADE AMÉRICAINE. IL DIT :
JE CITE : JE PRÉSENTE MES EXCUSES POUR LE TOTAL MANQUE DE
CONSIDÉRATION DE MON PAYS A L'ÉGARD DU PEUPLE KHMER QUI LUTTE SI
COURAGEUSEMENT POUR SA LIBERTÉ : MA HONTE EST PROFONDE : FIN
DE CITATION : PARA : A SUIVRE : SCHANBERG.

Une lumière ultraviolette et une barrière de son. Un générateur volé à l'armée américaine envoie *The Dark Side of the
moon* des Pink Floyd et actionne un flipper de marque Golden
Bonanza, le dernier peut-être en état de marche. Un bar
minable dans un sous-sol tapissé d'affiches d'évacuation en
lambeaux, et devenu soudain à la mode depuis le début des
bombardements. Gordon Mc Intyre est accoudé au long
comptoir chromé, trompant son épuisement à coups de lam-
pées de whisky. Le barman pousse un verre plein d'un liquide
couleur pourpre vers Schanberg, assis près de lui.
— Qu'est-ce que c'est ?
— Le dernier cocktail du barman, cher ami. Il l'a baptisé
« Adieu Oncle Sam ».
A travers la fumée des cigarettes, Schanberg voit le barman
le gratifier d'un grand sourire orné de dents en or.
— C'est fait avec quoi ?
— Des trucs amers, essentiellement. Cela va sans dire.
Les Pink Floyd s'arrêtent en plein milieu d'un morceau au
synthétiseur. Quelqu'un a allumé la radio — A.F.N. Saïgon.
— ... *Opération menée de main de maître. Dès onze heures,
deux cent soixante-seize personnes, dont cent cinquante-neuf
Cambodgiens et autres ressortissants étrangers avaient été éva-
cués par voie aérienne vers un endroit sûr, hors de la ville
assiégée. Le secrétaire à la Défense James R. Schlesinger a*

aussitôt envoyé un message de félicitations à Noel Gayler, commandant des Forces du Pacifique à Honolulu, qui a assuré en douceur et en toute sécurité la direction de cette opération. L'amiral Gayler a répondu que « c'était dans la plus pure tradition américaine, lorsque les Américains s'occupent de leurs compatriotes ». Un observateur a fait remarquer que les Cambodgiens qui assistaient à la scène étaient restés jusqu'à la fin tels que les Américains se les rappelleront toujours : un peuple doux et souriant, pour qui...

Les Pink Floyd sont revenus, avec un long gémissement rauque qui se termine en ricanement. De jeunes Cambodgiens aux visages enfantins font cliqueter les solénoïdes et déclenchent des explosions sur le Golden Bonanza. *Dans la pure tradition américaine.*

Mc Intyre lui souffle dans l'oreille et lui confie ses ennuis. C'est le whisky qui parle. Et la fatigue.

— Plus de sang. Tous les onze hôpitaux vidés de sang. Je sors marchander pour en avoir. Réellement, je me promène dans la rue. Voilà un bol de riz et un morceau de poisson, pouvez-vous me donner un peu de sang s'il vous plaît ? Et ils sourient. Un peuple souriant. Mais quand je reviens dans les salles, mon Dieu ! Je leur donne du sang et ils me regardent, et ils me haïssent de les garder en vie. Du moins c'est ce que je me dis quelquefois. N'avez-vous pas eu cette expérience en tant que journaliste, monsieur Schanberg ? Vous les regardez, et vous ne savez pas toujours précisément ce qu'ils pensent, mais ce pourrait bien être de la haine ?

Schanberg songe à Pran. Il le connaît, cela s'impose à lui comme une évidence tout à coup. Il connaît Pran ; et cela vaut une centaine de livres sur le Cambodge, un millier d'articles, une vie entière de spéculations.

— Pas de la haine, non, dit-il. C'est de la douleur, de la douleur. Elle ne reste pas sur leurs visages, mais descend profondément en eux, et s'y installe pour très longtemps...

Il s'arrête soudain. La tête de Mc Intyre a glissé sur ses bras. Après avoir essayé pendant quarante-huit heures de garder les yeux ouverts, il a abandonné la lutte.

PRO : QUARTIER NORD : 05150 : PARA : À SEPT HEURES VINGT, JE RÉPÈTE SEPT HEURES VINGT DU MATIN LA RADIO CLANDESTINE DES INSURGÉS ANNONCE : JE CITE : LE RÉGIME DES TRAÎTRES EST EN TRAIN DE S'EFFONDRER : FIN DE CITATION : LES LIGNES DE DÉFENSE CONTI-

NUENT DE S'EFFRITER AU FUR ET À MESURE DE L'AVANCE DES INSURGÉS
SUR LA CAPITALE. : LA ROUTE VERS L'AÉROPORT EST COUPÉE ET SOUS
CONSTANTE ATTAQUE D'ARTILLERIE : HIER LA POUSSÉE VENAIT DU NORD-
OUEST : AUJOURD'HUI, ELLE VIENT DE TOUTES LES DIRECTIONS : PARA :
À SUIVRE : SCHANBERG.

Lesquels sont des réfugiés, lesquels des gens de la ville ? Plus personne ne saurait le dire.

Phnom Penh se divise en deux groupes : ceux qui se battent et ceux qui se mettent à couvert. Sans organisations de secours efficaces maintenant que les Américains sont partis, la malnutrition sévit partout. Les animaux du zoo sur la colline Phnom ont été mangés, à l'exception des deux tigres vénérés, qui ont mystérieusement disparu. Un adolescent mendie quelques rials devant la Poste centrale tandis que sa mère fouille dans les ordures à la recherche de sacs en plastique qu'elle pourra vendre. En venant ici ce matin, Schanberg et Pran ont dépassé une bizarre procession de Cambodgiens, hommes, femmes et enfants marchant au pas, épaule contre épaule et chantant le cantique américain *Meet me at the river*. Un missionnaire baptiste conduit leur cortège. Il leur offre la nourriture et un toit en échange de la vie éternelle ; ils n'ont rien à perdre.

Passeport, argent, appareil, pellicules, carnets supplémentaires, chemise et sous-vêtements de rechange, savonnette, brosse à dents. Schanberg transporte son nécessaire de survie dans son sac bleu de la Pan Am ; Pran, dans un havresac. Sauve qui peut. L'Université se transforme en forteresse, avec troupes et véhicules à chenilles se préparant à une défense jusqu'auboutiste. Les étudiants barricadent les escaliers menant aux salles de cours et aux laboratoires, ou grimpent sur le toit pour observer les combats aux quatre points cardinaux. Sur la pelouse de devant, deux étudiants de première année se caressent... petits rires et mots tendres sous le vent des canons. Le garçon demande à Pran de prendre un instantané d'eux se tenant par la main. Il lui donne son nom et son adresse. Gardez-nous la photo jusqu'à ce que la guerre soit finie, dit-il en riant.

PRO : QUARTIER NORD : 05154 : PARA : UN CÂBLE A ÉTÉ APPORTÉ POUR
ÊTRE TRANSMIS AUX ÉTATS-UNIS : EXPÉDITEUR : LA CAPS BANQUE NATIO-
NALE DU CAMBODGE CAPS : DESTINATAIRE : SOCIÉTÉ IRVING TRUST DE
NEW YORK : ON DEMANDAIT À LA BANQUE AMÉRICAINE DE CONFIRMER

QU'ELLE S'OCCUPAIT BIEN D'HONORER UN ORDRE DE PAIEMENT ÉMIS PRÉCÉDEMMENT D'UN MILLION, JE RÉPÈTE UN MILLION DE DOLLARS AU MARÉCHAL LON NOL : L'ORDRE EN QUESTION AVAIT ÉTÉ ÉMIS LE PREMIER AVRIL, JOUR DE DÉPART EN EXIL DU MARÉCHAL : PARA : À SUIVRE : SCHANBERG.

Les barbelés sont toujours là, mêlés à quelques mauvaises herbes. Schanberg pousse le portail, il est ouvert. Il tourne la poignée d'une petite porte latérale et entre dans l'ambassade par où l'ambassadeur en est sorti. Des visages le contemplent derrière les caisses de déménagement. Des portes s'entre-bâillent et se referme précipitamment. Les réfugiés sont entrés là aussi. Ils sont allongés sur les bureaux et sur les canapés, ou accroupis sous le grand lustre. Au milieu de petites flaques sur le plancher, on voit les restes des croquettes de poisson et biftecks aux hormones trouvés dans la cuisine et conservés là jusqu'à leur dégel. Schanberg gravit les escaliers, traverse les couloirs couverts de moquette, pousse des portes. Tout est tranquille là-haut. Le bureau de l'ambassadeur est resté tel qu'il l'avait probablement laissé, jusqu'à l'odeur du produit contre les insectes que sa secrétaire vaporisait chaque matin pour éliminer tout corps étranger en mouvement dans la pièce. Sur le mur on pouvait voir une trace de peinture de couleur plus vive là où était naguère suspendu le grand aigle.

Sur le cuir luisant du bureau est posée une photocopie d'une lettre qui avait dû arriver à l'instant même du départ de l'ambassadeur. Schanberg la prend et l'examine. Elle est adressée au président Ford et vient du prince Sirik Matak, un des instigateurs du coup d'Etat qui entraîna l'éviction de Sihanouk, et Premier ministre pendant presque toute la durée de la présidence de Lon Nol.

Votre Excellence et Cher Ami,
Je vous remercie très sincèrement pour votre lettre et pour m'avoir proposé de me transporter vers la liberté. Je ne puis hélas m'en aller d'une manière aussi lâche. En ce qui vous concerne, vous et votre grand pays en particulier, je n'ai jamais cru un instant que vous auriez le cœur d'abandonner un peuple qui a choisi la liberté. Vous nous avez refusé votre protection, et à cela nous ne pouvons rien. Vous partez, et mon souhait est que vous et votre pays trouviez le bonheur en ce bas monde. Mais sachez bien que, si je dois mourir bientôt et dans mon pays que j'aime, je l'accepte, car tous nous sommes nés et devons mourir un jour. Je n'ai commis qu'une erreur, celle de croire en vous, les

Américains. Veuillez agréer, Excellence et Cher Ami, l'expression de mes sentiments amicaux et fidèles. Sirik Matak.

Au bas, le prince avait écrit de sa propre main :

Ceci est une lettre ouverte au président Ford et au peuple d'Amérique.

Schanberg la replie avec soin et la met dans sa poche. Les fenêtres de l'ambassadeur sont ouvertes ; il ferme les volets pour dévier les fragments d'obus. Il quitte alors la pièce plongée dans l'obscurité et repart vers les escaliers en prenant soin de ne pas marcher sur les réfugiés.

PRO : QUARTIER NORD : 05160 : PARA : À MINUIT, JE RÉPÈTE MINUIT LES INSURGÉS ATTEIGNENT LES ABORDS SUD DE PHNOM PENH ET UN VIOLENT COMBAT S'ENGAGE AUX ENVIRONS DU PONT DES NATIONS-UNIES DANS UN QUARTIER APPELÉ CHBAR AMOU, JE RÉPÈTE CHBAR AMOU : CES PERSONNES QUI ONT FUI DISENT QUE LES FORCES GOUVERNEMENTALES UTILISENT DES A.P.C. ÉQUIPÉS DE MORTIERS ET MITRAILLEUSES LOURDES POUR TENTER EMPÊCHER LES INSURGÉS DE FRANCHIR LE PONT : PARA : À SUIVRE : SCHANBERG.

Des flammes, de la fumée, des murs qui s'écroulent. Pran et Schanberg dans la Mercedes qui bataillent pour traverser la ville dans un concert de sirènes, frissonnant à la vue des débris dispersés, butant sur les tuyaux d'incendie, dérapant dans les éclaboussures d'eau boueuse. Sarun remonte en marche arrière une rue étroite sous un dais de fumée. Une arche de quinze mètres de haut jaillie d'une conduite d'eau éclatée s'abat sur la lunette arrière. A travers un rideau d'eau rougeâtre, ils voient des formes s'enfuir à toutes jambes. Le sifflement est dû peut-être à la vapeur ; ou peut-être est-ce une roquette. Juste comme ils se tapissent, se couvrant la tête de leurs bras, une boutique de vêtements pour hommes, en face d'eux, s'agenouille pesamment comme un éléphant et s'effondre dans une tempête de fumée et une pluie de verre. Une veste traverse l'air en agitant des manches vides. Des mannequins de tailleur gisent nus dans les charpentes fumantes ; certains perdent du sang et essayent de se relever. Tandis que Pran, Sarun et Schanberg s'ébrouent, deux bœufs blancs terrifiés arrivent en une course folle dans le bruit et la fumée, bavant et les yeux écarquillés de l'autre côté du pare-brise fracassé, puis continuent leur chemin. Mais pour la Mercedes, c'en est le bout. Sarun ne peut faire de miracles. La voiture n'ira pas plus loin, et eux non plus.

PRO : QUARTIER NORD : 15161 : PARA...

Le bruit mécanique du téléscripteur continuait à résonner dans la tête de Schanberg tandis qu'allongé tout habillé sur son lit défait, il soufflait la fumée de sa cigarette à travers la moustiquaire. Un petit vaisseau sanguin battait au-dessus de son œil gauche. Il était trop fatigué pour pouvoir dormir. Quand il fermait les yeux, des images de la ville mourante tournoyaient, douloureuses et désespérées, comme les réfugiés sur le mur du jardin qui faisaient cercle dans son cauchemar. Il abandonna la lutte, et descendit au rez-de-chaussée pour essayer de manger quelque chose.

Maintenant que l'hôtel *Phnom* avait été officiellement déclaré zone neutre et que la Croix-Rouge avait investi le restaurant pour en faire un centre de convalescence pour les blessés, les tables de repas avaient été déménagées dans la salle du petit déjeuner le long de la piscine.

Dans le même temps, les réfugiés avaient encore gagné du terrain sur la pelouse. Ils étaient maintenant rassemblés en petits groupes juste de l'autre côté de la piscine, certains endormis sur leurs nattes de jonc, d'autres assis, immobiles, avec leurs paquets et leurs marmites, le regard fixé au-delà du cordon de plastique vert qui les séparait des Occidentaux dînant aux chandelles de l'autre côté du plan d'eau. Mc Intyre était là et engloutissait un curry de poulet. Schanberg s'assit à sa table et commanda une assiette de spaghettis.

— Une manifestation typique d'apartheid, ne trouvez-vous pas ?

Mc Intyre piqua avec sa fourchette en direction des réfugiés. Schanberg approuva de la tête, trop épuisé pour répondre. Barry Morgan flânait par là, les mains au fond des poches. Son visage et son ensemble safari étaient barbouillés de suie. Il revenait de toute évidence d'un de ses reportages exclusifs pour sa feuille de chou, témoignage visuel de première source du style *Comment j'ai sauvé un orphelin des mains des Khmers Rouges*. Schanberg sentit un soupçon d'irritation. Bien qu'il soit fort antipathique, on ne pouvait nier que Morgan fût un bon reporter, l'un des meilleurs même. Dommage qu'il veuille que tout le monde le sache.

Morgan s'arrêta à leur table. Son expression était sérieuse :
— Les cocos lancent une grande offensive sur le pont de Monivong, leur dit-il. Ils ont fait flamber presque toutes les maisons alentour. Montez sur le toit, vous verrez ce que je veux dire.

Schanberg attendit que Morgan soit parti, puis s'excusa. Dans le vestibule, il rencontra Pran qui apportait les dernières photos prises. Ensemble ils montèrent, passèrent les étages supérieurs devenus déserts, jusqu'à l'étroite passerelle sur le toit mansardé qui, jusqu'à présent, n'avait pas été touché par le bombardement.

Le spectacle qui leur apparut était empreint d'une espèce de terrible grandeur, comme une fresque victorienne représentant l'Enfer. Ils se tenaient dans un cercle de flammes qui scintillaient sur la frange extérieure de Phnom Penh. Les feux des combats les emprisonnaient, illuminant le ciel d'une couleur orange. Au nord et à l'ouest, des quartiers entiers brûlaient. Ils pouvaient sentir la fumée et entendre le tambourinement ininterrompu de la bataille, le bruit des mortiers, des mitrailleuses et des lance-roquettes qui projetaient des sillons de feu à travers le ciel.

Là-bas dans la nuit c'était une lutte désespérée, une frénésie de la dernière chance, Cambodgien contre Cambodgien. Les Khmers Rouges gagnaient parce que leurs chefs savaient pour quoi ils se battaient, et pour tous c'était la même chose. L'armée de la République, abandonnée par son alliée, abandonnée même par certains de ses commandants en chef, continuait à se battre comme un poulet sans tête, parce que c'était tout ce qui lui restait. Aucun de ceux que Schanberg avait vus ne combattait par amour de la République ou par haine fervente de la menace communiste. Ils se battaient pour eux-mêmes et pour ce qui restait de leurs familles, et parce qu'il n'y avait pas d'autre endroit où aller. Ils se battaient par peur et parce qu'on leur avait ordonné de se battre.

Les deux journalistes contemplaient fixement en direction du sud, vers la rivière Bassac, là où les flammes faisaient rage, là où elles montaient plus haut encore ; et les minuscules lumières qui clignotaient sur la rivière étaient les projecteurs des canonnières de la Marine, zigzaguant entre les corps gonflés, à la recherche des survivants. Les canons lançaient des éclairs, comme des lampes émettant un message en morse pour signaler un désastre. Pran s'agrippa des deux mains au garde-fou.

— C'est fini, dit-il d'une voix apaisée. C'est fini. La guerre est terminée.

— Oui. — Schanberg croisa les bras sur sa poitrine. — Maintenant il ne reste plus que les massacres.

PRO : QUARTIER NORD : 15162 : PARA : POUR LE TROISIÈME JOUR CONSÉCUTIF, DES RÉFUGIÉS AFFLUENT VERS LE CENTRE DE LA VILLE : LES BLESSURES SONT HORRIBLES : LE NOMBRE LE PLUS ÉLEVÉ DE BLESSÉS ET DE MORTS EN UN JOUR SUR LES CINQ ANS QU'A DURÉ CETTE GUERRE : PARA : CE SOIR LA RADIO GOUVERNEMENTALE A ANNONCÉ LA NOMINATION D'UN NOUVEAU MINISTRE D'ETAT POUR L'INDUSTRIE, LES MINES ET LE TOURISME, JE RÉPÈTE TOURISME : PARA : À SUIVRE : SCHANBERG.

C'était une heure avant l'aube. Le Bureau des dépêches dégageait une odeur rance de sueur et de tabac froid. Un opérateur de télex, accablé de fatigue, tapait sur le clavier de l'un des trois derniers téléscripteurs de Phnom Penh. Il sortait les copies sur un très vieux transmetteur de fabrication chinoise, maintenant que la principale tour de transmission dans la banlieue de Kambol avait été envahie par les Khmers Rouges. Al Rockoff et Jon Swain dormaient dans le brouhaha, recroquevillés sur des nattes de paille étalées sur le sol poussiéreux.

Schanberg était installé à une table à côté d'eux, frappant ferme sur une machine à écrire qu'il pouvait à peine fixer tant il était fatigué. Il s'était enroulé une serviette humide autour de la tête. Sarun lui apporta une autre tasse de thé léger. Le visage du chauffeur était rond et enjoué comme à l'accoutumée, bien qu'il portât maintenant des bretelles pour soutenir son pantalon de flanelle grise. Voyant la tête de l'Américain commencer à pencher, il posa la tasse de thé et se mit à lui frotter vigoureusement les épaules et à lui tirer les oreilles, un massage cambodgien auquel Schanberg était habitué. Deux journalistes français écrivaient sur la table un peu plus loin. Barry Morgan était entré dans le bureau un peu après minuit avec une longue page de ses élucubrations.

Les opérateurs de télex étaient encore plus épuisés que Schanberg. Deux d'entre eux avaient baissé les bras et étaient passés dans la pièce voisine pour prendre un peu de repos. Le troisième ne résistait que grâce à Pran, l'indomptable Pran, qui plaisantait avec lui et l'encourageait à continuer, comme il l'avait fait, presque sans arrêt, à ce qu'il leur semblait à tous, depuis que les Américains étaient partis. C'était Pran qui les retenait ici, Pran qui les persuadait de faire une réparation quand une ligne était coupée, qui les conjurait de ne pas rentrer chez eux quand un appareil de transmission était en surchauffe.

Schanberg pouvait entendre dehors, à travers les volets, le cri étouffé des obus et le bruit sourd des grosses explosions. Le poulet sans tête était à genoux. Il écrivit : « Lever du jour. Cinq heures du matin. Après avoir refusé des négociations de dernière minute, les communistes rassemblent leurs forces pour un assaut final sur Phnom Penh : Il ne s'agit plus désormais que de savoir si les forces gouvernementales se rendront avant ou après que cette magnifique cité ait été réduite en un champ de ruines, et que d'autres milliers d'hommes, de femmes et d'enfants soient morts dans les combats au corps à corps. Le Premier ministre Long Boret, interviewé voici quelques heures par moi-même a déclaré : « La situation militaire est désespérée. Nous n'avons plus aucun moyen matériel. Nous nous sentons complètement abandonnés. »

Schanberg arracha la page de la machine et la donna à Sarun, qui la mit sur une pince. Pran la décrocha et la numérota pour l'opérateur qui terminait une transmission pour le correspondant du *Monde*. Schanberg se leva et fit les cents pas dans la pièce ; il alluma une autre cigarette pour se calmer les nerfs. Le bruit mécanique s'arrêta à peine lorsque l'opérateur cambodgien prit la copie pour le *New York Times* et commença sa transmission à travers la moitié du globe.

PRO : QUARTIER NORD : 15164 : PA...

Le télex rendit l'âme. Tout était fini.

Dans le bureau des dépêches, l'écho du silence fut si instantané qu'il réveilla Swain, qui déplia ses jambes et s'assit contre le mur, clignant des yeux, à moitié endormi. Cette fois, Schanberg n'invectiva pas Pran, et Pran ne réentama pas ses négociations avec l'opérateur. A la place, le chef de l'agence du *New York Times* s'assit et regarda sa montre, avant de taper ses derniers mots sur son Olivetti :

A cinq heures cinquante-sept du matin, le télex a cessé de fonctionner. Fin de copie. Schanberg, Phnom Penh, 17 avril 1975.

Puis il alla ouvrir les volets. Le bruit du bombardement et

des fusillades s'était calmé. L'aube se levait paisiblement, mouchetée de bleu et de gris et rayée de rose, comme une truite arc-en-ciel sur le Saint-Régis dans les Adirondacks, où il allait parfois à la pêche. Des fleurs blanches s'épanouissaient sur les arbres à letchis dans la cour de la Poste. Il s'aperçut avec un choc qu'il entendait le chant d'un oiseau.

Leur temps était expiré. Le télex avait été leur seul lien avec le bon sens, il avait donné un but à leur vie. Maintenant, ce but n'existait plus, ils n'avaient plus rien à faire que d'observer et de survivre. Cela serait peut-être difficile. Lorsqu'il intercepta le regard de Pran, Schanberg sut qu'ils pensaient tous deux la même chose. Tous les jours avaient surgi de nouvelles histoires sur la barbarie et la brutalité des Khmers Rouges. Maintenant qu'ils étaient les triomphateurs, les choses allaient-elles changer ?

— Je retourne faire du rangement, dit-il à Pran. Tu viens ?

Schanberg resta sous la douche un long moment. L'eau qui lui martelait les épaules assouplissait ses muscles douloureux noués par la tension. Elle gouttait dans sa barbe et coulait le long de son torse blanc qui n'avait pas vu le soleil depuis des jours ou des semaines. Il essuya une partie du miroir et se scruta attentivement. Son visage lui rendit son clin d'œil. Voilà qui était mieux. Il redescendait d'un point culminant dans la nervosité, qui était ce qui l'avait maintenu si infatigablement en action. L'eau le lavait d'un poids de responsabilité professionnelle tel qu'il n'en avait jamais supporté auparavant. Maintenant, il n'était plus responsable que de lui-même. Et de Pran, bien sûr.

Il se rasait quand on frappa un coup à la porte. Pran entra, vêtu d'une chemise blanche toute propre.

— Ils arrivent, Sydney.

— D'accord.

Si Pran pouvait rester calme, lui aussi le pouvait. Il finit de se raser.

— De quel côté ?

— Depuis Monivong. Ils prennent le pont de Chrouy Changvar il y a vingt minutes.

Pran avait un sac à bandoulière. Schanberg prit le sien, qui n'avait pas été défait depuis l'évacuation américaine. Quelque part, une radio beuglait encore de la musique militaire. Le hall du rez-de-chaussée était dans un tumulte de réfugiés, dont beaucoup étaient des soldats du gouvernement. Dans une tentative désespérée pour maintenir le statut de zone neutre de l'hôtel, une rangée d'employés de la Croix-Rouge et du personnel de l'hôtel fouillaient à l'entrée tous ceux qu'ils laissaient passer et confisquaient des armes. Une énorme caisse près de la porte débordait déjà de fusils, de pistolets, de couteaux et de chaînes.

Jouant des coudes en sens inverse du flot de la foule, Schanberg et Pran trouvèrent un emplacement en haut des marches de l'hôtel et baissèrent les yeux vers le boulevard Monivong. C'était comme une chute de neige aveuglante sous le soleil. Des centaines de drapeaux blancs taillés dans des chemises et des draps flottaient au haut des toits, des réverbères et aux vitrines des magasins. De longues bandes de toile blanche pendaient aux balustrades de l'hôtel. Des jeeps et de gros A.P.C. blindés, pleins de soldats du gouvernement, remontaient lentement le boulevard, avec des brins de tissu blanc attachés aux antennes de radio et claquant au vent, et des bouquets de fleurs jaunes devant leurs phares. Des centaines d'autres soldats des troupes gouvernementales marchaient sur la chaussée. Dans l'avant-cour de l'hôtel, un soldat retirait fébrilement son uniforme. Sa femme l'entourait anxieusement, avec un paquet de vêtements civils qui venaient d'être lavés.

Pran poussa du coude Schanberg et désigna quelque chose du doigt. A pied, au milieu de la large avenue, à cent cinquante mètres encore environ, arrivaient six hommes portant des pyjamas noirs et des écharpes à carreaux rouges. Derrière eux roulait un unique char de combat, dont la tourelle se balançait lentement d'un côté à l'autre. En tête d'un cortège de camions, de jeeps et d'A.P.C., des hommes en uniforme de Khmers Rouges progressaient d'un pas ferme et régulier. La foule devant eux oscillait, incertaine, tiraillée entre des sentiments contradictoires de peur et de curiosité. Quelques-uns des cœurs les plus courageux coururent à eux. Les Khmers Rouges leur rendirent leurs accolades et commencèrent à saluer du bras.

Tout allait bien se passer.

La foule fit éclater une immense clameur de joie et de soulagement. Des hourras et des cris de « Paix ! » noyèrent le crépitement lointain des armes légères. Des gens sortaient des maisons en portant leurs enfants sur leurs épaules, ou se penchaient à leurs fenêtres et à leurs balcons en agitant des serpentins blancs et en criant *Cheyo Yotheas ! Cheyo Yotheas !*

Longue vie aux troupes de libération ! Schanberg chercha la main de Pran et la serra. Il y avait des larmes dans ses yeux. Peut-être tout était-il pour le mieux après tout.

Faisant signe à Pran de le suivre, il descendit se mêler à la foule. Il avait secrètement envie d'interwiever ces insurgés. Les Khmers Rouges n'avaient pas, comme le Vietcong, cherché à se faire de la publicité en Occident. Vingt journalistes internationaux avaient commis l'erreur de passer dans le territoire des Khmers Rouges et n'étaient jamais revenus. Cette armée inconnue était maintenant là en face de lui, souriante et amicale, aidant ses ennemis à monter dans les camions et enroulant ses écharpes à carreaux rouges autour de leurs cous. La peur avait quitté la foule tout entière d'un seul coup ; les soldats arrachaient les chargeurs de leurs fusils et les jetaient en l'air.

— *C'est la paix ! C'est la paix !*

Les roues des chars écrasaient les fleurs des temples semées sur le boulevard. Un moins bouddhiste avait noué une écharpe khmer rouge autour de son cou ; pleurant et riant à la fois, il fut tiré à bord d'un camion plein de soldats. Des jeeps passaient, surchargées d'étudiants, actionnant les klaxons et traînant des banderoles blanches. Un homme en pyjama noir bien repassé et portant un képi de général grimpa au sommet d'un A.P.C. La foule l'acclama comme un chef en poussant des acclamations et en agitant des mouchoirs blancs.

— *La guerre est finie ! Nous sommes frères, tout le monde !*

Les gens autour de Schanberg explosèrent de joie. Peut-être Pran et lui furent-ils les seuls à voir le bras sombre émerger de la lucarne de l'A.P.C. et faire descendre « l'officier » de son perchoir. Ils se sentirent tous deux mal à l'aise pendant quelques secondes. Tout cela était trop beau pour être vrai. Quelque chose sonnait faux ici... ces hommes avec leurs écharpes rouges et duveteuses et leurs pyjamas noirs qui semblaient être restés pliés dans un coffre à linge et tout juste sortis pour l'occasion. Pran partit courir auprès d'un des camions des Khmers Rouges pour tenter de savoir ce qui se passait. Schanberg se fraya un chemin jusqu'au milieu de la rue et agita la main en criant. Al Rockoff, qui avait pris des photos du haut d'une jeep pleine de soldats Khmers Rouges, en dégringola pour le rejoindre. Ses vêtements étaient crasseux. Il suçait une entaille à son poignet.

— Qu'est-ce qui ne va pas, Al ?

— Je ne sais pas. Tout cela ne me dit rien qui vaille.

— Tu entends ça !

— Ouais, je sais. Mais il y en a certains qui jouent la comédie.

Pran revint en courant, hors d'haleine et très animé :

— Sydney ! Ils tiennent conférence de presse à midi !

— J'ai fait un tour dans Keng Kang tôt ce matin, continua Rockoff. Je me suis pratiquement fait descendre.

Des pétales de fleurs d'une espèce consacrée au temple et lancés d'un balcon tombèrent de l'épaule de Schanberg comme des confettis de carnaval. La fatigue engourdissait son esprit. Il devait y avoir un moyen d'acquérir une certitude. Il regarda alentour. Un soldat marchait à leur rencontre penché sur une bicyclette, un AK-47 appuyé sur le panier à l'avant. Il portait un treillis vert par-dessus un pyjama noir. Schanberg fit un signe à Pran, qui s'inclina devant l'homme pour le saluer. Le soldat s'arrêta, sans un sourire. Il portait une casquette de Mao marquée d'une tache de roussi. A son cou pendait une paire de lunettes de combat à bon marché.

Pran traduisit ses réponses. Il avait vingt-cinq ans. Il était allé à l'école pendant dix ans. Le « mouvement », il y était depuis cinq ans. Il répondait par monosyllabes, de façon inexpressive, lisant sur le tableau noir de son esprit.

— Demande-lui quel est son nom, et son rang dans le mouvement, demanda Schanberg.

Aux deux questions, le Khmer Rouge refusa de répondre en secouant la tête.

— Demande-lui : les Khmers Rouges vont-ils se venger et tuer beaucoup de gens ?

Les yeux du soldat, noirs trous de néant, se posèrent avec insistance sur l'appareil photo coûteux de Rockoff.

— Il dit que tous ceux qui ont fait des actes corrompus seront punis, sans l'ombre d'un doute.

Avant que Pran ait fini de traduire sa réponse, il avait repris son chemin.

Jon Swain vint à eux, à bout de souffle et à court de pellicule.

— Vous parlez d'un triomphe ! Salut aux conquérants ! haleta-t-il. C'est absolument incroyable !

Rockoff secoua la tête. Il sortit un mouchoir et en banda la coupure à son poignet.

— Les Khmers Rouges ont attaqué un pauvre vieux crétin de Français là-bas à Ken Kang, dit-il. Ils lui criaient : « Toi, Américain ! Toi, Américain ! » Tout ça, c'est de la frime. Ce que vous avez vu, c'est un numéro de relations publiques.

— Allons chercher la voiture, dit Schanberg à Pran. Je vais à l'hôpital. Je veux vérifier ça.

Il retraversa l'hôtel avec les autres et ressortit par l'entrée latérale ; le bruit des rafales de mitrailleuses lui arrivait de quelques pâtés de maisons plus loin. A distance de la parade du boulevard Monivong, l'atmosphère devenait tendue. Un sentiment prémonitoire flottait dans les rues et semblait vider l'air de son oxygène. Schanberg s'aperçut qu'il respirait plus vite.

Sarun avait « emprunté » une Renault à un fonctionnaire de l'Etat qui avait fui la ville une semaine plus tôt. Silencieux pour une fois, il mit la radio en marche. Quelque chose avait changé dans les chauds accents des présentateurs du gouvernement. Une voix nouvelle sur les ondes, aigre et stridente, lisait un message enregistré.

— Nous sommes prêts à vous accueillir, traduisit Pran. Nous entrons dans Phnom Penh comme des conquérants. Nous ne sommes pas venus ici pour parler de paix avec des traîtres. Les criminels politiques qui n'ont pas fui le pays seront jugés et pendus pour leurs crimes. Cependant, Angka a besoin d'administrateurs dans cette période de transition. Les hauts fonctionnaires du gouvernement, civils et militaires, sont priés de se présenter immédiatement au ministère de l'Information en portant un drapeau blanc. La révolution vaincra !

Sarun éteignit la radio pour faire taire la voix stridente. Il y eut un silence dans la voiture. Pran se mordait les joues de nervosité.

— Qu'est-ce qu'Angka ? demanda Swain.

— Angka est l'Organisation, répliqua Pran. Maintenant c'est Angka qui gouverne.

— Je crois que Long Boret s'est sauvé en hélicoptère depuis le stade, dit Swain après une pause. Mais j'ai vu le prince Sirik Matak à l'hôtel. Il a dit qu'il ne savait pas ce qu'il adviendrait de sa famille et de lui-même, mais qu'il était de son devoir de rester avec son peuple. Il a dit qu'on lui avait proposé de s'échapper et qu'il avait refusé.

Schanberg songea à la lettre sur le bureau de l'ambassadeur, et se tut.

L'hôpital Preah Keth Mealea, le plus vaste et le plus ancien hôpital civil de Phnom Penh, était installé dans un ensemble de lugubres bâtiments peints de couleur crème aux airs de caserne, sur les rives du Mekong. Les Khmers Rouges ne l'avaient pas bombardé, bien qu'au cours des quarante-huit heures qui avaient précédé il ait été à portée de leurs canons. La première pensée qu'eut Schanberg quand il y pénétra fut qu'il aurait peut-être été plus charitable de le faire.

Si toutes les souffrances de ces cinq années de guerre avaient pu être concentrées en un seul endroit, c'était ici. Le Preah Keth Mealea disposait de lits pour six cents personnes et ils étaient deux mille blessés et mourants, Cambodgiens et Chinois, à remplir l'hôpital à craquer. Ils étaient couchés sur des lits ou sur des brancards, ou à même le sol sur des nattes qui empestaient. Ils étaient assis dans les escaliers, allongés dans les couloirs. Des aides-infirmiers épongeaient les flaques de sang et aspergeaient du désinfectant autour des cadavres.

L'aire de réception principale était bordée de malades sur des brancards, abandonnés près de la porte principale par les ambulanciers qui travaillaient vingt-quatre heures sur vingt-quatre. Des rangées de patients, dont beaucoup souffraient de terribles brûlures et de blessures d'obus, regardaient, patiemment allongés, les journalistes qui passaient au milieu d'eux avec leurs chaussures poisseuses de sang. Certains avaient à leur chevet des parents accroupis qui leur essuyaient le front et écrasaient les mouches qui volaient sur leurs plaies ouvertes. Un médecin chinois, marchant comme un automate après les deux jours et les deux nuits où il était resté sur la brèche, descendait le long de la rangée, apposant une étiquette sur les malades qui avaient une chance — comme Schanberg l'avait vu faire par le médecin de la Croix-Rouge dans le pavillon de l'hôtel — et abandonnant les autres à la mort. Une infirmière de la Croix-Rouge le suivait avec un porte-bloc, cochant ceux qui avaient un espoir de survie et mettant une croix sur les autres.

— Où sont tous les docteurs ? lui demanda Swain.

— Pas de docteurs.

— Qu'est-ce que vous voulez dire, pas de docteurs ?

— Nous avons des docteurs par téléphone. Ils disent qu'ils viennent. Mais ils ne viennent pas. Pas de docteurs depuis deux jours. Seulement la Croix-Rouge.

— Est-ce que le docteur Mc Intyre est ici ? demanda Schanberg.

Une autre ambulance s'était avancée jusqu'à la porte. L'infirmière désigna l'étage avec son crayon et hâta le pas pour continuer sa macabre besogne, Ange du Souvenir de l'inhumanité de l'homme pour l'homme.

— C'est comme en Crimée, la foutue Crimée, dit Swain en suivant Schanberg qui montait les escaliers.

Un riche liquide rose, mélange de sang et de désinfectant, s'écoulait sur les marches et dégouttait dans la cage d'escalier. Un vieil homme assis sur les marches leur adressa un sourire d'une bouche édentée et agita son moignon de bras enveloppé de bandages sanglants. Schanberg évita de croiser le regard de Pran. C'était son peuple aux dernières extrémités qu'il avait sous les yeux. Jamais il n'avait vu de telles souffrances, ni une telle patience. C'était leur patience qui lui brisait le cœur. C'était bien ça : le chagrin descendait à l'intérieur, mais l'esprit restait patient.

Au premier étage, le bruit et la puanteur étaient presque insoutenables. Ils n'étaient pas dans la grande salle de la Croix-Rouge, mais simplement dans le couloir qui y menait, et pourtant il leur fallait enjamber les corps et éviter les amputés qui sautillaient d'un mur à l'autre sur des béquilles avec leurs jambes de pantalons tachés de sang épinglées à leurs cuisses. Dans la salle d'hôpital elle-même, s'élevait au-dessus des gémissements particuliers comme une mélopée lancinante, haute et persistante. Une très vieille femme, toute ratatinée par l'âge et la douleur, était étendue sur un lit à roulettes taché de sang, et psalmodiait dans son délire. Elle était amputée des deux jambes. Les couvertures de son lit étaient imprégnées de mucus. Elle chassait de ses bras décharnés des mouches réelles et imaginaires tout en chantant dans son agonie. Tout autour, les victimes de la dernière offensive victorieuse des Khmers Rouges gisaient, mesurant leur temps de vie au nombre de leurs gouttières et de leurs bandages. Une infirmière donnait du plasma à un soldat Khmer Rouge dont le corps était recouvert de sang caillé. Seules ses lèvres bougeaient, murmurant : « De l'eau, de l'eau. »

Schanberg se sentait terriblement désarmé. Et le fait que les autres se sentent de même ne rendait pas les choses plus faciles à supporter. Il se força à regarder Pran. Les sourcils froncés, celui-ci tenait son bloc-notes et griffonnait avec fièvre, comme si c'était une matinée comme les autres et que Schanberg et lui allaient se mettre en route vers le bureau des télex dès qu'ils seraient sortis d'ici. Schanberg reconnut l'expression sur son visage, et la reçut avec un choc de sympathie. C'était une expression de gêne.

Pran était très gêné que ces Occidentaux soient ici ; à

assister au spectacle intime de son peuple dépouillé de sa dignité et du respect de lui-même.

Rockoff, un genou à terre, montrait l'un de ses appareils à un petit garçon amputé du bras gauche. Son père, lui-même amputé d'un bras et dont la profonde blessure à la cuisse était maintenue fermée par des fils de métal, partageait le même lit. L'infirmière qui avait donné du plasma vint à lui.

— Vous êtes le T.V. suédois ?

Rockoff regarda Schanberg qui secoua la tête.

— Non, nous voulons trouver le docteur Mc Intyre.

— Mais oui. Par ici.

Elle les conduisit, au-delà d'une file de lits-brancards alignés comme des caddies de supermarché jusqu'à une grande pièce revêtue de carreaux de faïence blancs. La salle d'opération était équipée des innovations les plus modernes en matière de technologie chirurgicale, mais le Preah Keth Mealea était un hôpital militaire maintenant : on n'avait plus de temps à consacrer au luxe des électrocardiogrammes et des masques respiratoires. Gordon Mc Intyre était à la table d'opération, en short et masque de chirurgien. Les infirmières n'avaient pu lui trouver de blouse ni de gants. Les mains nues, il suturait des muscles et des lambeaux de peau sur un tronçon d'os qui était hier encore la jambe d'un homme.

Quand il eut fini, deux des aides-infirmières poussèrent l'homme dehors sur un chariot. Le temps pour Mc Intyre de plonger dans une cuvette d'alcool ses instruments d'acier et ses bras trempés de sang, et un autre corps tout recroquevillé avait été déposé sur la table d'opération. Une petite fille de six ans environ, en robe bleu pâle, qui hurlait de douleur. Rockoff se boucha les oreilles de ses mains. Pran fit de même.

— Ketamine cinquante milligrammes, aboya Mc Intyre en tendant la main pour recevoir la seringue.

Elle n'arriva pas. L'infirmière marmonna quelque chose. Mc Intyre regarda d'un air menaçant.

— Et qu'est-ce que je dois faire alors ? lui chanter une berceuse ? Donnez-moi cent cinquante milligrammes. Du pentothal. Vite !

Tandis que l'infirmière faisait la piqûre, Mc Intyre ouvrit la robe avec un scalpel. Son visage se fit encore plus sombre.

— Dieu du ciel ! Elle a un éclat d'obus dans l'épine dorsale. Avez-vous fini, femme ?

Par chance, dès que le produit parvint à destination, les horribles cris cessèrent. Schanberg regarda poser la perfusion intraveineuse dans le bras de l'enfant. Juste avant que l'on ne posât le masque à oxygène sur son visage, elle ouvrit grands les yeux et cria deux fois en khmer. Schanberg jeta un coup d'œil à Pran.

— Elle a dit : « Ne me tuez pas. S'il vous plaît, ne me tuez pas », dit Pran d'une voix rauque.

Mc Intyre était en train de lire l'étiquette au poignet de la petite fille.

— R.H. Donnez-moi du plasma R.H., s'il vous plaît, mademoiselle.

— *Il n'y a plus.*

— Comment se fait-il qu'il n'y en ait plus ? Vous ! appela Mc Intyre en désignant l'infirmière qui avait escorté les journalistes, trouvez-moi un substitut de plasma. Et vite !

Il sembla ne remarquer qu'alors la présence de Schanberg et des autres, et parla à la manière d'un chargé de cours, comme en se moquant de lui-même.

— Vous voyez, messieurs. Quantité de sang dans les parages, comme vous l'avez remarqué ! Le problème, c'est qu'il est pas à la bonne place !

Schanberg sentit des picotements dans ses yeux. C'était intolérable ; cela blessait tous les sens. Dante avait décrit des scènes comme celles-ci, mais même Dante avait omis de parler de l'odeur douceâtre et écœurante.

Pran était parti, incapable de tenir plus longtemps ; Rockoff également. Schanberg sortit après eux et descendit quelques marches. Ils croisèrent l'infirmière, revenant en toute hâte avec des boîtes de plasma qui pourraient peut-être sauver la vie de la petite fille.

Dehors, loin du bruit et de la puanteur, du sang et des excréments, ceux-ci imbibaient pourtant l'air chaud et oppressant de midi comme des brises de printemps. Il était tentant de croire que le pire était passé, mais Schanberg pouvait encore discerner non loin de là le crépitement de mort des armes légères. Pendant un instant, il crut bien que le son venait de l'hôpital qu'il venait juste de quitter, et il regarda Swain. Mais il n'avait, semblait-il, rien entendu et les autres non plus de toute évidence. Sarun avait laissé les portes de la Renault ouvertes ; Schanberg s'assit à l'intérieur avec une sensation de soulagement.

— As-tu vu tous ces fils de fer ? dit Swain. J'ai demandé à l'infirmière. Elle m'a dit que les médecins cambodgiens avaient recousu les blessures si vite que les points allaient lâcher, et il avait fallu les maintenir avec du fil de fer...

— Laissez-moi souffler un peu, supplia Rockoff.

Il lui restait une pose sur la pellicule qu'il avait utilisee au Preah Keth Mealea. Par la fenêtre, il prit un cliché d'une orfraie se découpant sur le ciel bleu. Au déclic, Pran, juste derrière lui, sursauta. Ils eurent tous un sourire. Tout était bon pour oublier le sentiment oppressant qui se dégageait de ce qu'ils venaient de voir.

Ils avaient quitté l'avant-cour de l'hôpital et traversaient un pont étroit sur un bras du fleuve lorsqu'un tank fonça sur eux. Sarun donna un grand coup de frein et partit à reculons. Le tank les prit en chasse au long de la rue. Un soldat en echarpe rouge à carreaux sortit de la tourelle, agitant les bras et criant en khmer. Sarun s'arrêta, les mains tremblant très fort sur le volant.

Avant qu'ils aient pu descendre, les Khmers Rouges les avaient encerclés. Schanberg vit d'abord les armes : grenades, fusils, pistolets, pendant aux pyjamas noirs comme des fruits aux arbres. Puis les visages, de jeunes paysans, pensa-t-il, guère plus que des enfants, mais déformés par la fureur, leur hurlant après.

Les portes furent ouvertes violemment. Les journalistes furent traînés dehors et cognés contre les flancs de la voiture. Un officier Khmer Rouge de trente ans environ brandissait son long P .38 et leur criait des injures d'une voix aiguë. Swain et Rockoff avaient les mains en l'air. Schanberg également. Mais les cris continuaient. On enfonça le canon d'un fusil dans l'estomac de Swain, qui poussa un grognement de douleur. L'officier s'approcha de Schanberg et lui heurta la tempe de son automatique P .38, assez fort pour le blesser. Il fit claquer le cran d'arrêt. Schanberg sentit ses jambes flageoler. Mais le coup ne partit pas. Au lieu de cela, l'officier, les yeux comme des braises de haine, lui arracha son appareil et le jeta sur le trottoir. Les appareils de Rockoff, les blocs-notes de Swain et une machine à écrire qui se trouvait dans la voiture furent pareillement jetés violemment à terre et repoussés à coups de pied.

Tout cela avait été si rapide qu'ils ne purent pas réfléchir, seulement réagir. Schanberg avait déjà vu la colère, il avait déjà vu la haine, mais la violence animale et aveugle de ces petits paysans avait quelque chose d'inhabituel. C'était de la brutalité née de l'ignorance, et cela le terrifiait. Il tourna la tête à la recherche de Pran. Pran saurait comment se comporter dans cette situation. Mais le visage de Pran n'exprimait qu'une peur sans fard, telle que Schanberg ne lui en avait jamais vue auparavant, dans tous les moments difficiles qu'ils avaient vécus ensemble. Il articulait silencieusement des mots à l'adresse de Schanberg par-dessus le toit de la voiture.

— Fais ce qu'ils disent, Sydney. Tout ce qu'ils disent !

La rue commençait à se remplir de gens. Ils avaient l'air de réfugiés, mais Schanberg n'avait pas le temps de se demander qui ils étaient ni ce qu'ils faisaient là. Un A.K.-47 dans les côtes, il était poussé en direction d'un gros A.P.C. de transport de troupes garé devant l'hôpital. Sa porte arrière était grande ouverte ; le tombeau sombre à l'intérieur était vide. Des pensées confuses se pressaient dans sa tête. Les Khmers Rouges pouvaient les exécuter sans que personne ne le voie. Ils pouvaient refermer la porte et lancer une grenade par le toit. *Nous sommes journalistes...* Non, cela ne signifierait rien pour des gosses débordant de haine. Ils étaient Occidentaux, c'est tout ce qui comptait à leurs yeux. Ils furent poussés à bout de fusil dans l'A.P.C. ; Sarun également. Seul Pran refusait de monter. Il plaidait auprès de l'officier Khmer Rouge. Schanberg pouvait discerner la peur toute nue dans sa voix. L'officier lui rugissait après ; Pran continuait à supplier. Sur la chaussée, ils pouvaient voir son ombre, les mains levées, comme s'il pendait à un fil.

Dans l'A.P.C., ils transpiraient à grosses gouttes. Rockoff murmura, les dents serrées :

— Pourquoi ne rentre-t-il pas, pour l'amour du ciel ?

Schanberg secoua la tête d'un air incrédule. Ils allaient le fusiller d'un instant à l'autre ici même dans la rue. Sarun parla alors à voix basse :

— Il essaye de monter. Ils lui disent, va-t'en. Ils ne veulent que des gens importants...

Ses mots les pétrifièrent. Loin d'essayer de s'échapper, Pran argumentait pour ne pas être séparé d'eux. En fait, il risquait sa propre vie pour sauver les leurs. Cela fit mesurer à Schanberg, et probablement à eux tous, dans quel extrême péril ils se trouvaient. Pran ne risquerait pas sa vie pour rien. Il devait savoir qu'ils n'avaient aucune chance sans lui.

La discussion se termina brusquement. Agité de tremblements, Pran grimpa dans l'A.P.C. La porte arrière claqua, et l'officier et deux de ses robots de soldats montèrent à l'avant. Avec une pénible secousse, ils enclenchèrent une vitesse et le lourd véhicule s'ébranla.

Ils étaient dans l'obscurité, à l'exclusion du rayon de lumière qui tombait de la lucarne où l'un des tueurs adolescents était assis, son fusil braqué sur eux. La chaleur était suffocante. Assis sur des caisses de munitions vides, ils évitaient de poser leurs pieds sur le sol où une nappe d'eau huileuse clapotait d'un bord à l'autre au rythme des cahots du véhicule. Il leur était impossible de dire où il les emmenait. A entendre les clameurs qui s'amplifiaient à l'extérieur, Schanberg devina qu'ils avaient rejoint le boulevard Monivong. Les Khmers Rouges sur le toit de l'A.P.C. étaient probablement en train de faire des saluts de la main et de sourire à la foule en passant devant l'hôtel *Phnom*. Et Barry Morgan et les autres devaient leur rendre leurs saluts, se doutant peu que... Il se sentit empli de pitié pour lui-même et, pour se rassurer, il regarda Pran assis en face de lui. Pran n'avait aucun réconfort à lui offrir. Il demanda par gestes une cigarette, et Schanberg sortit un paquet de Pall Mall. Vif comme l'éclair, Pran s'en saisit et le noya dans le dépotoir d'eau huileuse.

— Français, dit-il en chuintant. J'ai dit que vous êtes français !

Swain sortit un paquet de Bastos locales. Pran en prit une d'une main tremblante. Dans peu de temps, il lui faudrait rassembler son courage pour une autre violente altercation avec le Khmer Rouge. Comme il allumait sa cigarette, une vague de liquide huileux se souleva. L'A.P.C. s'arrêtait dans une violente secousse.

On fit claquer les verrous. La porte arrière s'ouvrit en grand en faisant entendre un bruit métallique, et la voûte blindée fut inondée d'une lumière aveuglante. Avant que les yeux des journalistes s'y soient accoutumés, deux personnes furent poussées à l'intérieur et la porte fut reclaquée et verrouillée. L'A.P.C. reprit sa route en cahotant, avec deux victimes de plus en son sein.

Tandis qu'ils roulaient à travers la ville, la température à l'intérieur s'élevait. On y cuisait comme en un four. La sueur coulait sur le visage de Schanberg et se rassemblait en gouttelettes dans sa barbe. Les deux Cambodgiens entre deux âges qui les avaient rejoints priaient d'une voix monocorde. Schanberg reconnut un rituel bouddhiste utilisé dans les moments de grand danger. Assis, les yeux étroitement fermés, ils psalmodiaient un mantra ; l'un d'eux avait un minuscule bouddha d'or dans la bouche. Pran marmonna en français à Schanberg :

— Ils sont officiers.

— Qu'est-ce qu'il dit ? demanda Rockoff.

Les autres étaient assis en silence. Aucun d'eux n'osait regarder le Khmer Rouge. Schanberg passa sa main sur ses lèvres pour signifier qu'il fallait se taire. Ils ne devaient parler que français ; leurs vies en dépendaient. L'ombre du fusil de l'officier traversa le rectangle de lumière descendant de l'ouverture au-dessus d'eux. Sa gorge se serra de pitié pour lui-même. Qu'avait-il fait, lui, Sydney Schanberg, un étranger, pour mériter tant de haine ? Il n'avait fait de mal à personne. Il n'avait tué personne. Il était totalement inoffensif : un simple journaliste.

Le bruit des prières était contagieux. Schanberg fouilla ses poches et en retira une petite boule jaune toute froissée et trempée de sueur. C'était tout ce qui restait de son amulette porte-bonheur, la rose de soie jaune que sa fille lui avait donnée. Il ferma sa main très fort ; c'était pour lui ce qui ressemblait le plus à une prière. Levant la tête, il rencontra les yeux de Jon Swain et y lut la même terrible certitude : ils allaient être exécutés. Il ouvrit la main qui tenait la rose.

— Voici la bonne chance, murmura-t-il.

Swain eut un pauvre sourire forcé. L'A.P.C. fit un bruit de ferraille, comme un tombereau sur des pavés, et s'arrêta en faisant une embardée. La porte s'ouvrit à l'arrière. Les cris recommencèrent, et on les fit sortir au soleil à grands coups de fusil dans le corps. Ils étaient parvenus au bout du chemin.

Des hommes possédés par les démons. Des hommes dévorés de l'intérieur, et laissés sans émotions, sans chaleur, sans aucun sentiment humain. Des robots, ces soldats Khmers Rouges. Des hommes-machines. Des morts-vivants.

Mais quand la porte s'abaisse et qu'il voit la rive sablonneuse dont la pente court vers la rivière Tonle Sap, Pran sait que ce sont les hommes venus d'Occident qui sont les morts-vivants. Cette rive, ces entrepôts désertés. C'est un lieu d'exécution. Les Khmers Rouges se préparent à loger une balle dans la nuque de Sydney et des autres et à envoyer leurs corps dans la rivière rejoindre les autres cadavres, qui flottent lentement comme des chiens vers l'aval du Mékong.

Sydney a été très courageux. Il n'a pas pleuré ni crié de peur. Il a même pu plaisanter avec monsieur Swain au sujet de sa rose porte-bonheur. C'est pour lui un mystère : comment Sydney peut-il être si courageux sans la foi en Bouddha ou en son propre Dieu pour lui donner de la force ? Ce doit être, comme Pran s'en est toujours douté, parce que Sydney *comprend*. Son idée de lui-même est complète. Il n'a pas besoin de dieux pour l'aider à trouver sa place dans l'ordre des choses. La mort n'est qu'un autre rendez-vous.

Maintenant, la vie de Pran touche à sa fin également. Mais il ne doit pas paniquer. Il doit rester calme, détaché, et observer — comme Sydney le lui a toujours appris. Sur le petit bout de terrain entre les entrepôts, il y a une table et un parasol. Neuf ou dix Khmers Rouges en écharpes et en pyjamas noirs malpropres sont assis et bavardent à l'ombre ou se promènent ; entre la table et le fleuve, un groupe de six prisonniers accroupis le long d'une jetée de bois, les mains attachées dans le dos. Il reconnait l'un d'entre eux — un brigadier de la Septième Division qui assurait la défense de l'aéroport de Pochentong. Comme les autres, il est absorbé dans ses prières. Les trois Occidentaux attendent, les mains sur la tête, qu'on les conduise auprès d'eux ; Sarun et les deux officiers qui étaient dans l'A.P.C. aussi.

Pran fouille du regard alentour avec un désespoir grandissant. Un homme est assis à la table sous le parasol, un homme de petite taille, aux lèvres molles et aux petits yeux de porc sous un front proéminent. Il a les mêmes mains calleuses et les mêmes vêtements mal soignés que les autres, mais il a donné des ordres. Tandis que Pran prie Bouddha de lui donner force et courage, Œil de Porc questionne le conducteur de l'A.P.C.

— Qui sont-ils ?

— Des espions. On les a attrapés.

L'officier qui les a arrêtés désigne le tas d'appareils photo, de blocs-notes et de machines à écrire qu'ils ont ramenés en guise de preuves.

— Alors Angka les condamnera. Laisse-nous...

— Je vous en prie ! — Pran fait un pas en avant. Son cœur bat très fort. — S'il vous plaît, faites un rapport à votre commandant en chef. Votre commandant en chef m'a donné l'autorisation de circuler. Je l'ai rencontré. Je devais rencontrer vos chefs encore cet après-midi. Il faut absolument que vous en référiez à votre commandant en chef !

Œil de Porc roule des yeux marron clair et examine l'intrus. Pran, tremblant de la tête aux pieds, attend que les hurlements de rage éclatent. Mais Œil de Porc, à ce qu'il semble, est d'un tempérament plus calme. Il congédie simplement d'un geste l'officier de l'A.P.C. et donne un ordre à ses hommes. Leurs fusils pressent les trois journalistes vers la jetée. Œil de Porc se lève et les suit d'un pas tranquille, tapotant de ses doigts son pistolet dans son étui.

Pran reste seul. Il peut s'en aller et vivre. Ou il peut suivre l'officier et continuer sa plaidoirie. Il sait comment les Khmers Rouges traitent ceux qui se mettent en travers de leur route. Ils assassinent avec indifférence. Nhiek Sann, son ami au Ministère, avait raison de dire que les rebelles pourraient bien se montrer plus cruels que quiconque pouvait l'imaginer. Il lui faut penser à Ser Moeun et aux enfants. Il ne peut faire fi de sa vie.

D'un pas hésitant, Dith Pran s'avance vers Œil de Porc. Il présente sa défense à la nuque de l'officier.

— Ces hommes sont des journalistes de la presse internationale. Ce sont tous des Français. Ils ont tous une autorisation du commandant en chef. S'il vous plaît ! Je vous en prie, référez-vous à votre commandant en chef !

Œil de Porc sort son pistolet et se retourne. A un doigt de la mort, Pran parvient à sourire.

— Ce ne sont pas des Américains. Tous des Français. Ces hommes sont journalistes, pas des espions. Ils sont là pour annoncer votre victoire au monde. Tout le monde est très heureux de votre victoire.

Le canon d'un fusil AK, surgi, semble-t-il, de nulle part, lui meurtrit l'estomac et lui coupe le souffle. Œil de Porc regarde le soldat qu'il a fait venir pousser Pran contre le mur de l'entrepôt, puis descend paisiblement vers l'endroit où les diables occidentaux se tiennent, enfermés dans un cercle de fusils. Il choisit Rockoff pour l'examiner minutieusement et le regarde méchamment dans les yeux. Rockoff soutient son regard et la sueur lui coule sur le visage. Pran prie pour qu'il ne les trahisse pas en ouvrant la bouche.

Œil de Porc revient toujours tranquillement. Les yeux délavés fixent durement Pran maintenant. Sa tête dodeline un peu, comme la balle de caoutchouc du plus jeune enfant de Pran, comme s'il n'y avait pas de crâne dedans, pas de cerveau...

Œil de Porc parle :

— Tu mens.

— S'il vous plaît. Ces hommes ne soutiennent pas Lon Nol. Ils sont du côté d'Angka. C'est pour ça qu'ils sont ici — pour voir la victoire d'Angka. Ils vont l'annoncer au monde !

— Ce sont des espions. Vous êtes tous des espions. Vous serez exécutés.

Il fait demi-tour et crie un ordre. Sous les yeux horrifiés de Pran, deux soldats marchent jusqu'au brigadier cambodgien de la Septième Division. L'un d'eux lui empoigne les cheveux et lui baisse la tête ; le second lui tire dans la nuque. Ils remontent la rangée de prisonniers cambodgiens, les exécutant tour à tour. Les corps vacillent et tombent les uns sur les autres, et leur sang jaillit vers la jetée de bois.

Dans la campagne vide, des oiseaux de jungle s'envolent dans un grand tapage dans le ciel d'après-midi, comme s'ils emportaient les prières des morts. Schanberg, le suivant sur la rangée, ensevelit son visage dans ses genoux.

Une moto avec un side-car arrive en cahotant sur le sentier. Œil de Porc va à sa rencontre. Pran le suit, les mains toujours sur la tête. Le nouveau venu semble être un officier également. Œil de Porc explique la raison de son embarras. Les deux hommes le dévisagent avec un mélange de suspicion et de mépris.

— Je sais que vous haïssez les impérialistes, explique Pran, essayant de garder une voix ferme. Si nous étions des impérialistes, nous ne serions pas restés ici à Phnom Penh. Nous sommes journalistes. Nous sommes écrivains. Nous voulons faire connaître au monde la vérité sur votre victoire.

Leurs regards se sont portés au-delà de Pran, qui suit la direction qu'ils indiquent. Schanberg, Rockoff et Swain sont accroupis sous les canons des Khmers Rouges et fixent leurs yeux sur leur groupe. Même d'ici, Pran peut deviner leur attention désespérée. Ils ont besoin de lui ; il est le seul à pouvoir leur sauver la vie ; et lui-même a besoin d'eux. Il a attaché son destin à celui de Sydney et des autres. Ils représentent les seules valeurs pour lesquelles il veuille vivre désormais. Les Khmers Rouges ont détruit le reste.

Il se retourne. Il doit plaider et plaider encore.

— Ce sont des journalistes français ! Les Français soutiennent Angka maintenant. Ces hommes diront au monde entier de soutenir Angka. Cela fera une bonne impression de les laisser partir.

Les mains baissées maintenant, il s'en sert pour appuyer ses arguments. Pendant vingt minutes il argumente, mais les officiers ne sont pas convaincus. C'est alors que Pran a un coup de chance. L'homme sur la moto vient du nord-est du pays, cela s'entend à son accent. Pran leur dit qu'il vient de Siem Reap, et il se trouve que c'est là que l'homme est né. Des noms les rapprochent, des gens que tous deux connaissaient dans les années soixante. Pran dit la vérité sur ce point, peut-être dit-il vrai aussi en ce qui concerne les espions, par conséquent. L'officier de Siem Reap emballe sa moto : il va demander à ses supérieurs. Il démarre pour le centre-ville dans une traînée de poussière.

Œil de Porc fronce les sourcils. Les souvenirs du passé n'ont pas leur place chez Angka. Il renvoie Pran sous bonne garde jusqu'à l'entrepôt, en attendant le retour de l'autre officier.

Une heure passe encore. Les soldats Khmers Rouges fument en bavardant. Ils ont arraché les montres et les chaînes en or des cadavres et ont écrasé du talon les petites images de Bouddha, puis, ne sachant plus que faire des corps, les ont traînés jusqu'au Tonle Sap et les ont jetés à l'eau avec les autres ordures qui y flottent. Assis sous le parasol, Œil de Porc boit de l'orangeade et joue avec un transistor volé. Il a capté une émission de variété sur A.F.N. Saïgon et un sourire rusé se dessine sur son visage rond.

— Américain ! crie-t-il vers les journalistes, en montant le son. U.S.A., oui ?

Personne ne le regarde. Schanberg hausse les épaules et Pran se demande à quoi il pense. Peut-être à sa femme et à ses filles, bien qu'il ne lui ait jamais beaucoup parlé d'elles. Il lui a plus parlé de son père à New York et de la façon dont il s'était battu pour monter son épicerie : il voulait gagner suffisamment bien sa vie pour pouvoir envoyer ses enfants à l'école avec une paire de souliers décents. Alors peut-être songeait-il au coup terrible que ce serait pour son père s'il lui arrivait quelque chose. Mais non. Pran plisse le front. Il devrait tout de même mieux connaître Sydney maintenant. Sydney ne rumine jamais sur les choses auxquelles on ne peut rien. Il est bien plus probable qu'il est en train de penser avec colère à tous les bons articles qu'il rate en ce moment sur l'entrée des Khmers Rouges dans Phnom Penh.

En ce qui concerne Sarun, c'est facile. Sarun se tracasse certainement sur le sort de sa femme, et de savoir si elle a pu aller jusqu'aux magasins pour acheter assez à manger pour leur prochain repas. Sarun pense toujours à son estomac quand il est contrarié. Le danger lui donne faim. Quant aux deux autres, Pran les connaît moins bien. M. Swain est un homme très sympathique, mais déconcertant. Son caractère est si différent de celui de Sydney, telles la lumière et l'ombre. Il écrit de bons articles sans avoir l'air de travailler très dur. Sydney est farouche, M. Swain, lui, est décontracté, nonchalant. Comment peut-on travailler avec lui ? Ce doit être très difficile. Même à présent, il est assis les mains sur la tête, ses grandes jambes étendues de tout leur long, comme un homme profitant du soleil.

Al Rockoff... Mais avant que Pran puisse méditer longuement sur le photographe, son attention se trouve détournée par les ricanements saccadés des soldats. Des péniches passent sur la rivière, emportées doucement par le courant en un mouvement tournoyant. Pran sent ses cheveux se dresser sur sa tête. Elles sont pleines d'hommes morts, des Cambodgiens et des Chinois. Certains ont été appuyés debout, tout raides, sur les bastingages, comme des gens qui s'amuseraient agréablement à une petite fête sur l'eau. Un homme penché par-dessus bord laisse traîner son bras dans les flots, comme pour en sentir la fraîcheur sur son poignet. Mais seuls les oiseaux, les charognards, font réellement la fête.

Des cris encore, et le bruit d'une moto : l'officier de Siem Reap est de retour. Avec une sensation de peur glacée, Pran laisse sa tête se reposer contre le mur de l'entrepôt et prie. C'est pour eux tous le moment de vérité. Il ouvre les yeux et voit Sydney qui le regarde. Pran lit sur son visage une expression qu'il n'y a jamais vue — celle d'une terreur sans mélange. Il lui vient soudain à l'esprit que les journalistes ne savent même pas ce qu'il a dit aux officiers avant que la moto ne parte pour la ville.

— Amène-le !

L'ordre est donné en khmer. Pran s'avance vers les officiers d'un pas mal assuré, poussé au coude par le fusil de marque soviétique de son garde. L'homme de Siem Reap l'interroge d'une voix acerbe :

— Tu dis que ces hommes sont des journalistes français. Pour quels journaux travaillent-ils ?

— L'un pour *le Monde*, le grand, pour *l'Humanité.* Et le photographe travaille pour une agence, l'Agence France-Presse.

— Quelle est leur tâche ?

— Ils doivent faire un reportage sur la chute du régime capitaliste de Lon Nol, appuyé par les Américains, et l'arrivée victorieuse des Khmers Rouges à Phnom Penh.

— Que faisaient-ils à l'hôpital ?

Pendant cinq ou dix minutes encore, on le harcèle de questions. Pran répond avec un aplomb croissant. Si... comment disait Schanberg ?... leur couverture avait été brûlée, on ne lui poserait pas toutes ces questions ; ils seraient déjà morts. Et puis l'atmosphère se modifie sensiblement. Œil de Porc commence à s'ennuyer. L'homme sur la moto a remis ses gants.

Pran y est arrivé. Il a réussi ! Les Occidentaux vont être relâchés. Il a sauvé la vie de Sydney et de Sarun, et des autres. Et la sienne. Il repense à quelque chose qu'il a dit à Ser Moeun l'autre soir à table, lorsque les enfants regardaient la télévision dans la pièce à côté... ou qu'il a seulement pensé peut-être, pour ne pas qu'elle se sente cruellement exclue. Pour « faire partie », il vous faut d'abord partager quelque chose, que ce soit, peur, douleur, chagrin. Tandis qu'Œil de Porc parle à l'officier à la moto, Pran trouve un instant pour se retourner discrètement et discrètement sourire et se mordre les lèvres. L'expression de Sydney est claire.

Il « fait partie ».

L'après-midi touchait à sa fin ; la rivière Tonle Sap couvrait d'or ses secrets. Le lever du soleil avait évoqué pour Schanberg une truite du Saint-Régis ; son coucher le faisait penser à un incendie, peut-être parce qu'il en humait l'odeur dans l'air. Après les terribles heures qu'ils avaient passées sous le soleil brûlant, on les avait autorisés à s'asseoir à l'ombre des entrepôts. Le garde avait été renvoyé et on leur avait donné des orangeades... pourtant, l'adolescent psychopathe qui s'occupait de Schanberg avait fait un jeu ignoble même de cela, lui tendant la bouteille et la lui retirant quand il cherchait à la prendre, jusqu'à le forcer à le supplier. A New York, c'était le genre de gosses qui suspendaient les chats par des ficelles et y mettaient le feu, avec la même délectation cruelle sur leurs visages vides de pensée.

D'autres prisonniers étaient arrivés et avaient pris la place des journalistes devant la jetée de bois. Eux au moins mourraient dans l'obscurité. Cela faisait si longtemps qu'ils attendaient. Après s'être lamenté sur lui-même, Sarun semblait maintenant endormi, balancé sur ses lourdes hanches. Pour autant qu'il en puisse juger, Pran négociait pour qu'on leur rende leurs affaires, qui étaient restées éparpillées là où le chauffeur de l'A.P.C. les avait laissées. Il devait être très fatigué. Il avait plaidé pour leurs vies pendant des heures, lui semblait-il, avec ce qui avait dû être une éloquence et une ruse incroyables, ainsi qu'un cran prodigieux. Schanberg avait observé cette force de persuasion à l'œuvre en d'autres occasions ; elle opérait sur tous, du Premier ministre Long Boret aux opérateurs-télex du bureau des dépêches : des manières hésitantes, obliques, apaisantes, jusqu'à ce que Pran ait obtenu d'être toléré, et alors des plaisanteries et des sourires pour gagner leur confiance. Cette capacité à convaincre leur avait valu des exclusivités de premier ordre au cours des années passées ; et cette fois elle leur avait sauvé la vie. Il lui avait certainement fallu des nerfs d'acier.

L'un des officiers Khmers Rouges cria un ordre. Le jeune psychopathe épaula son fusil et leur fit comprendre d'un geste de se rendre vers la moto. Le visage de Pran eut une contraction d'angoisse. Ils étaient libres, ils voulaient le remercier et l'embrasser — mais cela pouvait se révéler fatal. Schanberg comprit et eut un regard d'avertissement à l'adresse de Rockoff, qui fredonnait sur une expiration le *Should Auld Acquaintance*.

— S'il vous plaît, enlevez vos bagages, dit Pran en français.

Le jeune psychopathe les repoussa et leur distribua leurs affaires lui-même, avec de petites courbettes sarcastiques. Rockoff récupéra ses appareils et les étreignit sans un mot, comme font les enfants. Swain reçut son appareil et son sac. Ses précieux carnets n'y étaient pas, mais il n'allait certes pas déposer de plainte. Le sac de Schanberg s'était ouvert, et son contenu tomba dans la poussière. Une ceinture à poches, pleine de dollars, lui fut tendue sans la moindre marque d'intérêt, ainsi que ses blocs-notes qui, par miracle, avaient survécu. Une paire de caleçons plut au garde ; il les étira devant son bassin en riant, et les fourra dans sa poche. Restait le passeport de Schanberg, son passeport américain, gisant sur le sol, comme l'arme du crime. Le garde le ramassa.

Schanberg, cloué sur place, écarquillait les yeux. Personne ne bougea ni ne souffla mot. Le garde jeta un coup d'œil à l'intérieur, à moins de deux mètres des officiers qui parlaient derrière lui. Il tint le passeport en l'air, comparant l'image avec la réalité, et finalement le lui remit. Schanberg l'escamota prestement, juste au moment où l'un des officiers se retournait. Il dit en khmer une phrase que Schanberg put comprendre.

— Laissez-les partir.

Sans la Renault, le retour à pied jusqu'à la ville fut long. Ils remontaient à contre-courant une marée humaine, un exode de masse tel qu'aucun d'entre eux n'en avait vu ni imaginé. Les taudis des réfugiés avaient dû être évacués ; telle fut leur première impression. Des centaines de Cambodgiens marchaient sur la grand-route, hommes et femmes en chapeaux de paille portant des baluchons et des valises ou des enfants en pleurs dans leurs bras. D'autres cheminaient péniblement, ne portant rien, s'arrêtant souvent, et regardant passionnément en arrière, comme s'ils avaient été expulsés sans avoir pu attendre leurs familles, cherchant en vain dans la foule, jusqu'à ce que ceux qui arrivaient après eux les poussent en avant.

Mais assurément, ce n'était pas tous des réfugiés... On voyait beaucoup de gens prospères, de citadins parmi eux. Pran reconnut un voisin. Il le héla par-dessus le fleuve qui s'écoulait. L'homme continua à regarder devant lui. Il leva son bras en un geste de salut ou d'adieu et poursuivit son chemin d'un pas pesant. Pran tira sur la manche de Schanberg.

— Ils s'en vont tous. Tout le monde s'en va.

— C'est impossible.

Mais une foule toujours renouvelée arrivait des rues latérales et tournait sur la grand-route, transformant la rivière en torrent, le torrent en inondation, et, sous les yeux de Schanberg, l'impossible prenait forme. Les citoyens de Phnom Penh avaient été contraints d'abandonner leurs maisons et leurs appartements, leurs boutiques et leurs bureaux, et de prendre la route sans rien d'autre qu'un sac de nourriture sur leurs épaules. Certains avaient rempli leurs voitures de provisions et d'objets de valeur, mais comme il était interdit de mettre leurs moteurs en marche, ils les poussaient au long de la route. La plupart portaient tout ce qu'ils pouvaient sur leurs dos — parfois c'étaient leurs parents trop âgés ou impotents, qui auraient sinon été laissés à mourir sur le bord du chemin.

Des soldats Khmers Rouges se tenaient en bordure de cette sinistre parade. Ils leur faisaient accélérer le pas à coups de menaces et de crosses de fusil, tirant même en l'air à l'occasion. Rockoff se mit à prendre des photos de l'un d'eux qui portait des montres volées attachées sur toute la longueur de son bras, puis se ravisa. Ils entendirent à plusieurs reprises des camionnettes à haut-parleur au loin ; une fois, dans une rue latérale, ils en virent une, escortée de personnages en pyjamas noirs et glapissant son message. Schanberg n'avait jamais réalisé jusque-là à quel point on pouvait rendre hideux les sons d'une langue.

Pran traduisit.

— Ils disent que les Américains viennent pour bombarder Phnom Penh. Tout le monde doit partir avant que les Américains attaquent. Ils peuvent revenir dans quelques jours, quand Angka restaure l'ordre. N'attendez pas la famille, ne fermez pas votre maison, Angka s'occupe de tout. Partez à quinze ou vingt kilomètres, et revenez dans quelques jours quand la ville est bien à nouveau. Devez partir immédiatement.

Le flot débordait sur les principales voies du chemin de fer allant du nord au sud. Les journalistes, qui se dirigeaient vers le centre de la ville, ne parvenaient plus à se frayer un passage, tant la cohue était dense. Ils firent un détour et empruntèrent une passerelle quelques centaines de mètres plus haut. Le spectacle qui s'étalait aussi loin que leur vue pouvait porter était si déchirant que c'est à peine s'ils pouvaient le nommer. Pour Swain, c'était une vision d'horreur à laquelle rien, même au Vietnam, ne l'avait préparé. A Schanberg, il semblait qu'il se tenait devant une bouche de l'Enfer et baissait les yeux vers les damnés en marche vers leur châtiment.

Les Khmers Rouges n'avaient épargné personne. Une population tout entière s'écoulait à leurs pieds, traînant le pas, en rangs si serrés qu'ils ne pouvaient bouger que par à-coups. Des hommes en costume occidental piétinaient aux côtés de moines bouddhistes en robes avec leurs ombrelles noires. Des chars à bœufs allaient grinçant près des bicyclettes écrasées sous d'énormes ballots aux couleurs vives. Motos, landaus et pousse-pousse ajoutaient à la confusion. Un aveugle avançait en trébuchant, les mains tendues en avant, s'accrochant à une épaule, puis à une autre, qui tour à tour se dégageait.

Pis encore, les Khmers Rouges avaient vidé les hôpitaux. Les estropiés qui pouvaient encore marcher furent mis sur pied. Les plus malades et les mourants furent poussés dans leurs lits d'hôpital. Les bandages s'effilochaient et étaient piétinés dans la poussière. Du haut de sa passerelle, Schanberg vit un homme passer en clopinant sur son bâton, traînant derrière lui son pied qui ne tenait plus que par un filet de peau. Un homme sans jambes, victime d'un obus, se déplaçait en s'aidant de ses bras, comme un ver, cognant son ventre sur les rails. On faisait rouler des lits d'hôpital avec leurs goutte-à-goutte de sérum et leurs bouteilles de plasma qui, n'étant plus maintenues, ballottaient aux bras des malheureuses créatures sous les draps. Des amputés étaient montés dans des brouettes. Un père portait son bébé blessé sur son épaule, dans un sac en plastique trempé de sang ; un autre avait enveloppé son enfant dans un drap qu'il avait lié en écharpe à son cou. Schanberg vit un couple, des Chinois probablement, qui pleuraient en portant leurs deux enfants sur une civière, l'un encore en vie et l'autre, un bébé, un simple petit paquet dans du papier kraft, calé au pied du lit.

Quelques-uns, très peu, levèrent vers la passerelle des yeux qui brillèrent d'une lueur d'espoir vite éteinte. Ce qui frappait le plus les hommes qui observaient là-haut était le mutisme de cette immense caravane de misère, et le chant, persistant comme celui de la pluie, des enfants qui pleuraient.

— Ces fumiers m'ont volé mon grand-angle, dit Rockoff.

Un Khmer Rouge en colère les héla. Ils étaient trop visibles ; Pran leur fit signe avec insistance de descendre. Les rues étaient plus désertes maintenant qu'ils s'approchaient du quartier des affaires, si ce n'était la présence des Khmers Rouges victorieux. Saouls et joyeux, ils fonçaient à toute allure dans des voitures volées et des jeeps qu'ils ne savaient même pas conduire, passant les vitesses avec de grandes saccades et les faisant grincer en poussant des cris d'allégresse. Des camions où étaient empilées les marchandises qu'ils avaient pillées, liqueurs, ballots de tissu, vrombissaient le long des fenêtres brisées et des corps disloqués, gisant sur le trottoir, de ceux qui n'avaient pu prendre part à la grande procession.

Des soldats s'étaient amassés comme de noirs insectes autour d'une Buick jaune et déchargeaient leurs fusils dessus, de rage de n'avoir pas pu mettre le contact. Afin de les éviter, Schanberg et les autres firent un crochet par le Ministère de l'Information. Une troupe d'une cinquantaine de prisonniers se faisait haranguer devant le bâtiment par un officier supérieur Khmer Rouge. Schanberg reconnut certains d'entre eux : il s'agissait des hauts fonctionnaires que l'on avait priés un peu plus tôt par voie de radio de se présenter pour accomplir leur devoir. Leurs visages éprouvés et les gardes armés qui les entouraient suffisaient à démontrer que leur premier devoir envers la nouvelle république serait de mourir pour elle.

Tandis qu'ils regardaient, un autre officier Khmer Rouge, qui ne portait lui non plus aucun insigne pour indiquer son rang, vint lentement vers les journalistes. Il leur suggéra poliment en khmer de rester au Ministère de l'Information pour s'inscrire en tant que journalistes étrangers. Tout aussi poliment, Pran déclina l'offre.

— Je crois que nous venons juste de nous souvenir d'un rendez-vous urgent, annonça Schanberg.

Avec des sourires trop aimables, les quatre hommes s'éclipsèrent.

Ils avaient laissé l'hôtel *Phnom* dans un bouillonnement de réfugiés ; il baignait maintenant dans un silence lourd de menaces. La pancarte le déclarant zone internationale avait été mise en pièces. Devant la porte principale, des soldats étaient assis dans un camion de l'armée, leurs lance-roquettes pointés sur l'hôtel. Une silhouette solitaire se tenait debout sur les marches, la moustache grise bien taillée, l'air distingué. Schanberg le reconnut sur-le-champ comme l'homme de ce fameux après-midi dans la fumerie d'opium de Mme Chantal : le délégué de la F.A.O. pour les Nations Unies, Henri Savarin.

— Que se passe-t-il ? demanda Schanberg quand il eut repris son souffle.

— Ils m'ont donné une demi-heure pour vider l'hôtel, répondit Savarin, les mains serrées dans le dos.

— Quand ça ?

— Il y a vingt-cinq minutes.

Ils n'eurent qu'un coup d'œil rapide pour les lance-roquettes et se ruèrent dans le vestibule. Il était vide. Ils grimpèrent à toute vitesse les escaliers et dévalèrent les couloirs. Ils étaient vides. Swain avait perdu la clé de sa chambre en même temps que ses blocs-notes ; pendant que Pran essayait d'en défoncer la porte, Schanberg entra en trombe dans sa suite, accompagné de Rockoff.

— Je prends les vêtements, cria Schanberg ; toi, tu t'occupes du ravitaillement ! Il est dans le placard !

Il déversa en toute hâte le contenu de tiroirs entiers dans des sacs de plastique mis de côté précisément pour un tel cas d'urgence.

Cependant, Rockoff faisait l'inventaire des rations de survie d'un air dégoûté. Ecartant des sardines et un gâteau, il sélectionna du ragoût de bœuf en conserve, un pot de thé Lipton en poudre, des boîtes de jus d'orange et des pêches au sirop, et un paquet de gaufrettes.

— Du beurre de cacahuète en morceaux ! observa-t-il en tenant dans ses mains un pot du produit. Syd, as-tu vu ce film où deux hommes s'égarent sur un site d'essais nucléaires et sautent, et où la seule chose qui les sauve des radiations, c'est d'avoir mangé du beurre de cacahuète ?

Pran fit irruption.

— Sydney ! Il faut partir, Sydney. Ça fait une demi-heure !

Ils descendirent en courant avec sacs et valises. De derrière le kiosque à journaux de l'hôtel, regorgeant encore de manière totalement incongrue d'exemplaires de *l'Express* et de *Newsweek*, émergea un membre du personnel de l'hôtel qui avait par quelque hasard échappé au grand rassemblement. Ils reconnurent tous en lui un des serveurs ; il criait en français

« Aidez-moi ! Aidez-moi ! » avec des accents pitoyables et courait derrière eux en essayant de prendre leurs sacs. Mais aucun d'eux ne pouvait rien pour lui. Ils le laissèrent s'accrocher à leurs basques et continuèrent à vive allure dans les jardins de l'hôtel où le soir tombait, les derniers à sortir.

La Croix-Rouge avait abandonné certains de ses véhicules dans la cour de l'hôtel après en avoir ôté les clés. Les journalistes lancèrent ce qu'ils avaient pu rassembler dans un fourgon Toyota, le mirent au point mort et le poussèrent sur le boulevard Monivong.

L'ambassade de France était le seul endroit où aller.

Le boulevard était jonché de chaussures et de sandales perdues dans la bousculade par des réfugiés qui avaient dû passer par là environ une heure auparavant. Une femme entre deux âges, en robe imprimée, assise sur le trottoir sous un arbre au milieu d'un cercle de chaussures dépareillées, les essayait tranquillement l'une après l'autre. Un groupe clairsemé de réfugiés abasourdis venait à leur rencontre, sous les fusils d'individus en écharpes et pyjamas noirs. Un homme de l'âge de Pran environ, portant d'épaisses lunettes, avait un air vaguement familier.

— Où vas-tu ? cria Pran en français, la gorge serrée.

— Mourir ! répondit en souriant Nhiek Sann, son ami du Ministère.

Peut-être était-ce à cause du fourgon qu'ils poussaient, mais personne ne molesta les journalistes. Il faisait sombre lorsqu'ils eurent parcouru à pied les huit cents mètres qui les séparaient de l'ambassade. Les portails avaient été verrouillés et bloqués par des barres de fer contre la foule ; dehors, c'était une cohue indescriptible. Cambodgiens et étrangers assiégeaient les grilles de fer, faisant d'abord passer leurs enfants, lançant ensuite leurs bagages, puis escaladant eux-mêmes. Les nations unies dans un effort commun pour sauver leurs vies. Un Allemand de l'Ouest se tenait sur les épaules d'un Suédois ; un Indien prêtait une main secourable à un Japonais, qui accrocha la courroie de son appareil photo et s'étrangla presque en redescendant. Un sari pourpre, une paire de bas de nylon et une jambe de pantalon pendaient empalés sur les pointes acérées des grilles. Un diplomate pakistanais un peu replet se cassa la jambe à la descente et émit un cri de douleur ; il cria de nouveau lorsque Rockoff lui tomba dessus.

Schanberg fut le dernier à franchir la barrière et à revenir à la civilisation. En se relevant, il se trouva nez à nez avec des gendarmes qui tenaient en laisse des bergers allemands et criaient en français d'une voix rude.

— Par ici ! Par ici !

On les séparait. Blancs et Japonais étaient expédiés dans le bâtiment de l'ambassade, tandis que les autres Asiatiques, y compris Pran, restaient dans la vaste cour centrale. Fatigué, à bout de ressources, Schanberg n'arrivait pas à comprendre. Pran était dans son groupe. Il était l'un d'entre eux.

— Il vient avec moi ! vociféra-t-il en faisant signe aux gendarmes et en désignant Pran du doigt. Cet homme est avec moi !

Pran hésitait, très embarrassé. Il avait Sarun avec lui, ainsi qu'un autre de leurs chauffeurs. Schanberg vit qu'il ne lui rendait pas les choses plus faciles. Le gendarme repoussa rudement l'Américain dans les rangs des privilégiés. En se retournant il vit Pran lui faire un adieu de son bras levé et disparaître dans la foule.

Il y avait des corps partout. Couchés de tout leur long sur les splendides tapis de Yunnan du xixᵉ siècle et vautrés sur les canapés et les fauteuils imitation Louis XVI. Deux membres des Nations Unies étaient étalés sous le piano à queue, et un troisième dessus dans un sac de couchage. Ils étaient vingt-deux personnes en tout à défendre leur espace vital dans le salon de l'ambassade de France appelé « Salle de Réception » : membres de la Croix-Rouge et des Nations Unies, journalistes et médecins français de l'hôpital Calmette, situé à proximité. C'était le Groupe international. Les colons étaient cantonnés dans l'aile centrale ; le personnel de l'ambassade, du moins ce qu'il en restait, était logé au Consulat.

Aux yeux de Schanberg, c'était comme l'île tropicale du *Seigneur des Mouches* de Golding. Ils se battaient pour la nourriture et pour leurs privilèges ; on les auraient dits retournés en enfance, querelleurs, avides, aimant rivaliser. Bientôt ils se mettraient à mutiler les tableaux et à graver leurs initiales sur les meubles anciens. A grands pas par-dessus les jambes et les ventres pleins de bière, il gagna les fenêtres à la française et contempla l'énorme enceinte avec son parc égayé de palmiers et de tamariniers, dans laquelle se situaient les bâtiments de l'ambassade.

Il fut aussitôt transporté dans le rêve où, debout sur le balcon de l'hôtel, il regardait les nuées de réfugiés à l'extérieur qui le scrutaient d'un air sinistre depuis le mur du jardin. Des centaines de Cambodgiens, plus quelques Vietnamiens et quelques Chinois campaient sur l'herbe comme des romanichels. Chaque centimètre carré de pelouse était noir d'êtres affamés et apeurés, aux visages éclairés par les feux allumés pour le repas. On montait des tentes de fortune à l'aide de morceaux de bambous découpés dans les bosquets. Les familles les plus chanceuses campaient dans les cinquante ou soixante voitures laissées dans l'enceinte par le personnel de l'ambassade. Une femme s'était déjà mise en devoir de tailler la branche laiteuse d'un frangipanier pour en faire du petit bois.

Il fallait absolument qu'il trouve Pran et qu'il lui parle. Ils avaient beaucoup à se dire ; ils n'avaient pas eu l'occasion de discuter sur le chemin du retour de leur lieu d'exécution. Il sortit dans la nuit moite et se mit à le chercher.

La plupart des Asiatiques parqués là appartenaient aux classes les plus riches de la ville. Un marchand de pierres précieuses dont Schanberg avait été le client avant sa dernière visite à Singapour était assis dans une opulente misère au milieu de quatre valises de chez Gucci. Une riche Vietnamienne aux cheveux laqués avait emporté son caniche et tentait de lui faire manger des poissons séchés qu'elle avait découpés soigneusement avec un couteau et une fourchette. Quelques filles de chez Madame Butterfly étaient là également, à peine reconnaissables sans leurs maquillages. Schanberg se promit d'en aviser Rockoff.

Il trouva enfin Pran endormi sur une natte, sous un tamarinier. Sarun était près de lui, juché sur la fourche d'un arbre, portant un masque d'abattement sur le visage. Schanberg s'accroupit dans l'herbe et regarda son assistant. Le sommeil avait effacé les rides d'inquiétude qui le marquaient ; les traits de Pran s'étaient adoucis et avaient pris cet aspect de jeunesse sombre et lisse qui caractérise la plupart des visages cambodgiens, aux yeux d'un Occidental du moins. Seul un tic nerveux de son coude rappelait les épreuves par lesquelles il était passé ou ce qu'il craignait pour l'avenir. Tout en le considérant, Schanberg songeait à ce que Pran avait dit au retour, de sa voix paisible...

Tu ne parles pas khmer, et je ne peux pas te laisser partir te faire tuer sans quelqu'un pour leur parler et essayer de leur faire comprendre. Même si je me fais tuer, il faut que j'essaye d'abord de leur dire quelque chose. Parce que toi et moi nous sommes ensemble. J'avais très peur, oui, parce qu'au début je croyais qu'ils allaient nous tuer ; mais mon cœur me disait que je devais essayer. Je te comprends et je connais bien ton cœur. Tu ferais la même chose pour moi.

Sarun souleva lentement la tête. Schanberg essaya de lui sourire, mais il était trop angoissé. Il chuchota :

— Tout va bien ?

Dans la pénombre, les joues rondes de Sarun semblaient creusées et contractées. Il fixa Schanberg et secoua la tête.

— Pran voir chauves-souris, dit-il d'une voix grave.

— Des chauves-souris ?

— Très mauvais ! — Il secoua encore la tête. — Dormir maintenant, Sydney.

Sa chemise roulée en guise d'oreiller, Sarun reposa sa tête contre l'arbre et ferma les yeux. Pran remua un peu, mais ne se réveilla pas. Schanberg enleva sa propre chemise et l'en couvrit ; il ferait sans doute froid avant l'aube en cette période de l'année. Torse nu, il repartit vers la Salle de Réception, et essaya de dormir.

Quelle heure de la nuit il était, il n'en avait aucune idée, mais à un certain moment, l'épicerie de son père était cambriolée, et il ne pouvait rien pour lui venir en aide ; il se réveilla en sursaut, et ce fut pour entendre le hurlement éloigné des sonneries d'alarme déclenchées par les insurgés qui pillaient la ville. Puis, dans les toutes dernières heures avant l'aube, un grand diable de rouquin entra bruyamment dans le salon. Schanberg resta une minute à écouter les murmures de protestation s'élevant du plancher, puis retentit une puissante voix à l'accent australien :

— Oh, ça va, vous les morveux ensommeillés ! Où est-ce que je dors, moi ?

Le faisceau d'une lampe-torche fut braqué sur l'intrus. Schanberg sourit. C'était Oscar, le capitaine du cargo qui les avait emmenés, Pran et lui, à Neak Luong ; il balançait un énorme sac à dos de sur ses épaules et s'apprêtait à le laisser tomber sur le pauvre bougre qui se trouvait à ses pieds. Encore quelques grognements de protestation, on éteignit la lampe-torche, et Oscar s'installa pour la nuit sur le tapis chinois de l'ambassadeur.

Schanberg fut levé dès l'aube. Un fonctionnaire français avait ouvert les doubles portes de la salle à manger de l'ambassadeur. Il aida Oscar à réunir des chaises pour le petit déjeuner. Al Rockoff et Gordon Mc Intyre s'étaient assis à la table d'acajou polie et essayaient de capter la B.B.C. World Service sur un petit transistor. Jon Swain apparut au sortir de la cuisine, chargé d'une très haute pile de somptueuses assiettes de porcelaine, suivi de près par un journaliste français que Schanberg crut reconnaître, et qui portait un plateau de couteaux et de fourchettes. Tandis qu'ils mettaient la table, un léger gazouillement s'échappa du poste de radio. Mc Intyre fit un geste pour leur intimer de se taire.

— ... et que la résistance continue dans la province de Battambang au nord-ouest. Selon des sources dignes de confiance, l'ancien Premier ministre, le prince Sirik Matak, l'un de ceux qui sont nommés les Sept Traîtres sur la liste des Khmers Rouges, s'est enfui en Thaïlande dans l'un des derniers hélicoptères à avoir quitté Phnom Penh...

— Voilà qui devrait lui faire plaisir, dit Rockoff d'une voix traînante. Je crois que je vais aller lui dire, il est dans la pièce à côté.

Mc Intyre fit entendre un chuintement pour obtenir le silence. La voix anglaise fut noyée sous un flot de musique militaire ; il actionna les boutons. Un chaudron fumant apparut dans l'encadrement de la porte de la cuisine, charrié par une paire de bras musculeux.

— Bon ! annonça Oscar, ceci va vous redonner du cœur au ventre !

Il laissa tomber bruyamment le chaudron bouillant sur la table en bois de rose, et ajouta :

— Jon, commence à servir, tu veux bien ? Je m'en vais réveiller ces fripouilles.

Swain souleva le couvercle du chaudron. Un mélange gluant de riz et d'eau dégageait un fumet peu appétissant.

— Qu'est-ce que c'est ? demanda-t-il.

— Du risotto.

Oscar disparut. Un instant après, Schanberg entendit un rugissement assez puissant pour traverser le désert de Nullarbor :

— Petit déjeuner !

Il échangea un regard amusé avec Swain et sortit dans le parc pour chercher Pran.

Lorsqu'il revint, la table était presque pleine. Henri Savarin, le délégué de la F.A.O., était à une extrémité, et, près de lui, l'infirmière anglaise que Schanberg avait vue pour la dernière fois dans le bungalow de la Croix-Rouge, en train de soigner des enfants blessés. Pran hésitait sur le pourtour de la table, embarrassé au plus haut point. Schanberg tira une chaise et mit une louche de gruau de riz sur une assiette à son intention. Barry Morgan, assis en face, devint écarlate.

— C'est la table des journalistes, dit-il en s'adressant à Schanberg mais en fixant son regard sur Pran.

— C'est un journaliste, fit Schanberg, d'un ton de colère froide. Et il s'assiéra ici. Et il mangera à cette table.

Pran gardait les yeux baissés.

— Si tu veux ouvrir une soupe populaire, commence par acheter la soupe, marmonna l'homme de Fleet Street.

— Je te demande pardon ?

La réplique de Morgan fut couverte par la voix d'Oscar à l'autre bout de la table.

— Pas de disputes, messieurs !

Il brandissait la louche comme s'il s'agissait d'une matraque de policier :

— Quiconque entamera une dispute ici aura automatiquement affaire à moi. Est-ce bien clair ?

Morgan le fusilla du regard :

— Tu ne te prends pas pour rien, dis donc...

— C'est qu'il a été démocratiquement élu chef de groupe, intervint Jon Swain.

Il fit un clin d'œil à Schanberg.

— Et depuis quand ?

— Nous avons voté, dit Schanberg, assis au côté de Pran. La nuit dernière. Pendant que tu dormais, Barry. Désolé.

Il y eut un silence tendu ; le regard d'Al Rockoff glissa paresseusement sur toute la table.

— Qui a pris ma petite brioche au sucre ? demanda-t-il.

— Tu as dû la laisser dans ton lit, Al, dit Swain sans l'ombre d'une hésitation.

Pran lui-même eut un sourire.

Le petit déjeuner était terminé, et Oscar avait déjà organisé la corvée de vaisselle, la corvée de lits et la corvée de toilettes, quand les Khmers Rouges arrivèrent. La première chose que les journalistes perçurent, ce fut que le murmure des voix et l'entrechoquement des casseroles dans la cour s'arrêtèrent soudain, et qu'un silence de mort s'abattit. Alors que Pran et Schanberg sortaient en courant du pavillon de l'ambassadeur, les portes principales furent débloquées, et on laissa entrer un officier insurgé et six de ses hommes. Pran s'arrêta net.

— Ils viennent pour nous chercher, dit-il d'une voix rauque.

Schanberg secoua la tête.

— C'est impossible. Nous sommes en territoire français ici ;

142

c'est une convention internationale. Tant que tu restes à l'intérieur, tu es en sécurité.

Il parlait avec une conviction qu'il ressentait peu. Pran le devina et fit demi-tour. Schanberg continua en direction du consulat, où le vice-consul Jean Dyrac attendait l'officier Khmer Rouge en haut des marches.

— Celui-ci est général, dit Henri Savarin qui s'était placé derrière lui.

— Comment le savez-vous ? questionna Schanberg.

— Quatre stylos dans sa poche de chemise. Plus ils ont de stylos à bille, plus leur grade est élevé. Ou du moins, **plus** grande est leur autorité dans Angka.

Ils étaient assez près pour pouvoir entendre l'échange de propos en français entre le général et Jean Dyrac — le premier contact diplomatique pris par les Khmers Rouges. M. Dyrac venait de proclamer très haut son droit d'offrir l'asile politique, parce que le général Khmer Rouge avait haussé le ton.

— Dans une guerre révolutionnaire, il n'existe pas de tels privilèges ! Nous sommes les maîtres maintenant ; cette terre nous appartient ! Si vous expulsez les traîtres, nous discuterons le problème des étrangers. Sinon, nous viendrons les chercher nous-mêmes, et nous ne répondons pas des conséquences !

M. Dyrac leva les bras au ciel dans un désarroi évident. Il allait continuer à argumenter, semblait-il. Schanberg sentit que Savarin se crispait derrière lui. Alors un homme en simples pantalon et chemise de coton blanc sortit du consulat et parla à voix basse à l'oreille de Dyrac. Schanberg ne put surprendre qu'une phrase de ce que disait le prince Sirik Matak... : « Je m'y attendais. »

En quelques minutes, tout était fini. Des gendarmes escortèrent hors du consulat les trois hommes de l'ancien régime qui restaient encore et que les Khmers Rouges voulaient le plus : le ministre de la Santé Luong Nal, le président de l'Assemblée Nationale Hong Buon Hor, et Sirik Matak lui-même, ainsi que leurs femmes et leurs enfants. Tandis qu'il regardait le vieux prince marcher très droit et très digne vers sa mort certaine, Schanberg se souvint de la lettre qu'il avait trouvée sur le bureau de l'ambassadeur — *Je n'ai commis qu'une erreur, c'est d'avoir cru en vous, les Américains...* Il en avait fait une autre désormais, en cherchant refuge chez les Français.

Au portail, Sirik Matak se retourna et serra la main de Jean Dyrac. A un gendarme qui lui souhaitait bonne chance, il répondit :

— Je n'ai pas peur. Je suis prêt à répondre de mes actions.

Les Khmers Rouges avaient avancé un camion de ramassage d'ordures ; le prince fut conduit à l'arrière, suivi de Luong Nal. Ce fut la dernière image que l'on eut de lui.

Hong Buon Hor, un homme beaucoup plus jeune, ne sut pas aussi bien conserver son sang-froid. Les yeux exorbités, il ne cessait de parler entre ses dents et de tapoter sur la tête de sa petite fille qui se cramponnait à lui. Une Vietnamienne munie d'un Instamatic se mit en travers de son chemin et lui envoya un flash en pleine figure. Un instant, Hong Buon Hor demeura paralysé. Puis il craqua. Courant sans but, il se précipita dans la foule puis en ressortit. L'un des hommes de l'escorte Khmère Rouge arma son AK-47. Il y eut un remous de panique.

— Non ! cria Dyrac.

Les fusils des Khmers Rouges autour de lui restèrent en suspens. Saisissant cette chance, le vice-consul envoya trois gendarmes maîtriser le président de l'Assemblée Nationale. Les Khmers Rouges hésitaient. Dyrac n'avait que quelques secondes pour reprendre le contrôle de la situation. Hong Buon Hor s'était enfermé dans une Citroën Dyane sous le siège de laquelle il s'était glissé. Des crosses de fusils en brisèrent les vitres. Suppliant qu'on le laisse en vie, les mains s'agrippant aux housses des sièges, aux fenêtres brisées, aux poignées des portières, le malheureux fut traîné hors de la voiture et à demi porté jusqu'au portail par les gendarmes.

Schanberg n'avait aucune envie d'en voir plus. Ils traversèrent la cour en sens inverse. Schanberg parla à Savarin de la lettre de Sirik Matak. Le délégué de la F.A.O. écouta sans mot dire.

— Ne placez pas le prince trop haut, dit-il lorsque Schanberg eut fini. Enfin, c'est lui qui a renversé Sihanouk. Et dès lors le destin du Cambodge a été scellé. N'oubliez pas, c'est Lon Nol et Sirik Matak qui ont aussitôt déclaré la guerre au Vietcong.

— Ils n'avaient guère le choix, répliqua Schanberg.

— A cause de vos raids de B-52 ? Lon Nol et Sirik Matak auraient pu entamer des négociations, ils auraient pu gagner du temps. Sihanouk l'aurait fait, lui. Il était toujours, comment dites-vous, voltigeur... comme un homme sur une corde raide, c'est ça. Au lieu de cela, ils ont donné soixante-douze heures aux communistes vietnamiens pour retirer leurs troupes du Cambodge, une exigence impossible à satisfaire. Ensuite ils ont demandé des armes aux Américains. Vous

144

voyez pourquoi je n'ai pas de larmes à verser sur Sirik Matak. Il récolte ce qu'il a semé.

Ils étaient de retour au salon. Au piano, Barry Morgan jouait la *Lettre à Elise* de Beethoven, frappant les touches de ses gros doigts trapus jaunis par la nicotine. Pran était assis dans un coin au fond de la pièce, le dos tourné à la fenêtre. Schanberg prit une chaise et alla s'installer près de lui. Il alluma deux cigarettes et en donna une à Pran qui aspira, la main tremblante.

— Où est Sarun? demanda Schanberg.

— Il ne veut pas venir, Sydney. Il a peur qu'on le voie avec des Américains. Et je pense, peut-être, il vaut mieux pour nous deux si je reste dehors aussi.

— Pourquoi? A cause de ce qu'a dit Morgan? Tu ne devrais pas laisser un pauvre crétin de son genre t'empêcher de digérer. Tu sais quoi? Il rage seulement parce que tu travailles pour moi!

Pran fronça les sourcils et secoua la tête.

— Non Sydney. Ce n'est pas lui.

— Sarun m'a dit que tu avais été effrayé par des chauves-souris. Est-ce que c'est cela? Allez, j'ai raison? J'ai toujours raison en ce qui te concerne!

Pran soupira.

— Elles volent vers l'est, en plein jour. Très mauvais présage. Et tout le monde dit qu'ils vont jeter tous les Cambodgiens dehors.

— Ouais, d'accord. J'ai entendu ça aussi. Et j'ai entendu des tas d'autres rumeurs par la même occasion. Mais ce ne sont que des rumeurs, Pran. Des superstitions. Tout comme les chauves-souris.

Pran le regarda, puis détourna les yeux :

— Tout comme une rose jaune, Sydney.

— Absolument.

Schanberg hocha la tête énergiquement. Il ne voyait rien à répondre à cela. Il regarda alentour. Rockoff avait été mis de corvée d'assainissement par Oscar; il dirigea la bombe insecticide vers la fenêtre derrière Pran et pressa le bouton. Une mouche tomba morte.

— Encore une atrocité américaine au Cambodge, annonça Rockoff. Le *New York Times* accuse la doctrine Nixon.

Il eut un petit rire et continua à déambuler. Schanberg revint à Pran :

— Reste dans les parages, dit-il doucement. Tout ira bien pour toi. Enfin tout autant que pour nous.

Assis dans un fauteuil en osier dans le jardin de l'ambassadeur, un peu à l'écart des autres, Pran observe les nuages. Les chauves-souris ne sont pas les seuls signes avant-coureurs d'un désastre. Pran a un esprit beaucoup trop sophistiqué pour ne pas croire aux présages, même s'il ne peut attendre de Sydney qu'il les comprenne. Il sait que la loi bouddhiste du karma s'applique aux nations autant qu'aux individus, que les méfaits d'une époque peuvent très bien se trouver punis dans une autre, à la manière dont les flocons de neige tombés sur le flanc d'une montagne des générations auparavant peuvent se transformer en une avalanche qui ensevelit un village.

Ce n'est pas seulement les chauves-souris. Mais par exemple l'épée sacrée. Après le coup d'Etat de Lon Nol contre Sihanouk il y a cinq ans, on avait demandé à la Reine-Mère de tirer l'épée sacrée de son fourreau, afin de déterminer si oui ou non son fils reviendrait un jour. Mais ce n'est pas luisante et éclatante qu'elle était sortie, mais d'un noir immonde. La Reine-Mère avait perdu connaissance. Peu de temps après, alors que Pran travaillait encore comme réceptionniste à l'*Auberge des Temples,* juste en face d'Angkor Vat, l'une des plus anciennes et des plus nobles têtes de pierre de l'art khmer, représentant le Bouddha au repos, avait été volée et vendue en Occident. Sarun savait toutes ces choses, lui aussi. Et c'est pourquoi il s'affligeait.

Du ciel, Pran abaisse son regard et le dirige vers Schanberg et M. Savarin qui s'approchent de lui en marchant sur le gazon. La fumée des feux de bois allumés dans le parc lui irrite les yeux. Sydney est toujours si optimiste, si positif. Quant au Français, il ressent beaucoup de respect à son égard, peut-être parce qu'il a une moustache argentée. Mais ils parlent tous deux de l'histoire comme si elle obéissait aux lois de la logique, comme si une simple action accomplie différemment aurait pu en changer le cours. Si le prince Sihanouk était revenu avant que Lon Nol et Sirik Matak aient fait fermer l'aéroport en 1970... Si les Américains n'avaient pas accordé un soutien si massif à Lon Nol... Si le Grand Docteur, comme Sydney appelle toujours M. Kissinger, s'était débarrassé de Lon Nol et avait ramené Sihanouk un an, ou deux ans auparavant... Qui est responsable ? demandent-ils. Ils ne veulent pas comprendre que nous sommes tous responsables.

Son patron prend congé de M. Savarin et arrive d'un pas

alerte à travers la pelouse. Pran fait mine de se lever de son fauteuil, mais Schanberg lui fait signe de ne pas se déranger et s'assied près de lui. Son visage est grave.

— Les choses ne vont pas si mal, commence-t-il. Dyrac a rencontré les autorités Khmers Rouges à deux reprises ; apparemment elles se font appeler le *Comité de la Ville ;* il déclare avoir fait des progrès appréciables. Non, non, ce n'est pas la peine de prendre des notes. Dyrac dit que les Khmers Rouges qu'il a eu l'occasion de rencontrer sont des hommes intelligents, sérieux et dévoués à leur cause, et qu'il est plutôt encourageant de constater qu'ils ont pris le temps de venir discuter avec lui.

— C'est très bien.

Pran s'efforce de paraître enthousiaste pour faire plaisir à l'Américain. Mais Sydney le connaît trop bien :

— Tout ceci ne te convainc guère, n'est-ce pas ?

Il y a beaucoup de tendresse dans sa voix. Pran se sent comme un nœud dans la gorge. Il secoue la tête sans parler ; il se sent gêné et presque humble d'être l'objet de tant de sollicitude de la part d'un homme qu'il admire par-dessus tout. Ils demeurent silencieux pendant quelques minutes, loin du reste du monde.

Sydney s'éclaircit la voix :

— Je ne te raconte pas de blague, Pran ; sérieusement, je ne pense pas qu'ils s'intéressent à nous. Nous les dérangeons, voilà tout. Il y a des gens qui passent par-dessus ce mur vingt-quatre heures sur vingt-quatre. Pourquoi ne tirent-ils pas sur eux ? C'est qu'ils ne les intéressent pas. Ce qu'ils veulent, ce sont les chefs. Et s'il est quelque chose qu'ils haïssent, ce sont les Américains. Et pour ça, crois-moi, je ne m'inquiète pas. Enfin, à peine !

L'humour de cette demi-vérité fait partir Sydney d'un grand rire. Pran l'imite, mais, comme à l'accoutumée, cela ressemble plus à un ricanement.

— Est-ce ainsi que je trouverai l'Amérique ? demande-t-il.

— J'espère bien que non. Nous allons bien t'installer avec Ser Moeun pour commencer. Trouver une bonne école pour les enfants, leur apprendre l'histoire et l'anglais. Puis il s'agira d'obtenir du *Times* qu'il te donne du travail. Mais ne t'inquiète pas, je m'en charge ; j'arrangerai tout ça, tu verras.

On entend au loin une violente explosion, en provenance du quartier des commerçants, qui fait trembler les fenêtres à la française et tinter les aiguilles de verre du lustre de l'ambassadeur. Les soldats Khmers Rouges à l'extérieur de l'enceinte font sonner les klaxons. Toute la journée, ils ont essayé de faire démarrer les voitures abandonnées, et leur tiraient dessus quand ils n'y parvenaient pas. Pran relève le nez et hume l'air. La mousson arrive, il peut le sentir dans la brise. Il demande :

— Qu'est-ce que M. Savarin te disait à propos de génocide ?

Sydney a une hésitation :

— C'est ce qu'il pense que les Khmers Rouges sont en train de faire.

— Ah oui ?

— Oui, en envoyant tout le monde dans les campagnes. Il pense que cela va occasionner la mort de plus de gens que si les combats avaient continué jusqu'à la fin des fins, parce qu'il n'y a rien à manger là-bas. Nous sommes en avril, et la prochaine récolte de riz n'aura pas lieu avant le mois de décembre. En outre, il pense que, sans aide extérieure, les Khmers Rouges ne pourront faire pousser que la nourriture nécessaire à trente pour cent de la population, rien de plus...

— Les Khmers Rouges disent que les gens reviendront quand tous les problèmes seront résolus.

Sydney se tait. Pran sait très bien qu'il n'y croit pas. Khieu Samphan avait dit à la radio : *Tout Cambodgien a son rôle à jouer dans la nation.* Mais Nhiek Sann ne l'avait pas cru. Et Nhiek Sann, qu'il a croisé hier sous bonne garde sur Monivong Boulevard, semblait très bien savoir qu'on l'emmenait à la mort.

Sydney se lève et lui met la main sur l'épaule.

— Viens, mon ami, dit-il. Le mieux pour nous, c'est de faire notre travail et de garder l'espoir.

Une autre journée passa, la seconde journée entière à l'ambassade. Au piano à queue, Barry Morgan jouait à n'en plus finir la *Lettre à Elise,* jusqu'à ce qu'une délégation internationale le persuade de varier un peu son répertoire avec *Summertime* et la musique des *Feux de la rampe.* Assises en tailleur sur le tapis chinois, les infirmières de la Croix-Rouge jouaient au bridge sans faire aucun cas des efforts déployés par Rockoff pour leur apprendre le *strip poker.* Oscar organisait les corvées et servait des louches de riz, la seule nourriture disponible pour ainsi dire depuis que les provisions de secours comme celles de Schanberg avaient été épuisées. Le champagne, lui, était en abondance, « libéré » des caves de l'ambassadeur en même temps qu'un stock imposant de whisky écossais, de vins français et de cigares cubains.

— Si ces bons dieux de B-52 avaient arrosé l'ennemi avec ce genre de produits au lieu de napalm, nous aurions tous pu rentrer chez nous, grommela Rockoff en louchant à travers ses lunettes noires sur la cour à l'extérieur.

Les journalistes du Groupe international avaient réquisitionné une pièce située à l'étage, avec un balcon où la plupart d'entre eux étaient assis. Mc Intyre tripotait les boutons de la radio, à la recherche d'une station, et écoutait aussi attentivement que s'il s'était agi du cœur d'un malade. Ses longues jambes appuyées sur un tabouret de tapisserie, Swain lisait *Un Américain bien tranquille.* Schanberg, allongé au soleil un cigare aux lèvres, tourna un peu la tête et fronça les sourcils à l'intention de Rockoff, qui buvait son champagne à petites gorgées.

— Toi, ça t'est bien égal ; tu te la coules douce, dit-il. Et si on parlait un peu de mon cake aux fruits, hein ? Monsieur sort de l'hôtel comme une espèce de taré débile, avec simplement une paire de boîtes de pêches au sirop, en laissant sur place un superbe cake aux fruits pas même entamé ! Et moi je suis là, à traîner une misérable existence à raison de quelques grains de riz par jour, rêvant à mon cake aux fruits, sans parler de mon beurre de cacahuète ! Et toi, minable, ça ne te fait ni chaud ni froid ?

Rockoff eut un ton offensé :

— C'était des pêches de premier choix, argumenta-t-il. Et, tu veux me dire, quelle taille crois-tu qu'ont mes poches pour pouvoir...

— Ça suffit !

Mc Intyre leur fit signe de se taire ; il avait capté la B.B.C., mais on ne l'entendait que faiblement. Elle apportait de mauvaises nouvelles du Vietnam. Les communistes avaient progressé et bombardaient le terrain d'aviation de Bien Hoa. Le Secrétaire d'Etat Henry Kissinger avait attaqué l'Union soviétique dans un discours aux rédacteurs en chef de la Presse. Selon des rapports qui n'avaient pas encore reçu de confirmation, Hanoï aurait l'intention de continuer sa percée jusqu'à la victoire complète...

Le son devenait de moins en moins audible. Mc Intyre manipula le bouton et la petite voix flûtée revint...

— ... et que la situation à l'intérieur de l'ambassade de France est de plus en plus précaire. Selon les sources officieuses, les représentants des Nations Unies relégués dans les locaux de l'ambassade sont entrés en négociations avec le gouvernement insurgé. Le représentant de l'U.N.I.C.E.F. à Bangkok aurait déclaré que quelque chose devait être fait dans les heures qui suivent si l'on veut éviter une tragédie...

Le son de la station se perdit dans un caquetage en birman. Swain redressa la tête :

— Où vont-ils chercher toutes ces conneries ?

Rockoff abaissa ses lunettes sur le bout de son nez et prit un air de conspirateur.

— Vous voyez le petit gars près du portail ?

Tous les journalistes regardèrent par le balcon. Un minuscule Khmer Rouge montait la garde à la porte principale. Rockoff émit un sifflement :

— Ne regardez pas tous à la fois ! Je le tiens de personnes tout à fait dignes de confiance, cet homme n'est autre que *Hugh Elder*.

Schanberg sourit. Swain entra dans le jeu :

— Tu veux plaisanter ?

— Je n'ai jamais été aussi sérieux. Il est déguisé, bien sûr, parce que ses bottes à talons hauts en peau de serpent auraient l'air un tantinet suspect.

Ce fut le tour de Schanberg :

— Mais comment fait-il sortir ses papiers d'ici ?

— Une variété de poules entraînées tout spécialement, répondit Rockoff en conservant son sérieux bien que Swain soit déjà en train de pouffer. Sa chaîne de télévision a engagé ces volatiles avec mission de passer sous le nez des Khmers Rouges comme s'ils étaient des poulets ordinaires. Ils franchissent la frontière avec la Thaïlande nuit et jour...

Tous rirent bruyamment... une demi-douzaine d'Occidentaux sur un balcon au cœur d'une ville désertée et relâchant un peu les tensions trop fortes de ces derniers jours. Ce fut Barry Morgan, qui accourait pour partager la petite ration d'humour qu'ils semblaient avoir dénichée, qui le premier vit le camion russe se garer dans la rue en bas.

Lorsque les journalistes arrivèrent au grand portail, la querelle s'était envenimée. Les diplomates allemands de l'Est et soviétiques, trois hommes et trois femmes, voulaient à l'origine rester dans leurs ambassades respectives... Après tout, n'avaient-ils pas collé une grande affiche à l'intention des Khmers Rouges : « Nous sommes communistes, nous sommes vos frères, venez nous voir avec un interprète parlant français » ?

Les Khmers Rouges étaient bien venus, mais seulement

pour les remettre à leur place. Et, pis encore, ils avaient retiré les œufs du réfrigérateur des Russes et les avaient cassés juste sous leurs yeux, les accusant par là d'être retombés dans le vice, car un véritable communiste khmer ne commettrait jamais l'acte individualiste de manger un œuf ; il le laisse éclore et se transformer en un poulet qu'il pourra manger en communauté avec ses camarades.

Maintenant, c'était avec les fonctionnaires français qu'avait lieu le différend ; ceux-ci étaient prêts à admettre les communistes, mais pas tous les bagages révisionnistes entassés dans leur camion : deux machines à laver, un téléviseur et un réfrigérateur de marque américaine. Le chargé d'affaires soviétique, le poignet cerclé de blanc à l'endroit où un soldat khmer avait « libéré » sa montre-bracelet, était rouge de colère et brandissait le poing :

— Nous demandons les avantages diplomatiques ! disait-il en français.

Derrière lui, les soldats Khmers Rouges regroupés autour du camion avaient déjà fracassé l'écran du téléviseur et une photographie de Brejnev dans un cadre, et ils entreprenaient de faire descendre le réfrigérateur sur la chaussée.

Là encore, les Russes n'eurent pas gain de cause. Ils n'entrèrent qu'avec les valises qu'ils purent porter. L'une d'elles s'ouvrit soudain et répandit sur le sol des centaines de saucisses fumées ; l'incident souleva des exclamations de joie dans la cour, surtout lorsqu'une blonde beauté russe du même gabarit que les saucisses se mit à quatre pattes pour les ramasser.

— Ce ne sont que des paysans, bien sûr, dit le chargé d'affaires soviétique à Jean Dyrac une fois qu'il se fut calmé.

Comme une réplique moqueuse, il y eut une énorme explosion quelques rues plus loin. Dans le brusque silence qui suivit, des morceaux de papier commencèrent à pleuvoir doucement du ciel. Schanberg en attrapa un : c'était un billet de dix mille rials. Les insurgés devaient avoir fait sauter la *Banque Khmère de Commerce*. Cette idée même le laissa pantois. Quel genre de régime proposaient donc les Khmers Rouges, où l'argent n'aurait pas de place ?

Pran se matérialisa à ses côtés, toujours aussi discret qu'à l'accoutumée. Au grand soulagement de Schanberg, il était souriant et même surexcité ; toute son énergie passée lui était revenue. Ravi, il passa un bras autour des épaules de Pran.

— Quoi de neuf ?

— J'arrive à parler avec un officier Khmer Rouge. Il était

assez bien. Il dit que la ville est vide, tout le monde est parti. Ils fouillent chaque maison, et brûlent celles qu'ils ne peuvent fouiller. Ils lancent des grenades et des roquettes B-40 partout où ils pensent que des francs-tireurs se cachent.

— Oui.

— L'officier m'a dit que les Khmers Rouges ne sont pas des communistes. Ils sont... — Il consulta son bloc-notes. — ... « des troupes de Libération, des nationalistes ». Mais tous les gens sont des camarades-frères maintenant. Tout le monde doit devenir fermier. C'est tout ce que j'ai eu.

— C'est bien. C'est très bien. Eh bien, moi, j'ai des nouvelles pour toi. Dyrac a entamé des négociations pour obtenir un pont aérien. Je parle sérieusement. Touchons du bois, mais nous pourrions bien nous retrouver en Thaïlande d'ici deux ou trois jours. Qu'est-ce que tu dis de ça ?

Ils se sourirent bêtement, comme deux écoliers. Pran proposa timidement :

— Peut-être, je pense... champagne ?

La chaleur devenait de plus en plus moite et étouffante. Dans ces dernières heures avant que la mousson n'éclate, tout suait comme dans une étuve : les murs, les planchers, les arbres, les meubles... et plus encore la peau des hommes. Une fois qu'ils eurent vidé Phnom Penh, la ville ne servait plus à rien aux insurgés. Ils coupèrent l'électricité et fermèrent les canalisations d'eau. L'ensemble de l'ambassade, parc et bâtiments, qui hébergeait cinq cents personnes sans système sanitaire, commença à ressembler à un champ d'épandage. N'importe quelle infection qui serait venue à s'y déclarer se serait répandue comme la peste.

Terrés à l'intérieur pour échapper à la chaleur et à l'odeur, le Groupe international était en nage dans des pièces qui n'étaient plus climatisées ; ils éventaient leurs joues mal rasées avec des morceaux de carton en pensant à leurs femmes, à l'amour, au pont aérien, et surtout rêvant de nourriture...

— Le chat n'était pas mauvais, dit Schanberg après réflexion.

La nuit précédente, avec l'aide de deux mercenaires français, ils avaient étranglé et dépouillé le chat de l'ambassade.

— Le chat est toujours meilleur avec un curry, continua Schanberg ; ça le rend plus tendre, comme du poulet.

Et, plus fort, pour que Rockoff puisse l'entendre :

— Ce que je mangerais volontiers maintenant, c'est un sandwich au beurre de cacahuète. Du beurre de cacahuète sur du pain de seigle, les tranches éclatant sous l'épaisseur de la couche de beurre...

— Je n'écoute pas, dit le photographe.

Vautré sur une nappe par terre dans le salon, il lisait un vieux numéro de *Playboy*, très lentement, en commençant par la page de couverture.

— ... ou un filet de bœuf avec des frites et une bonne salade verte craquante...

— Tu rigoles ? grogna plaintivement Rockoff. Quand je sortirai d'ici, je vais prendre une chaise et passer quinze jours devant un frigo. Et j'engagerai un portier qui l'ouvrira pour moi.

Un employé du consulat français aux joues roses et rebondies apparut dans l'encadrement de la porte.

— Il y a quelqu'un qui parle français ?

Plusieurs d'entre eux le parlaient, mais nul n'avait envie de le dire. Schanberg fit signe que non à Pran. Finalement, ce fut Jon Swain qui se leva.

— Si vous voulez, monsieur.

Ils sortirent. Oscar se remit à tailler une fourchette dans une tige de bambou. Rockoff eut un sifflement admiratif et l'Australien gronda à son adresse :

— Dépêche-toi un peu. Tu lis ça de manière grotesque.

— Mon intention est de déshabiller cette revue lentement.

Dans leur coin là-bas, les infirmières de la Croix-Rouge se penchèrent avec plus de concentration sur leur partie de whist.

Swain revint seul, le visage tendu. Il se dirigea vers l'endroit où était assis Schanberg.

— J'ai quelques feuilles d'instructions de la Croix-Rouge qu'ils aimeraient qu'on traduise. J'ai dit que tu me donnerais un coup de main.

— Pran lit le français mieux que moi.

Pran se leva, prêt à offrir ses services. Swain repoussa ses cheveux en arrière et dit, d'un air embarrassé :

— En fait, je pense que ce serait plus simple si je le faisais avec toi.

Pran se rassit. Schanberg, mécontent, suivit Swain dans le hall d'entrée.

— Pourquoi diable as-tu fait ça ? demanda-t-il à Swain, qui

fermait la porte sur eux. Le pauvre vieux, il est déjà suffisamment inquiet sans cela.

Swain jeta un regard circulaire. A l'instar de la plupart des autres pièces du pavillon de l'ambassadeur, le hall richement décoré était maintenant occupé par des squatters venus du parc et des divers bâtiments, aussi bien Européens qu'Asiatiques. Il tira Schanberg à l'écart :

— Les Cambodgiens doivent partir, Sydney.

Schanberg écarquilla les yeux.

— Les Khmers Rouges ont dit non pour le pont aérien. Ils ont déclaré à Dyrac qu'ils ne considéraient plus cet endroit comme une ambassade. Ils disent que c'est un centre international de regroupement pour tous les étrangers. Les Cambodgiens doivent sortir immédiatement. Les Français sont en train de relever tous les passeports pour vérification. Et toutes les personnes à l'étage ont ordre de descendre.

— Oh mon Dieu, non !

Schanberg ferma les yeux ; la tête lui tournait. Il devait y avoir un moyen. Par pitié, Seigneur, il devait y avoir un moyen. Déjà la nouvelle se répandait. Une femme belge, au bord de la crise de nerfs, courait à travers le hall en appelant son mari. Un officier cambodgien descendit les escaliers et elle cacha sa tête sur sa poitrine en le serrant sur son cœur et en pleurant.

— C'est pas vrai ! C'est pas vrai !

Schanberg retourna au salon en essayant de réfléchir à ce qu'il allait dire. Pran n'y était plus. Il sortit en courant vers le parc. Là, c'était une cohue invraisemblable. Des gendarmes allaient de campement en campement pour annoncer la nouvelle. Tous les visages trahissaient la peur et le désespoir. On chargeait des voitures avec tout ce qu'on possédait, et on les poussait vers le grand portail. En passant sur un feu de camp, une camionnette s'était renversée et ses pneus étaient en flammes. Une Vietnamienne, celle-là même qu'il avait vue nourrir son caniche de poisson cru, accourut vers Schanberg et tenta de lui introduire dans la main des boucles d'oreilles en or et un collier d'émeraude. Tandis qu'elle parlait, on s'emparait dans son dos de son caniche et on le déposait dans une voiture en guise d'en-cas pour le voyage.

Schanberg l'envoya promener et poursuivit son chemin à travers la puanteur et la misère, criant le nom de Pran. Une Cambodgienne restait immobile sur un vieux coffre de marine, étreignant deux enfants en imperméable et capuchon qui contemplaient Schanberg avec leurs yeux de petits lutins tristes. Un officier Montagnard, de l'une de ces courageuses et malheureuses tribus de la montagne qui avaient combattu à la fois le Vietnam et les Khmers Rouges pour préserver leur identité, se mit en travers de son chemin. De son unique main, il déchira sa chemise pour dénuder un entrecroisement d'affreuses cicatrices sur son estomac et sa poitrine.

— Cinq années j'ai combattu, dit-il avec dignité. J'ai combattu avec les Américains. J'ai perdu ma main. J'ai eu ces blessures. Vous êtes américain. S'il vous plaît, aidez-nous. Montrez-leur...

— Rien. Rien. Je ne peux rien faire, dit Schanberg en faisant de ses mains un geste d'impuissance.

Il dépassa le Montagnard en pressant le pas, refusant d'affronter la condamnation dans ses yeux. Quand ces gens voudraient-ils comprendre qu'il ne fallait pas plus compter sur l'Amérique que sur leurs anciens dieux ? Schanberg n'avait pas de miracle à proposer. Il était aussi impuissant que n'importe lequel d'entre eux.

Il trouva Pran en compagnie de Sarun, l'aidant à charger leurs maigres possessions à l'arrière d'un fourgon Toyota. Quand ils virent Schanberg, ils s'arrêtèrent un instant, comme dans l'attente de quelque chose. Pour la première fois dans l'histoire de leurs relations, l'homme qui donnait les ordres n'avait aucune consigne à formuler. Quoi que ce soit que Schanberg ait imaginé de dire en venant, les mots lui faisaient défaut. Tout ce à quoi il pouvait penser, c'était que dans les yeux de Pran était réapparue une expression qu'il avait toujours craint de revoir, une expression de fatalisme qui, pour Schanberg, équivalait au désespoir. Mais, curieusement, il semblait donner à Pran une force intérieure. Il était tout à fait calme. Il prit la main de Schanberg en souriant.

— J'essaye d'aller en Thaïlande, Sydney. Deux ou trois semaines peut-être, ou peut-être un peu plus. Si tu arrives là-bas le premier, laisse un message pour moi à l'agence Reuter.

Schanberg avait une respiration oppressée.

— Accorde-moi une heure. Accorde-moi simplement une heure, veux-tu ? J'ai besoin d'un peu de temps pour réfléchir.

Pran inspecta les environs. Sarun avait fini de charger ses affaires sur le Toyota. Dans un moment il démarrerait, de façon à partir avant la queue. Le chauffeur approcha derrière Pran et fit à Schanberg un salut traditionnel.

— Au revoir, monsieur Sahnba, dit-il, les larmes lui coulant sur les joues.

— Sarun...

Schanberg plongea la main dans ses poches et en sortit une liasse de billets de vingt dollars.

— Prends-les, continua-t-il ; ils te permettront peut-être de t'acheter une boîte de haricots quelque part. Pran, attends une minute, il y a sûrement...

Sa voix retomba ; il ne savait plus ce qu'il voulait dire ; le fourgon avait commencé à avancer. Il regardait Pran avec des larmes plein les yeux.

— Plus le temps, Sydney, dit Pran. Sydney, il faut que je parte.

— Syd ! — Rockoff arrivait vers eux en courant, tellement essoufflé qu'il pouvait à peine articuler ses mots. — Syd ! Swain a une idée !

Pran hésitait. Schanberg le regardait, incapable de parler. Sarun et le Toyota étaient presque à la porte déjà. Si Pran s'attardait plus longtemps, il se retrouverait seul. Il regarda de tous côtés, puis se tourna vers Schanberg, implorant désespérément des yeux un conseil de l'Américain. La lueur d'espoir entrevue avait sapé ses défenses.

— Essayons, dit Schanberg.

Dans la résidence de l'ambassadeur, le vice-consul Jean Dyrac, debout sur une table, déchiffrait péniblement les instructions émanant du commandement Khmer Rouge devant une foule vociférante et hétéroclite de Cambodgiens, de Vietnamiens, de Chinois et d'Occidentaux.

— Je vous en prie. Il y a une exception. Les femmes et les enfants cambodgiens d'époux et père de nationalité étrangère sont exemptés. C'est-à-dire, un Français peut demeurer ici, ainsi que sa femme et ses enfants cambodgiens, du moment qu'ils sont détenteurs de passeports français. D'autre part, une Française peut demeurer ici, mais son mari et ses enfants cambodgiens devront s'en aller. Ils ont donné à ces derniers groupes vingt-quatre heures pour partir.

C'est ce que la jeune femme belge venait d'apprendre lorsqu'elle cherchait son mari en criant. Schanberg se demandait combien refuseraient d'être évacuées et partiraient avec leurs maris vers la campagne. Mais Dyrac n'avait pas terminé. La voix brisée par l'émotion, il acheva son discours :

— Je dois vous en avertir, les Khmers Rouges ont exigé de fouiller l'ambassade, et je ne suis pas en position de « négocier par la force » ! Après une discussion extrêmement délicate, j'ai

156

réussi à gagner deux jours. Ils insistent pour que je leur fournisse l'identité et la nationalité de tous les étrangers. Par suite, je vous demanderai de bien vouloir remettre vos passeports ou autres documents à votre chef de groupe. Votre présence devra être enregistrée auprès du personnel consulaire avant demain midi. Je suis vraiment navré. Mes assistants répondront à vos questions.

Dyrac descendit et s'en alla d'un pas pressé, le visage décomposé. Swain fit signe à Schanberg et aux deux autres de se retrouver dans le hall d'entrée. Ici comme dans toutes les pièces, les familles sur le point d'être séparées pleuraient et se tenaient étroitement serrées, comme si chacun voulait garder sur son corps en s'en allant la marque de ceux qu'il aimait. Ceux qui ne pleuraient pas élaboraient des plans désespérés, s'accrochant à des brindilles, construisant des châteaux de sable d'espoir pour les emporter avec eux dans la tourmente qui soufflait dehors. Oubliant l'horreur qui les entourait, la délégation soviétique, confortablement installée sur des coussins sous le grand escalier, absorbait un dîner composé d'œufs durs et de vodka.

Le plan de Swain était à peu près le suivant. Il avait à la main deux passeports britanniques attachés ensemble par un ruban consulaire bleu.

— Nous pensons pouvoir te fabriquer un passeport, dit-il en regardant Pran avec insistance.

— Comment ? demanda Schanberg.

— Regarde.

Swain défit le ruban :

— Le premier est périmé, mais a un visa en cours. On supprime le Jon, on supprime le Swain, et on met à la place « Ancketill Brewer ».

Pran tremblait comme une feuille. Schanberg savait comment il devait se sentir : comme un homme accroché au bord du dernier hélicoptère vers la liberté ; il pouvait sauter, immédiatement, et courir sa chance, et peut-être survivre ; ou il pouvait rester suspendu, mais risquer de perdre prise. Il était clair pour commencer que ce nom l'inquiétait ; il essaya de la prononcer :

— Hancketill Blewer ?

— On en a vraiment plein la bouche... Il faudra t'entraîner...

Pran hésitait. Les trois journalistes avaient les yeux fixés sur le Cambodgien qui leur avait sauvé la vie, souhaitant très fort qu'il accepte. Pour une fois et à regret, Pran dut secouer la tête.

— Je n'ai pas de photo, leur dit-il en pleurant presque. On ne m'a jamais rendu mes papiers d'identité.

Rockoff mit le cap sur le consulat. Schanberg, lui, se dirigea vers le parc, des dollars serrés dans ses poings. De façon tout aussi pressante qu'on avait quémandé auprès de lui, c'est lui maintenant qui quémandait... un appareil Polaroïd. Les Cambodgiens s'écrasaient au portail. Il se tailla un chemin dans la bousculade, brandissant ses dollars le bras tendu, et réclamant à grands cris un appareil photo. De l'autre côté du portail, un soldat Khmer Rouge braillait dans un mégaphone. Des visages mornes se tournaient vers Schanberg. Nul n'avait plus besoin de dollars.

Il revint en courant et vit Oscar, appuyé sur une pelle près d'une tranchée sanitaire à demi creusée. Le gigantesque Australien tenait un paquet dans le creux de son bras ; en approchant, Schanberg vit des larmes sur sa face mangée d'une barbe. Le paquet était un bébé.

— Elle a dit que je l'aimerais parce qu'il était très beau, expliqua Oscar. Elle a dit que c'était son seul enfant et qu'il mourrait... Oh, merde !

De la main droite, il enfonça la pelle d'une trentaine de centimètres dans la terre sèche, dans un sursaut de rage et de dépit :

— Tu me connais, j'ai été marin toute ma vie ; je ne suis pas bâti pour ce genre de choses. Je n'ai pas pleuré depuis que j'étais gosse.

Du fond du châle blanc, deux yeux bruns tout ronds scrutèrent Schanberg. Il dut faire un effort pour dire :

— Oscar, j'ai besoin de ton aide. Il me faut absolument un Polaroïd, et vite.

Oscar leva ses yeux du paquet qu'il portait sur son bras.

— Essaye Mc Intyre, dit-il.

Retour à la Salle de Réception, et montée des escaliers quatre à quatre. Traversée d'un couloir, puis d'un autre, avec coups d'œil dans des bureaux convertis en dortoirs de fortune. Il aurait dû expédier Pran en hélicoptère en même temps que sa famille. C'était la seconde fois qu'il l'encourageait à risquer sa vie.

C'est au deuxième étage qu'il trouva ce qu'il cherchait. La chambre à coucher de l'ambassadeur absent avait été transformée en clinique. Une commode Louis-Philippe recouverte d'une nappe de lin faisait office de table d'opération, et un pied de lampe doré servait de support à un goutte-à-goutte. Deux infirmières de la Croix-Rouge venaient juste de soulever et d'emmener un soldat grièvement blessé ; une autre lavait le parquet au moyen d'une serpillière trempée dans une puissante solution de désinfectant. Le visage dissimulé sous un masque de gaze, Mc Intyre était penché sur un enfant atteint d'une forte fièvre.

— Gordon. Excusez-moi. J'ai besoin d'un Polaroïd, vous en avez un, n'est-ce pas ?

— Oui. N'approchez pas plus ! Mais je n'ai pas de pellicule.

Mc Intyre enleva son stéthoscope :

— Je n'ai pas non plus d'Emetine ; et ce gosse a une dysenterie amibienne.

Il releva les yeux, mais Schanberg avait déjà disparu.

— Je m'appelle Hanck-et-ill Blewer.

Pran était dans la cuisine, la tête dans ses mains. Son désespoir si évident commençait à devenir contagieux. Oscar, assis à la table, transformait en colle le riz déjà cuit ; près de lui, avec des précautions infinies, Swain détachait la photo de son vieux passeport à l'aide d'une lame de rasoir ; Schanberg, pendant ce temps, faisait bouillir de l'eau pour décoller le reste à la vapeur. Seul le bébé abandonné par sa mère ne semblait pas affecté ; il dormait d'un sommeil profond dans un berceau qu'Oscar avait récupéré dans le parc.

— J'ai pensé qu'il vaudrait mieux que je voie s'il avait besoin de quelque chose, leur disait Oscar. Mc Intyre était occupé, alors j'ai emmené le môme à ces Frenchies de docteurs de l'hôpital Calmette. J'ai trouvé trois de ces morveux en train de casser la croûte dans la salle à manger. La vache, je ne pouvais pas en croire mes yeux ! Blancs de poulet froid, asperges sorties du congélateur, vin blanc frais. Merde alors ! Imaginez le *Ritz* équipé d'un générateur de secours, et vous aurez le tableau. J'ai demandé s'il y avait un pédiatre dans la salle, en les menaçant de faire venir la presse du monde entier pour filmer leur banquet... Vous les auriez vus s'activer !

Il jeta un petit coup d'œil dans le berceau :

— ... Il a eu le meilleur check-up de tout Phnom Penh.

L'eau bouillait. Schanberg tenait le passeport bien enveloppé tandis qu'à l'aide d'une pince à épiler l'Anglais retirait comme une peau la partie écrite. Les deux hommes savaient bien que, sans photo, tout ce qu'ils étaient en train de faire n'était qu'une triste plaisanterie. Mais il y aurait une photo. *Il y aurait une photo.*

Pran leva son regard, mais pas sur les journalistes. Le vice-consul Jean Dyrac se tenait sur le seuil de la cuisine. Il était pâle et avait des poches noires sous les yeux, mais il conservait une contenance très digne. Les autres attendirent qu'il parle.

— Messieurs, j'ai le plaisir de vous annoncer que le Comité de la Ville des Khmers Rouges a enfin accédé à mes demandes instantes de ravitaillement. Celui-ci arrivera demain matin. De plus, j'ai des passeports français, en nombre limité. Si vous connaissez un Français qui veuille bien se marier, je suis tout disposé à antidater le passeport pour procurer au conjoint la nationalité française.

— Monsieur, qu'en est-il de ces familles mixtes que l'on doit séparer ? demanda Swain. C'est contre tout principe de justice et vraiment très mesquin.

Dyrac approuva de la tête. Tandis que Schanberg le considérait, ce vétéran de la Résistance, ancien prisonnier de guerre et officier des Forces expéditionnaires d'Indochine, sembla se recroqueviller un peu dans son complet.

— J'ai tenté aujourd'hui de sauver ces personnes, répondit-il. Je ne puis rien. Je ne suis pas policier. J'ai dû les mettre dehors. Sinon elles auraient pu être tuées sur-le-champ, et ceux que l'on jugerait responsables seraient compromis.

Les yeux de Dyrac s'étaient emplis de larmes et les mots sortaient si ténus de sa bouche que les journalistes devaient tendre l'oreille pour l'entendre.

— C'est une chose bien triste à dire, mais quand nous commettons de tels actes, nous ne méritons plus le nom d'hommes.

Incapable de poursuivre, il se détourna et quitta la pièce. Il laissa derrière lui un silence qui persista jusqu'à l'arrivée de Rockoff. Celui-ci arborait une expression lugubre. Il se mit à parler, puis s'interrompit. Tous les visages tournés vers lui, et plus que tous, celui de Pran, étaient si implorants qu'en plein milieu de sa phrase il sembla se raviser sur ce qu'il s'apprêtait à dire.

— Eh bien, nous y voilà ! — Il eut un haussement d'épaules. — Nous sommes en veine.

— Oh, Al ! Merci, Al !

Les yeux de Pran brillèrent comme ceux d'un enfant. Le photographe esquissa un pâle sourire mais son regard était anxieux.

— Syd, puis-je te parler un moment ʾ

Rockoff entraîna Schanberg dans le couloir qui menait de la cuisine aux cabines de douche et aux toilettes, d'où parvenait le bruit de quelqu'un qui vomissait. Une Française, les yeux rougis, s'excusa poliment en passant près d'eux avec son fils cambodgien âgé d'une douzaine d'années. Il la serrait très fort car, dans une journée seulement, il ne pourrait même plus lui tenir la main.

— Tout ce qui me manque, c'est un révélateur, dit Rockoff à voix basse.

Il marchait de long en large tant il était agité. Il continua :

— Simplement un sulfure quelconque, suffisamment puissant. Si j'ai ça, je peux improviser le reste.

— Et pour le fixateur ?

— Rien à foutre du fixateur, c'est pas un problème. Du vinaigre... du jus de citron... Tu pourrais même pisser dessus. Ce qu'il me faut absolument, c'est un révélateur. Quelque chose pour casser l'émulsion...

Il se frappa la paume de rage et de frustration.

— Où est Mc Intyre ? ajouta-t-il.

— Il n'a rien du tout. Pourquoi pas de l'ammoniac ? Tu peux trouver de l'ammoniac dans un frigo, non ? Et les batteries de voiture ?

Rockoff secouait toujours la tête.

— Tu me fais perdre le fil, Syd. Il faut que je réfléchisse. Il y a plein de trucs qu'on peut trouver en attendant. Ce Suédois, tu sais, Sundsvall, il a une lampe-torche. Il nous faut un plateau pour servir de bac à développement... et puis dénicher une chambre noire...

La chambre noire était la partie la plus épineuse. Dans la chaleur et la puanteur de l'une des toilettes du personnel, le chef de l'agence du *New York Times* était agenouillé près d'un seau d'eau et entortillait dans une feuille de cellophane de couleur la lampe-torche que Sundsvall leur avait prêtée. Rockoff revint bredouille de sa quête de sulfure.

— Qu'est-ce que tu vas utiliser ? demanda Schanberg.

— Je veux bien être pendu si je le sais !

Rockoff inspectait les cabines des W.-C. à la recherche d'une éventuelle chambre noire. Il recula devant l'odeur, s'éventant de la main.

— Nom de Dieu !

— Bien besoin d'un seau de désinfectant, fit remarquer Schanberg.

L'instant d'après, il manquait de s'écrouler sous l'accolade impétueuse de Rockoff.

— Syd ! Vieille canaille !

— Quoi ?

— De l'antiseptique ! C'est plein de phénol ! Si nous pouvons mettre la main sur de la soude caustique, nous aurons la photo !

L'antiseptique ne posa aucun problème. Ce fut plus long pour la soude caustique. Lorsqu'ils purent enfin revenir à la cuisine et commencer à préparer le mélange, le crépuscule tombait. Pran était sorti dans le parc. Swain était en chasse, à la recherche de pellicule. Schanberg, qui avait été sur pied toute la journée, s'assit à la table pour observer le photographe. Deux personnes, un homme et une femme, qu'il n'avait jamais vues, entrèrent à grands pas dans la cuisine en faisant claquer sur le sol leurs sandales de caoutchouc Ho Chi Minh (1). Ils paraissaient fatigués, comme s'ils avaient fait un long voyage. Tous deux avaient à peine plus de vingt ans : la femme était vietnamienne et l'homme un Occidental parsemé de taches de rousseur et aux cheveux couleur carotte coupés à ras jusqu'à la base du crâne. Tous deux étaient vêtus des pyjamas noirs et des écharpes à carreaux des Khmers Rouges.

— Le bal costumé, c'est la porte à côté, dit Schanberg.

Ils le dévisagèrent sans comprendre.

— Etes-vous Sydney Schanberg ? demanda l'homme.

Il avait un accent canadien nasillard. Schanberg opina du chef.

— Je m'appelle Kevin Noaks. Et voici ma femme Say Hong Noaks. On m'a dit que vous étiez chargé de la distribution des couvertures ?

Schanberg fit encore oui de la tête. Au même moment, Swain entra dans la cuisine :

— Deux rouleaux, du noir et blanc ! annonça-t-il triomphalement en les tendant à Rockoff.

Le photographe y jeta un seul coup d'œil et secoua la tête.

— C'est de l'Ilford. Désolé Jon, ça ne vaut rien. Il me faut du Kodak.

— Pourquoi ça ?

— Parce que l'émulsion Kodak contient un produit appelé hydroquinone. C'est un révélateur et un antioxydant. C'est la seule pellicule qui en contienne, et c'est justement ce dont j'ai besoin.

Il faisait soudain très sombre dans la pièce. Rockoff ramassa la casserole et la rangea dans un haut placard, observé avec curiosité par les Noaks.

— Il est trop tard pour ce soir, dit-il en voyant l'expression

(1) Type de sandales à la mode parmi les étudiants dissidents.

162

de Schanberg. Nous ferons la photo demain matin ; il nous restera cinq heures. Tout ce qu'il me faut maintenant, c'est la bonne pellicule.

Schanberg sortit marcher dans l'humidité du crépuscule. Les arbres en fleur de l'ambassadeur se desséchaient autour de lui, dépouillés qu'ils étaient par les réfugiés de leur écorce et de leurs branches. Pran était debout à l'abri du vent derrière un fourgon incendié, le regard fixé au-delà de la clôture. Des billets de la Banque Centrale gisaient dans les cendres d'un feu de bois. Les Khmers Rouges avaient cessé de jouer les casseurs dans la rue à l'extérieur : au-delà des grilles, la ville était sombre et silencieuse, si l'on excluait les rafales occasionnelles d'armes à feu de petit calibre.

— C'est programmé pour demain matin, lui dit Schanberg. Dès qu'il fera jour. Al pourra prendre ta photo et la coller dans le passeport juste avant qu'ils ne les relèvent.

— Al a trouvé un révélateur ?

— Oui. Et la pellicule aussi. Mais il en veut une meilleure.

— Merci. Merci, Sydney.

L'obscurité était telle qu'il ne pouvait lire dans son regard.

— Ne me remercie pas. C'est moi qui t'ai fichu dans ce merdier, ne l'oublie pas, lui dit-il.

Pran se mit à genoux. Il gratta le sol pour en ramener un mélange de cendres et de terre et se mit à le malaxer, comme quelqu'un qui se laverait les mains.

— J'aurais pu m'en aller, Sydney, dit-il avec fermeté. J'aurais pu aller sur l'hélicoptère, j'aurais pu aller avec Sarun. Je reste parce que je veux rester. Parce que je veux rester avec toi. Je fais le choix.

Il laissa la terre glisser entre ses doigts. Schanberg le regardait faire. Puis il demanda :

— Est-ce que les pluies arrivent ?

— Ce n'est pas pour ça. Je parle hier à un homme qui vient de la campagne. Il dit que dans son village les Khmers Rouges demandent à tout le monde de retourner les paumes de leurs mains. Comme ça. Les gens avec la peau rugueuse sont bien. Les gens avec les mains lisses sont des *sambor bep*, des coqs en pâte. Ils sont exécutés.

— Tu l'as cru ?

— Oui. Docteur Macketire, est-ce qu'il t'a dit ce qui arrive au Preah Keth Mealea ? Après que nous sommes partis, il opère la petite fille. Les Khmers Rouges entrent brusquement, ils cassent toutes les bouteilles de plasma, ils coupent le masque à oxygène sur son visage. Ensuite ils passent dans tout l'hôpital pour tuer les mourants. Ils disent aux autres, vous avez dix minutes avant que nous fassions sauter l'hôpital. Alors, oui, je le crois.

Un coup de tonnerre retentit. Alarmé, le garde Khmer Rouge au portail déchargea son fusil vers le ciel. Du fond de l'obscurité, les premières grosses gouttes commencèrent à tomber, éclaboussant leurs vêtements et soulevant de petits nuages de poussière. Pran sourit et rejeta sa tête en arrière. Schanberg l'imita, laissant la douce pluie chaude ruisseler dans sa barbe. Pour un moment, ils furent tous à l'unisson : lui et Pran, le garde Khmer Rouge, les arbres mourants, la pelouse ravagée. La mousson avait éclaté.

Ils mangèrent à la lueur des chandelles ; la pluie tambourinait sur les hautes vitres. Puisqu'on leur avait dit que des produits frais allaient arriver dans la matinée, Oscar avait vidé les deux dernières boîtes de ragoût de bœuf sur la préparation pâteuse de riz dans le chaudron. Kevin et Say Hong Noaks, les nouveaux venus, se servirent une belle portion de viande pour leur propre compte. Le Canadien se débrouillait pour parler et manger en même temps, dressant sa fourchette pour ponctuer sa leçon de politique révolutionnaire.

— Pensez à l'homme comme à ce grain de riz au bout de ma fourchette, disait-il. Quatre-vingt-dix-neuf pour cent des citadins ignorent comment on fait pousser un grain de riz, mais tous savent le manger. Et ils sont tout à fait prêts à le planter sur le dos des paysans. Pardon, plus précisément, dit-il avec un honnête sourire, je devrais dire à briser le dos des paysans pour se procurer leur riz...

— Les arbres dans la campagne, les fruits à la ville, murmura sa femme.

— Say Hong a absolument raison. C'est logique, réfléchissez. Les gens qui veulent de la nourriture devraient être disposés à la produire. Nous avons attendu trente ans pour qu'un miracle comme celui-ci se produise. Il est essentiel de mettre le peuple en marche tout de suite, immédiatement.

Il fit une pause assez longue pour qu'Henri Savarin, assis en face de lui puisse lui demander :

— Quel âge avez-vous ?

— Je ne crois pas que ça ait le moindre rapport. Certains

des cadres les plus actifs parmi les Khmers Rouges n'ont que dix ou douze ans.

— Vous ne voulez pas insinuer que quiconque n'a pas plus de dix ou douze ans répète autre chose que de la propagande politique ?

Kevin Noaks soupira. Il essuya son bol de son doigt, qu'il lécha et dont il désigna le délégué de la F.A.O.

— Très bien. En 1956, les Nations Unies ont organisé un référendum libre, et quatre-vingt-dix pour cent des Vietnamiens ont voté pour Ho Chi Minh... Et que s'est-il passé ? Eisenhower a refusé de le croire, et il a envoyé la C.I.A. pour truquer les élections. Et même pas un pour cent de la population des Etats-Unis n'en a rien su. Et avant qu'ils aient pu s'en apercevoir, ils étaient à cent pour cent engagés dans la guerre du Vietnam. Alors ne me parlez pas de propagande. La B.B.C. et la Voix de l'Amérique sont sans doute les machines à propagande les mieux organisées au monde. Et je ne vous demande pas de me croire sur parole ; ce sont des faits. Vérifiez vous-mêmes.

Le Canadien avala une gorgée de champagne et dévisagea tous les convives d'un air belliqueux. Sundsvall, le journaliste suédois, voulut dire quelque chose, mais Henri Savarin l'interrompit.

— Des faits, dites-vous. Moi je dis que c'est de la théorie politique. Vous parlez du Vietnam et du Cambodge comme s'ils étaient un seul et même pays. Ce n'est pas le cas. Au Vietnam, oui, il y avait un mouvement populaire ; ici, il n'y en a pas.

Sundsvall tomba d'accord et plaça son mot :

— Et il n'était pas nécessaire de vider la capitale, pour la piller d'ailleurs...

— *Piller ?* — Noaks forma un autre de ses sourires apitoyés.

— Exproprier la propriété privée au profit des paysans n'est pas piller. Pour ce qui est de vider la ville, c'était une nécessité politique. Si la cité avait subsisté, les forces de la contre-révolution auraient subsisté également. Par conséquent, le Conseil a balayé tous les vestiges de l'impérialisme réactionnaire en une seule stratégie géniale...

A l'autre bout de la table, Barry Morgan fredonnait tout haut *le Drapeau rouge.* Pran gardait le nez dans son assiette comme s'il craignait que ces nouveaux venus à la langue si bien pendue qui étaient tout à l'heure dans la cuisine ne le livrent aux Khmers Rouges. En d'autres circonstances, Schanberg se serait fait une joie de prendre Noaks à part tandis qu'il débitait son couplet monotone sur la purification du peuple et la société rurale égalitaire qui allait désormais remplacer l'économie de marché. Mais des questions plus urgentes occupaient son esprit. Mettre la main sur une pellicule Kodak, par exemple. On laissa à Gordon Mc Intyre le soin de défendre leurs couleurs.

— Il y a une chose que vous oubliez dans tout ça, bien sûr, ce sont les gens, dit-il d'une voix traînante en posant un œil bleu et froid sur le Canadien. Peut-être viennent-ils trop bas sur votre liste de priorités...

— Qu'est-ce que vous voulez dire, les gens ?

— Vous n'avez peut-être pas rencontré un ou deux millions de gens sur la route ? J'évalue qu'environ un tiers d'entre eux sera mort de faim avant six mois.

— Vous regardez ça par le petit bout de la lorgnette, mon vieux. La famine était déjà dans la ville. C'est précisément pour cette raison que les cadres ont pris leur décision spectaculaire. Si vous ne pouvez apporter de la nourriture aux gens, il faut emmener les gens là où se trouve la nourriture.

L'Ecossais le regarda d'un air menaçant :

— Mon nom est Mc Intyre. Et je vous l'ai dit, un tiers d'entre eux n'arrivera même jamais là-bas.

— Qui, par exemple ?

— Les paralytiques, les paraplégiques, les amputés, cela va sans dire.

Kevin Noaks écarta l'objection. Posant une main osseuse couverte de taches de rousseur sur la petite main brune de sa femme, il dit :

— Nous n'avons rien vu de tel. Nous avons marché sur la route pendant trois jours et nous n'avons vu que des sourires, des rires et de la joie. N'est-ce pas, Say Hong ?

Say Hong sourit.

— Le Peuple chantera des chants révolutionnaires, dit-elle en sirotant son champagne.

Les journalistes et le personnel des Nations Unies commençaient à se retirer. Oscar était en pleine conversation avec une infirmière de la Croix-Rouge qui s'occupait de son bébé. Une de ses collègues, un peu éméchée d'avoir bu le reste du champagne de l'ambassadeur, avait transporté une bougie près de Barry Morgan au piano et hurlait de rire à sa version improvisée de *la marche du Colonel Bogey*. Pran avait disparu. Schanberg quitta sa chaise pour aller s'asseoir près d'Henri Savarin.

166

— Vous avez l'air d'un sage, Henri, dans cette lumière déclinante, dit-il.

— Je pensais à l'établissement de Mme Chantal, dit l'administrateur. Là, nous pouvions entrer dans de grandes considérations sur le monde ; il nous atteignait rarement. Aujourd'hui, nous sommes plongés au beau milieu d'une catastrophe humaine, et tout semble irréel. Deux millions et demi de gens sans toit en l'espace de vingt-quatre heures. En tant qu'évacuation, on peut la classer avec celle des Juifs de Babylone, ou des Ukrainiens après la Deuxième Guerre mondiale ; il n'y a rien d'autre qui puisse lui être comparé. Nous ne savons pas ᴐourquoi ce désastre est arrivé. Nous sommes assis au milieu d'un holocauste, à boire du champagne dans des coupes de cristal. C'est comme un rêve engendré par l'opium. Et demain j'épouse une Cambodgienne, avec deux enfants, à laquelle je n'ai parlé qu'une fois dans toute ma vie.

Schanberg ouvrit sur lui des yeux tout grands d'étonnement. Savarin éteignit son cigare et se leva.

— Me ferez-vous l'honneur, demain, d'être mon témoin ? Je l'espère de tout cœur. Pour le temps présent, je vais tenter d'aller dormir d'un sommeil sans rêves.

Il quitta la salle à manger avant que Schanberg se fût remis de sa surprise. Il aurait bien le temps, de toute façon, de lui parler de la pellicule dans la matinée.

Il a plu la plus grande partie de la nuit. Au matin, un ciel couleur de tôle galvanisée recouvre la ville. L'eau s'égoutte des arbres dénudés et des voitures abandonnées ; elle remplit les tranchées d'aménagement sanitaire ; elle rassemble les billets de banque jaunes et les dépose en tas de millions de rials près des grilles de l'ambassade. Sur le toit de la résidence de l'ambassadeur, elle s'étale en grises feuilles de métal, ne reflétant rien, pas même Pran que l'on prend en photo, debout dans l'une des flaques.

Pour la vingtième fois, il se force à sourire. Al Rockoff, calant le Nikon sur une chaise, ferme l'obturateur sur la lentille Rolleiflex.

— C'est parfait ! s'écrie Al. Continue simplement de sourire, Pran, mon garçon. Je m'en vais t'immortaliser en noir et blanc !

Ses mains ne cessent de s'agiter, réglant constamment la vitesse et l'exposition. Le plus exactement possible.

Pran ne veut pas être immortalisé. Il ne demande que de vivre un peu plus longtemps. Il sait qu'il y a dans la manière dont il regarde l'appareil, et dont il cligne des yeux quand il entend le déclic de l'obturateur, quelque chose qui lui donne l'air d'un condamné face à un peloton d'exécution. Eux aussi doivent penser cela. Sydney fait les cent pas entre la chaise et la balustrade en levant les yeux vers le ciel. M. Swain est appuyé à la porte de secours et lui fait des grimaces pour le détendre. Mais c'est Al qui passe le plus mauvais moment. Pran est photographe lui aussi ; il sait ce qu'Al doit ressentir. De toutes les photos de guerre qu'il a prises, photos de mort et de souffrances pour la plupart, en voici une qui peut réellement sauver une vie, et pour une fois il n'a pas le matériel nécessaire, il est à la merci d'une quelconque solution chimique dont il aura été obligé de se contenter.

Si ça ne marche pas... Pran regarde ses mains. De les avoir pendant deux jours frottées dans la poussière leur a mis la peau à vif et les a rendues douloureuses ; bientôt les callosités apparaîtraient. Mais si les Khmers Rouges ne s'en tenaient pas aux paumes de vos mains ? S'ils soulevaient vos lèvres et examinaient vos dents, pour voir s'il s'agit bien des dents de paysans ?

— Relève la tête ! crie Rockoff.

Pran relève la tête. Il ne parvient pas à sourire. Il regarde fixement l'appareil photo, comme un lapin pris dans la lumière des phares. L'obturateur est déclenché. Sans prévenir, la pluie s'abat en un épais rideau, lui cinglant le visage et les mains. Il entend Rockoff dire à Sydney :

— J'ai dû utiliser l'Ilford.

Ceci doit signifier quelque chose, car Sydney se détourne et Pran ne peut voir son visage.

Elle se nommait Ang Van. Ses deux petites filles étaient toujours coiffées de leurs bonnets de lutin. Schanberg reconnut en elles les personnes qu'il avait vues la veille du jour où il était sorti pour voir Pran dans la cour, pour ce qu'il pensait être la dernière fois. La peur et l'épuisement avaient rendu leur mère presque belle : la pluie avait fait briller sa noire chevelure et elle dévisageait les Occidentaux dans la Salle de Réception de ses immenses yeux noirs, un bras passé autour de ses enfants et de l autre s'agrippant à la veste de Savarin.

Barry Morgan, qui s'était assoupi sur le piano, se réveilla et commença à jouer une mélodie avec deux doigts.

Yesterday
All my troubles seemed so far away

Par sa sentimentalité, la banale chanson semblait une moquerie à leur égard. Il n'y avait rien de romantique dans ce mariage. S'il pouvait sauver trois vies avec un seul passeport français, il aurait atteint son but ; ils pourraient ensuite en fêter l'annulation à leur arrivée à Bangkok.

Now it looks as though they're here to stay

— Le consul a besoin de deux témoins, dit Savarin avec un effort. Pourriez-vous le proposer à votre ami pour moi ?

Schanberg était très reconnaissant. Savarin s'en était rendu compte, cela permettrait de distraire Pran de l'attente. Tous les quatre, suivis des deux enfants, se dirigèrent sous la pluie vers le consulat.

— Son mari était l'un des principaux aides de camp de Long Boret, expliqua le délégué de la F.A.O. Il a tenté de se rendre directement aux Khmers Rouges et il a été tué.

Schanberg hésita.

— J'ignorais que vous étiez célibataire.

— Hélène, ma seconde femme, est morte voici trois ans d'un cancer. J'ai perdu ma première épouse en 1947 à Shangaï, lors de la reddition de la ville aux communistes. C'est ce que j'y ai vu alors qui m'a fait entrer aux Nations Unies.

Rien ne fut ajouté. Jean Dyrac les accueillit dans le vestibule du consulat et les conduisit au premier étage pour y célébrer la brève cérémonie. Pran aida Ang Van à accomplir les formalités, puis se recula pour laisser Dyrac remplir le précieux passeport, prenant soin de l'antidater du 12 avril. Schanberg vit l'expression sur le visage de son assistant.

— Après ça, ce sera ton tour, dit-il, à demi sérieusement.

— Oui, Sydney.

Les deux journalistes repartirent en courant à travers le parc désert. Swain les attendait près des portes à la française.

— Il essaye seulement d'intensifier l'image, dit-il. Théoriquement, ça devrait marcher.

Schanberg regarda sa montre :

— Ils vont venir ramasser les passeports dans trente minutes.

— Je sais.

Swain repartit à toute allure vers les toilettes, Schanberg

sur ses talons. L'une des cabines des W.-C. était isolée par un rideau noir pour empêcher la lumière d'y pénétrer. Lorsque Swain y entra, Schanberg put, le temps d'un éclair, apercevoir Rockoff penché sur une grande cuvette au-dessus des toilettes. Il tendait à Swain une torche enveloppée de cellophane verte. Le rideau en retombant cacha le reste de la scène.

— Vas-y !

Schanberg entendit le photographe donner l'ordre. La lumière verte brilla deux secondes sur le négatif qui flottait dans la cuvette.

— Recommence !

Un silence se fit.

— C'est mauvais. Fiche-le en l'air. Il faut essayer autre chose.

Rockoff sortit de la cabine en essuyant la transpiration sur son visage. Schanberg se souvint d'une chose qu'il venait juste de voir.

— Et ce générateur au consulat, dit-il. Certaines des ampoules électriques fonctionnent.

Ils foncèrent à nouveau à travers le parc, Rockoff portant le bac de préparation, et Schanberg le rideau pour la chambre noire. Le grand portail était ouvert. Des gendarmes se tenaient à côté sous des parapluies noirs et supervisaient l'arrivée de gros camions de fabrication chinoise qui passèrent en grondant et allèrent se garer sur la pelouse détrempée. A l'intérieur du consulat, personne ne leur posa de question. Ils découvrirent des toilettes disposant de lumière électrique. Schanberg drapa le rideau devant ; Rockoff fit claquer deux thermomètres sur une soucoupe et versa le mercure. Swain déroula un Tampax et en retira la fibre de coton.

— Voile la lumière, ordonna Rockoff.

Il sortit un négatif de la cuvette et le frotta avec du mercure. Il l'étala sur un carré de journal et hocha la tête à l'adresse de Swain. L'Anglais envoya un éclair de lumière verte.

— Encore une fois.

Il y eut un silence. Schanberg écouta. Rockoff poussa un juron furieux et énergique. Le plafonnier s'alluma et il sortit de la cabine en secouant la tête.

— Ça devrait marcher, Syd, mais ça ne marche pourtant pas, putain ! Je ne sais pas ce qu'il y a d'autre dans l'antiseptique... Peut-être quelque chose qui contrecarre l'effet du produit...

Les deux hommes se regardaient fixement. Tous deux

savaient ce que cela signifiait et ils ne voulaient pas mettre de mots dessus. Rockoff passa ses doigts dans ses cheveux.

— J'ai tout essayé, dit-il, plus pour lui-même que pour Schanberg. Tout ce à quoi j'ai pu penser, je l'ai essayé. Le seul autre moyen serait le procédé à sec. Mais cela signifie qu'il lui faudrait rester parfaitement immobile, en plein soleil, pendant une demi-heure. Même si nous avions le soleil, je doute qu'il soit capable de tenir le coup en ce moment. En outre, je ne crois pas que le résultat serait bien meilleur que ce que j'ai là...

Schanberg le regarda, mais il n'y avait rien à dire.

— Je vais essayer encore une fois, Syd. Toi, tu vas voir Oscar, tu lui remontes le moral et tu caresses la tête de son bébé. Laisse-moi juste deux minutes de plus.

Schanberg revint très lentement jusqu'à la Salle de Réception. Il attendit pour surprendre un cri de joie de Rockoff, un bruit de course... Mais rien ne bruissait sur le gravier si ce n'était la pluie. Sa montre indiquait onze heures cinquante-cinq. Dans la Salle de Réception, le fonctionnaire du consulat aux joues roses était déjà arrivé. La plupart des autres s'étaient attroupés autour de la fenêtre pour regarder entrer dans la cour en faisant grincer son levier de vitesses le dernier des camions chinois. Pran se tenait un peu à l'écart, adossé au mur, et tripotait un petit objet de la taille d'une pellicule-photo. Schanberg pensa que c'était le Bouddha qu'il priait de lui porter chance : en approchant, il reconnut la Statue de la Liberté, la petite figurine en plastique que Craig Whitney avait donnée à Pran en guise de souvenir humoristique. Il hésita. La voix d'Oscar tonna derrière eux.

— Bon. Très bien, vous tous, prêtez-moi vos oreilles un instant, comme on dit. Il est confirmé que les personnes ici avec leurs familles sont autorisées à demeurer vingt-quatre heures de plus. Comme vous l'avez deviné, les camions que vous voyez dehors sont destinés à notre évacuation... j'en suis désolé... ce sera sur la Thaïlande, et nous serons informés de la date du départ très prochainement. En attendant, si tous vos passeports sont prêts, je vais les ramasser et les remettre à ce gentil Frenchie ici présent...

— Syd !

Rockoff se découpait dans l'encadrement de la porte. Un sourire traversait tout son visage. Schanberg fut d'un bond de l'autre côté de la pièce.

— Viens nous donner un coup de main avec la voiture, dit-il d'un air mystérieux.

Il leva deux doigts en ce que l'on aurait pu prendre pour un signe de victoire :

— Deux minutes, Oscar ! cria-t-il.

Ils poussèrent la voiture, une Volkswagen abandonnée, dans le garage de l'ambassadeur. Swain s'assit sur le fauteuil du conducteur. Rockoff s'accroupit devant le véhicule en maintenant une boîte à chaussures devant les phares. Juste derrière lui, Schanberg tenait un parapluie noir pour masquer encore un peu plus la lumière.

— Recommence ! cria Rockoff. Quand je te dis « Vas-y ! », donne-moi dix secondes. Vas-y !

Les phares lancèrent un éclair aveuglant, et s'éteignirent. Rockoff scruta l'obscurité. Dans l'ombre de la boîte à chaussures, Pran le dévisageait. Les trois hommes poussèrent des glapissements de joie qui effrayèrent un rat qui s'enfuit dans le noir.

Oscar procédait toujours au ramassage des passeports quand Schanberg tendit le sien à Ancketill Brewer.

— Bienvenue à New York ! dit-il.

Aucune réponse ne vint. L'épreuve avait été si rude que Pran était incapable de manifester sa gratitude. En compagnie des trois autres, il donna son passeport muni de sa photo Ilford à Oscar, puis alla s'asseoir sur le plancher, les épaules animées de soubresauts. Schanberg vint s'asseoir à ses côtés, comme vidé de toute émotion.

Désormais, ils ne pouvaient plus rien faire que d'attendre.

Un long moment parut s'écouler, mais ce ne fut probablement que quelques minutes, avant que les cochons n'arrivent. Une conduite intérieure Citroën entra dans la cour avec, sur sa galerie, deux jeunes soldats Khmers Rouges souriant de leurs bouches édentées. Un officier passa la tête par la vitre et aboya un ordre ; ils sautèrent à bas du toit en laissant traîner dans la boue les manteaux de femmes qu'ils avaient volés, et ouvrirent les portes arrière de la Citroën. Les deux énormes cochons installés sur la banquette n'appréciaient pas plus la pluie que l'officier Khmer Rouge. Les soldats empruntèrent leurs parapluies aux deux gendarmes debout près de là, et s'en servirent pour pousser les bêtes hors de la voiture.

— Ils rient, dit Schanberg à la fenêtre, profondément étonné.

C'était la première marque d'une émotion humaine qu'il lui

ait été donnée d'observer chez les Khmers Rouges depuis leur défilé devant l'hôtel *Phnom*. Alors qu'il parlait, l'officier assis sur le siège avant se retourna et leur adressa ce qui était manifestement une remontrance. Déconcertés, les deux jeunes soldats retroussèrent leurs manteaux et montèrent à l'arrière. La Citroën repartit, abandonnant à Oscar et Sundsvall, abrités sous des toiles goudronnées, le soin de parquer les cochons dans un appentis où ils avaient déposé une mixture peu appétissante de pâtée pour chien et de grains.

La pluie s'arrêta en début d'après-midi. Le Groupe international s'aventura à l'extérieur par délégations de deux ou trois, comme les animaux sur le mont Ararat après le déluge, pour faire le point de la situation. Oscar et Mc Intyre émergèrent de l'appentis et réclamèrent des volontaires. Comme personne ne se proposait, Oscar choisit Kevin Noaks et sa femme Say Hong.

— Pourquoi ? demanda le Canadien d'un air renfrogné.

— Vous devez être les plus affamés. Sinon, vous ne seriez pas toujours en train de vous plaindre.

— Qu'est-ce que vous voulez que nous fassions ?

— Quelque chose que vous allez adorer, Kevin. Nous allons tuer un petit cochon.

Schanberg arriva tranquillement pour donner un coup de main. Comme il s'y attendait, Mc Intyre faisait presque tout le travail. Noëlle, l'infirmière de la Croix-Rouge qui l'assistait dans la salle d'opération, l'abritait du soleil avec un parapluie tandis qu'il découpait la tête du porc avec un scalpel, décollant les bajoues des gencives et arrachant les lèvres. Say Hong était partie vomir et n'était pas revenue. Le teint livide sous ses taches de rousseur, Noaks se tenait les mains dans les poches à distance d'Oscar, qui taillait la cuisse du porc à coups de hache. Swain, en veston, et les mains couvertes de gants de chirurgien, récupérait les entrailles fumantes pour les mettre dans un sac en plastique.

— Vous savez ce qui me chiffonne ? questionna Noaks.

— Je sais ce qui me chiffonne, moi... marmonna Mc Intyre.

— Vous allez croire que c'est une plaisanterie, mais cela me contrarie de me trouver parmi des gens de votre espèce. Certains des prétendus journalistes ici présents ne sont pas dignes d'être au Kampuchéa, même dans un camp de détention. A mon humble avis, la plupart devraient être embarqués et fusillés.

Noëlle le réprimanda :

— C'est une très vilaine chose à dire.

— Il a une très vilaine petite gueule, grogna Mc Intyre.
La hache d'Oscar s'abattit :

— Ouais, dit-il. A côté, mon derrière a l'air d'une espèce en
voie de disparition.

— Vous êtes tellement naïfs, tous autant que vous êtes, leur
renvoya le Canadien d'un ton sec. Vraiment naïfs à pleurer sur
le plan politique. Si vous croyez que je ne sais pas comment on
va présenter tout ceci. L'évacuation sera appelée « génocide » ; on calomniera les Forces de Libération en les traitant
de rebelles communistes. Mais rien de la réorganisation de
l'économie rurale pour atteindre le plein potentiel de production du Kampuchéa, oh ça non ! On nous parlera de sauvages
déments réduisant leur pays à la barbarie — voilà ce qu'on
lira, et c'est pourquoi vous ne méritez pas d'être ici. Vous êtes
les mauvais témoins d'une époque glorieuse. La majorité des
politiciens...

Mc Intyre explosa :

— La majorité des politiciens sont des cons. Mettant en
avant leur propre paranoïa. Le jour où je serai dans un camp
de réfugiés à plonger jusqu'au coude dans les tripes d'un
politicien, ce jour-là seulement je commencerai à croire ce
qu'il me dit ! Alors, ferme-la, petit gars. Je ne voudrais pas
avoir à te soigner pour une fracture de la mâchoire !

Le regard flamboyant dans un visage éclaboussé de sang,
l'Ecossais n'avait pas l'air de plaisanter. Noaks haussa les
épaules et se détourna avec un hochement de tête condescendant, manifestant une véritable pitié pour ces pauvres idiots
obscurantistes qui ne savaient vraiment rien de rien.

— Une seconde ! ordonna Swain, en se levant d'un bond. —
Avec son plus doux sourire, il tendit à Noaks le sac de déchets.
— Si vous retournez là-bas, cela vous ennuierait-il d'emporter
vos opinions et de les déposer dans la cuisine ?

— Monsieur Swain ? s'il vous plaît, monsieur.

C'était le fonctionnaire du consulat français. Swain se
débarrassa du sac d'entrailles dans les mains de Noaks et
sortit un peu plus loin dans l'herbe avec le Français.

Schanberg les observa. Il vit Swain essuyer ses gants tachés
de sang aur son veston blanc et prendre le parapluie de
l'homme. Avec un serrement de cœur, il vit le fonctionnaire
fouiller dans sa poche intérieure et en sortir un passeport. Il
vit Swain tendre une main et le prendre. Le Français haussa
les épaules et écarta les bras en un geste d'excuses...

Schanberg rejoignit Swain qui lui donna le passeport sans
dire un mot. Au premier abord, il était parfait. Le ruban bleu,

174

le nom sur la couverture, Ancketill Brewer. Il l'ouvrit, et c'était là que le bât blessait. Tout était fini. La photographie de Pran s'était oxydée. Tandis que Schanberg la regardait dans la lumière du soleil la pâle image devenait plus pâle encore, semblable à un fantôme jusqu'à ce qu'on ne puisse plus voir que les ombres des yeux et des cheveux. Et puis elles aussi disparurent, et Pran n'existait plus.

L'homme du consulat lui parlait : « Je suis désolé... » Schanberg n'y prêta pas attention. Ne lâchant pas le passeport, il se rua à travers la cour et escalada les marches du consulat. Il trouva Jean Dyrac au bureau des visas, qui contemplait la cité morte, une tasse de café à la main. Sur le bureau se dressait un tas de passeports et de formulaires de visas qui représentaient chacun une vie livrée aux Khmers Rouges.

— J'ai besoin de votre aide, dit Schanberg.

Dyrac fit volte-face et lui adressa un sourire las, peut-être parce qu'il le reconnaissait ou peut-être parce qu'il avait trop souvent entendu cette phrase au cours des trois derniers jours. Schanberg lui montra le passeport et commença sa plaidoirie :

— Quatre-vingt-dix-neuf pour cent d'entre eux n'ont jamais vu un passeport auparavant, argumenta-t-il. Un Khmer Rouge m'a brandi mon passeport au visage, il ne savait même pas ce que c'était. Ce sont des paysans, des gens des collines...

Dyrac leva la main pour l'interrompre.

— L'officier avec qui je traite a suivi les cours de la Sorbonne. Il parle couramment l'anglais, le français, et le russe. Si je lui donne ce passeport, Ancketill Brewer sera exécuté sur-le-champ. Et cela pourrait mettre tout le monde en danger. Je ne puis permettre que cela se produise. Je suis désolé, monsieur Schanberg, votre ami doit s'en aller.

Schanberg secoua la tête. Il devait y avoir un moyen.

— Et les passeports français ?

— Je n'en ai plus. Voilà tout !

D'un mouvement du bras, de désespoir, Dyrac envoya toute la pile de passeports sur le sol. Schanberg porta un dernier regard sur Ancketill Brewer, comme si le visage de Dith Pran pouvait être réapparu du néant, et jeta le passeport au milieu des autres. Voilà tout. *Je suis désolé, monsieur Schanberg, votre ami doit s'en aller.* Un fantôme, rejoignant les autres fantômes au-delà de la clôture d'enceinte.

Dehors dans le parc le ciel avait repris sa teinte métallique. Le porc démembré avait été emporté à l'intérieur, laissant des traces sanglantes sur l'herbe. Schanberg n'avait aucune envie de rentrer. Il désirait que la pluie se mette à tomber et l'entraîne au loin, qu'elle le lave de sa culpabilité, qu'elle le débarrasse de ses souvenirs. Mais la pluie était traîtresse. Elle laverait le sang et le laisserait, lui, intact : témoin, survivant, et plein de souvenirs. Il entra pour annoncer les mauvaises nouvelles et supporter la terrible déception sur le visage de Pran.

La Salle de Réception était pleine de gens qu'il lui semblait voir de très loin. Mc Intyre avait relayé Barry Morgan au piano et jouait une fugue de Bach, avec lenteur. Sundsvall était courbé sur le vieux *Playboy* déchiré de Rockoff. Les infirmières de la Croix-Rouge jouaient au bridge. Quel droit avait n'importe lequel d'entre eux de parvenir sain et sauf à la frontière lorsque Pran, cet homme modeste et courageux, allait être livré aux Khmers Rouges ? Et surtout quel droit avait-il, lui, Schanberg, de s'enfuir en lieu sûr et d'abandonner l'homme qui avait été son inappréciable assistant, son compagnon et son ami, l'homme qui lui avait sauvé la vie ?

Il vit Swain mais ne lui parla pas. Il se dirigea vers le hall. Pran se tenait en haut des marches, avec une ficelle autour du cou. Son visage arborait une expression de concentration intense. Il dévala les escaliers à sa rencontre. C'est qu'il devait déjà savoir, que Swain le lui avait dit. Au bas des marches, une main sur la rambarde, il parla à Schanberg :

— Mon nom est *Hancketill Brewer* !

Schanberg baissa les yeux devant l'air triomphal du visage de Pran. Il fit un effort surhumain pour les relever, et posa sa main sur celle de Pran. Mais les mots ne voulaient toujours pas sortir ; seules les larmes jaillissaient. Tout en pleurant, il secoua la tête.

Ils sont seuls. La pièce est plongée dans l'obscurité. Une lumière solitaire brille au portail de l'ambassade, là où veille un gendarme avec un parapluie noir. Schanberg se penche en avant sur sa chaise, la tête inclinée entre ses épaules. Pran le regarde, simple silhouette se détachant sur la vitre.

— Ce n'est pas ta faute, Sydney.

— C'est moi qui t'ai fait rester.

— Je reste parce que je le veux. Je suis un journaliste aussi, Sydney. Ils ne me feront pas de mal. Je suis un homme instruit. Ils ont besoin de gens instruits.

176

— Crois-tu ?

— Tu l'as dit un jour. Ce qu'ils veulent, ce sont les chefs.

— Je ne sais pas. Je ne sais plus. Nous haïssons les communistes. Pourquoi ne nous haïraient-ils pas en retour ?

— Je ne hais pas les communistes. J'ai peur d'eux, peur des Khmers Rouges. Je ne les hais pas.

— Moi je me hais moi-même. J'ai mis ta vie en danger. Et pour quoi ? Pour une centaine d'heures de télex avant que la foutue ligne soit bousillée. Voilà tout, une centaine d'heures ! Bon Dieu de bon Dieu ! Quel sacrifice !

— Ce n'est rien, Sydney. Tout se passera très bien. Il faut que tu dormes maintenant. D'accord ?

Le silence. La pluie. La nuit se dissout en pluie. Pran a mal de voir la peine dont il est cause.

— Pran ?

— Oui.

— Tu te souviens de cette roquette tombée sur l'école... l'église catholique où nous sommes entrés et où il y avait tous ces corps ?

— Oui.

— Tu as regardé les tableaux dans la nef. Et tu m'as posé des questions sur les saints catholiques. Tu as dit : « Est-il vrai que les gens qui souffrent seront sauvés ?... Et tous ces petits enfants morts ou blessés couchés sur les bas-côtés ? » Et je t'ai dit : « Je ne sais pas, mais les fumiers qui les ont fait souffrir le paieront, sûr et certain ! »... Ouais. Eh bien, je crois que nous le payons tous. Tous autant que nous sommes.

— Oui, Sydney. Dors maintenant.

C'était l'aube. Une main lui secouait l'épaule. Schanberg s'assit comme un automate. Il avait un article à écrire. Il prit le verre de thé que Pran lui avait apporté, comme il l'avait pris des milliers de fois auparavant à Phnom Penh, à Battambang, à Kompong Chang, et il le but avec un sentiment de gratitude. Puis il se souvint, et pleura.

Pran lui dit :

— Tu as fait tout ce que tu peux pour moi. Tu m'as enseigné. Tu m'as aidé. Tu es mon ami.

— Nous avons tout essayé..., commença Schanberg, qui ne put continuer.

Il entoura le Cambodgien de ses bras et le serra contre lui. Les joues de Pran étaient mouillées.

— Dis à ma femme que je l'aime, Syd. Et prends soin d'elle pour moi. Elle ne parle pas aucun anglais. Je ne veux pas que les gens soient méchants avec elle.

Schanberg fit oui de la tête. Il serra Pran très fort et fit oui de la tête.

Ils descendirent au rez-de-chaussée. Quelques-uns des autres Cambodgiens faisaient leurs bagages : une rumeur courait selon laquelle les Khmers Rouges arrivaient pour fouiller l'ambassade. Dans la terne lumière du petit matin, la Salle de Réception avait l'air d'une salle de caserne. La radio de Gordon Mc Intyre avait capté une émission perdue de la B.B.C. et diffusait de sinistres nouvelles du Sud-Vietnam. Xuan-Loc avait été abandonnée. Bien Hoa, juste au nord de Saïgon, était en train de tomber. Le président Thieu avait donné sa démission. On ne parlait pas du Cambodge. Le Cambodge, c'était déjà du passé.

Schanberg aida Pran à empaqueter quelques affaires indispensables, dont une couverture, dans un petit sac. Pran dit quelque chose sur les journalistes, qui devaient être doués pour faire leurs bagages ; Schanberg approuva d'un signe de tête. Il trouva quelques cigarettes et les donna à Pran, ainsi que deux mille six cents dollars qu'il avait dans sa ceinture, pour lui servir à soudoyer les gardes à l'occasion. Swain arriva avec du porc rôti enveloppé dans une serviette à monogramme de l'ambassade, une boîte de pêches et un vieil ouvre-boîte.

— Merci, monsieur Swain.

Pran fourragea dans son sac et en extirpa une demi-bouteille de scotch. Swain refusa avec un sourire. Schanberg voyait combien cela le troublait. Rockoff s'était esquivé. Tout ce qu'on pouvait voir de lui, couché sous le piano, était une paire de chaussures de tennis crasseuses. Barry Morgan, paresseusement étendu près de la cheminée, les regardait d'un air condescendant.

Un membre du personnel du consulat arriva avec un porte-bloc pour cocher les Cambodgiens que l'on expulsait. Il demanda son nom à Pran et le barra sur la liste, comme Schanberg l'avait vu faire à l'infirmière au Preah Keth Mealea pour ceux à qui il ne restait plus aucun espoir. Pran abaissa le regard sur ses mains. De l'autre côté du parc parvenait le crépitement rauque et métallique de voix émanant de haut-parleurs, perçant à travers la pluie.

Ils se mirent aux fenêtres. Plusieurs gendarmes et fonctionnaires du consulat abrités sous des parapluies étaient en pleine discussion autour d'un fourgon Toyota. L'un des fonctionnaires se détacha du groupe et se dirigea à grands pas décidés vers le pavillon de l'ambassadeur. Schanberg se retourna. Pran était déjà prêt. Il mit son sac sur son épaule avec un air insouciant et courageux, mais des larmes lui coulaient sur le visage.

Personne ne pouvait le regarder, sauf Barry Morgan. L'homme de Fleet Street écrasa sa cigarette et fit remarquer à voix haute :

— Ça me dépasse ! A quoi est-ce qu'il s'attendait ? On n'aurait jamais dû le retenir, bien sûr. Moi, j'ai expédié mon gars avec les Américains.

Tremblant de peur et de colère, Pran lui fit face.

— Vous faites des déclarations racistes contre *moi*, dit-il, la voix brisée par l'émotion, comme si je ne peux choisir *moi-même*. Je reste parce que... — Il chercha Schanberg du regard, ouvrant la bouche sans pouvoir parler. — Je reste parce que je connais son cœur, je l'aime comme un frère. Et je ferais *n'importe quoi* pour lui.

Il attendit une réponse qui ne vint pas.

— Je m'en vais maintenant, marmonna-t-il, étonné de lui-même.

Et il se hâta vers la porte. Ceux qui le devaient le suivirent sous la pluie.

C'était un petit groupe de proscrits, une quinzaine environ, qui chargèrent tous leurs biens dans le camion Toyota sans essence et commencèrent à le pousser vers le grand portail. L'une des femmes avait laissé son bébé à Noëlle, l'infirmière de la Croix-Rouge, et on pouvait entendre ses vagissements dans le salon. Pran ne voulut pas regarder en arrière ; c'était trop dangereux. Tout ce qui sur lui pouvait le relier aux démons étrangers avait déjà été détruit. A mesure qu'il poussait le fourgon dans l'allée, il lui semblait que ses pas devenaient plus lourds, ses épaules plus voûtées, comme celles d'un paysan, comme s'il passait une audition pour le rôle du survivant. Les haut-parleurs beuglaient le message monotone d'Angka.

Schanberg regardait depuis le bas des marches, les mains enfouies dans ses poches. Il avait tout raté. Il avait tout essayé, mais il avait échoué. Son journal l'avait envoyé dans ce pays en Asie pour un reportage sur une guerre. Mais cette guerre lui avait d'une certaine manière infligé une défaite personnelle plus terrible que toutes celles que pourraient essuyer les Etats-Unis, ici ou à Saïgon. Il ne parvenait pas à comprendre cela. Il lui fallait essayer de comprendre.

Le fourgon Toyota descendait en roue libre le boulevard désert, emportant avec lui l'homme qui connaissait son cœur. Les haut-parleurs se turent. Les portes se refermèrent bruyamment. En remontant, Schanberg sentit quelque chose dans sa poche. Il l'en sortit. Pran lui avait fait cadeau de sa petite Statue de la Liberté.

TROISIÈME PARTIE

CAMBODGE ET ÉTATS-UNIS
DÉCEMBRE 1975-OCTOBRE 1979

Noir. Jaune.

Noir sur jaune. Dures ombres noires sous l'impitoyable soleil de l'après-midi. Vêtements noirs, mains jaunes tachées de terre : une multitude noire rampant comme des bousiers dans la glaise retournée.

Nous sommes à Dam Dek, à l'est de Siem Reap, dans ce qui est aujourd'hui et désormais connu sous le nom de République démocratique du Kampuchéa. Nous sommes au commencement des temps. L'An Zéro de la révolution khmère.

Le chantier de Dam Dek creuse une profonde balafre blanche dans la jungle d'émeraude. Quelque chose comme une mine à ciel ouvert sans tracteurs, sans bulldozers ni machines. Des hommes et des femmes, courbés sous leurs chapeaux de paille coniques, labourent la terre avec des houes et des fourches. Ils la ramassent à la bêche et la lancent dans des paniers de vannerie, suspendus de chaque côté d'un joug de bois ; puis ils grimpent en chancelant sous le joug jusqu'au haut d'un talus de cinq mètres où l'on vide les paniers. Armés de baguettes de bambou, les surveillants d'Angka patrouillent au long des files de travailleurs qui s'étirent à perte de vue. Quand l'un d'eux s'effondre sous le poids de son fardeau, il est entraîné de force et plus jamais on ne le revoit. Dans une société d'esclaves, être malade, c'est être inefficace ; et l'inefficacité est punie de mort.

Dans cette solitude sauvage entre le ciel, la terre et la jungle, la seule couleur produite par la main de l'homme est le rouge sang. En haut de la levée de terre, le drapeau rouge sang de la République démocratique du Kampuchéa pend immobile dans l'air brûlant et sans un souffle. En dessous, dans un coin d'ombre, un chaudron mijote sur un feu de bois. Un garde

Khmer Rouge, que seule son écharpe à carreaux rouges distingue des esclaves, verse une cuillerée de gruau de riz dans les boîtes de métal du détachement de corvée. Le quatrième homme dans la file s'incline humblement et emporte sa petite boîte dans un coin à l'ombre.

Il a moins changé que beaucoup d'autres. Son visage est amaigri, il a perdu plus de vingt kilos, ses jambes sont couvertes de plaies violacées, ses cheveux sont emmêlés et collés par la poussière ; mais puisque la plupart des gens qu'il connaissait sont morts, Dith Pran a raison de considérer qu'il a de la chance.

Comme tous les jours, il s'efforce d'absorber sa bouillie lentement, à petites bouchées. Mais comme tous les jours, la faim et la soif sont plus fortes, et il l'avale d'un coup. Pran est sur ce chantier, à transporter de la terre, depuis longtemps avant l'aube, et il devra peiner jusqu'à neuf heures, à la nuit tombée, avec seulement une autre pause de quatre-vingt-dix minutes dans la soirée. Cette bouillie représente un tiers de sa ration quotidienne de cent cinquante grammes de riz. Ses plaies, comme sa maigreur, ne sont que la conséquence de la malnutrition. Il n'a plus d'énergie, pas même celle de chasser les mouches qui bourdonnent sur ses jambes.

Mais il est en vie. Il les a mystifiés : au cours des derniers jours passés à l'ambassade, il y a neuf mois d'ici, il s'était accroché à l'espoir qu'il ne lui était peut-être pas nécessaire de vivre dans le mensonge. Son voyage vers le nord l'avait détrompé. Il l'avait mené à travers une ville pillée et saccagée. L'Université était en flammes. Les livres de la bibliothèque de la cathédrale brûlaient sur la pelouse du pourtour. Après avoir fait six kilomètres hors de la ville, il avait vu cinq cadavres sur le bord de la route, les mains liées derrière le dos. Les gardes Khmers avaient dit que c'était des officiers, des traîtres de l'armée... mais celui qu'il avait reconnu était un civil. Plus loin, sur la route, son petit groupe avait rencontré plusieurs autres corps vêtus d'uniformes militaires ; les Khmers Rouges avaient fait passer leurs camions dessus et les avaient transformés en de vagues galettes. Il sut qu'il était entré dans une souricière.

Le quatrième jour, son plan fut mis au point. Il se débarrassa de ses habits occidentaux, et des dollars que Sydney lui avait donnés. Il enfila un short, des sandales et une chemise sale, et se fit couper les cheveux très court. Il n'était plus journaliste et interprète ; désormais il serait un chauffeur de taxi sans instruction venu d'un district ouvrier de Phnom

Penh, un misérable père de famille séparé des siens au cours du grand exode ; un homme du peuple parlant peu, et, quand il le faisait, d'une manière servile ou fruste, souriant souvent, d'un sourire hébété ; tout particulièrement lorsqu'on abordait la politique — un homme qui était ravi d'être traité d'imbécile.

Une trentaine de kilomètres plus loin, ils rencontrèrent le premier point de contrôle des Khmers Rouges. Dites-nous toute la vérité sur vous, dirent des hommes aux visages doux et souriants. Personne ne sera puni. Ils crurent son histoire hésitante et lui donnèrent une carte d'identité. Des milliers d'autres, fonctionnaires, professeurs, avocats ou militaires, dirent la vérité, et jamais on ne les revit. Le chauffeur de taxi, souriant, hochant la tête, ne parlant que lorsqu'on lui adressait la parole, marcha pendant un mois encore et parvint à Dam Dek. S'il s'arrêta là, c'est que, plus loin, c'était pire, du moins à ce qu'on lui avait dit. Il commençait à en douter.

On crie un ordre en khmer. Pran se lève. Sur des vélos chinois grinçant à chaque tour de roue, au sommet du remblai de terre approchent deux cadres militaires.

Ils s'arrêtent sous le mât du drapeau et procèdent à l'inspection du détachement. La femme, trapue et épaules larges dans son uniforme noir, sort une orange et se met à la peler. L'homme, silhouette bouffie au visage en forme de chou-fleur, porte deux crayons dans sa poche de chemise pour faire connaître son rang ; il fait appel à tout son enthousiasme mécanique pour prononcer un discours qu'il a déjà prononcé plusieurs fois en d'autres endroits.

— Angka est fier de vous, leur dit-il. Les chiens bellicistes et impérialistes ont tenté de nous détruire en détruisant nos récoltes, mais nous leur avons craché à la face. Rien ne peut vaincre la Révolution. Maintenant, le temps de la moisson est presque arrivé, et la saison de l'offensive doit commencer. De nouveaux horaires de travail vont être institués par Angka. Nous devons consentir à des sacrifices aujourd'hui pour que demain il y ait beaucoup à manger. Angka a parlé !

Son discours est ponctué d'applaudissements. Quiconque n'applaudit pas est un ennemi de la Révolution. La femme trapue dirige les acclamations, son orange à la bouche. Pran remarque un petit lézard près de son pied droit. Il laisse furtivement tomber son chapeau dessus. Le discours est terminé, la femme crache sa pelure d'orange en bas du talus et s'éloigne sur sa bicyclette. Pran écrase le chapeau et le lézard sous son pied. Ses compagnons d'esclavage s'emparent vivement de la pelure d'orange.

Toute la journée et tard dans la soirée, Pran charrie de la terre et de la boue jusqu'au talus. Le but de ce travail n'est pas très évident, puisque les Khmers Rouges ont éliminé les ingénieurs et n'ont aucune idée de la manière de construire des canaux d'irrigation ou des barrages. Mais cette pensée même est dangereuse, poser des questions, même silencieusement, est le signe d'un homme instruit. Et de toute façon, il est trop épuisé pour s'en soucier.

Sous l'œil vigilant des gardes Khmers Rouges, son détachement de corvée rentre d'un pas traînant au village de Dam Dek — guère plus qu'un campement de huttes de chaume dans une clairière dans la jungle. On les fait presser le pas le long des feux de bois allumés par les vieux villageois, jusqu'au marché couvert du centre de Dam Dek, que les Khmers Rouges ont élu comme lieu de réunion. Là, Pran dépose son joug et s'achemine en trébuchant vers sa hutte sur pilotis, tout au bout du village.

Il est trop fatigué pour manger ; mais il doit manger. Il inspecte ce qui fait sa joie et sa fierté : ses quelques mètres carrés de jardin, où il fait pousser des tomates, du tabac et un rang de courgettes. La tomate qu'il couve du regard depuis trois jours est maintenant bonne à manger. Il s'agenouille, la cueille, et monte péniblement les quatre marches en lamelles de bois.

Le tapis de roseau sur le sol est maculé d'une boue blanche. S'agrippant à l'une des perches de bambou qui soutiennent la cabane, Pran se laisse glisser sur le plancher. Il n'a pas le moindre meuble ; seulement deux assiettes d'aluminium et une marmite, et les feuilles de tabac qui sèchent pendues au toit de chaume. Il pose la tomate par terre et pendant une bonne minute la regarde. Puis il détache le sac de chanvre qu'il porte à sa taille et en vide le contenu dans la marmite : quatre escargots vivants et le lézard déjà sec et ratatiné.

L'épuisement a brisé tous ses ressorts. Avec le tranchant d'une assiette, il coupe la tomate en deux. Il en laisse une moitié dans le plat et porte l'autre à sa bouche, avant de la mastiquer lentement. Puis il se met en boule sur la natte et se cache les yeux de ses mains. A peine a-t-il avalé le dernier grain de tomate qu'il dort déjà profondément.

Presque aussitôt, lui semble-t-il, il est arraché à son sommeil par des clameurs rauques venues du système d'annonces publiques. Pendant un moment, il reste étendu, à écouter la voix criarde assener ses ordres ; Levez-vous ! Venez assister au meeting dans la grande salle du village ! Il est temps de participer au travail de la Révolution ! Il ne se tient plus de sommeil ; il veut fermer les yeux. Mais ce serait du suicide. La Révolution ne dort jamais. Saoul de fatigue, ne sachant plus si c'est la nuit ou le matin, Pran se tire de sa couche et cherche à tâtons ses sandales dans l'obscurité.

Trois fois par semaine, des séances d'endoctrinement ont lieu sous le toit du marché couvert. Les hommes de Dam Dek sont assis d'un côté, les femmes de l'autre. Les enfants s'assoient en tailleur à l'avant, et par-delà les enfants, douze cadres militaires d'Angka sont alignés sous la lumière électrique fournie par un générateur tout spécialement installé. Pran en reconnaît certains qu'il a vus aujourd'hui... ou hier... la femme trapue aux allures masculines et le personnage avantageux aux traits de chou-fleur.

Le haut-parleur juste au-dessus de lui le harangue et le retient sur le bord de la perte de conscience. La femme parle dans le micro :

— Regardez en avant ! Regardez toujours en avant ! Jamais en arrière ! Le nouveau Kampuchéa exige votre loyauté ! Vous devez vous fixer des buts plus élevés, de meilleurs niveaux de production ! Nos ennemis les impérialistes ont détruit notre terre. Vous devez la rendre cultivable à nouveau. Aidez Angka, et Angka vous nourrira...

Où va tout ce riz ? Pran en est réduit à des suppositions. Même si l'on considère que la récolte du mois dernier a été mauvaise, et qu'un embargo a probablement été mis sur toutes les importations de riz, on ne peut vivre avec cent cinquante grammes par jour. Depuis huit mois qu'il est à Dam Dek, quarante villageois sont morts de faim, des enfants et des personnes âgées pour la plupart. Cela fait dix pour cent du village. Si ce chiffre se répète dans tout le Cambodge, c'est sept cent mille personnes qui ont dû mourir de faim depuis la victoire des Khmers Rouges — beaucoup plus de ses compatriotes qu'il n'en a été tué pendant toute la guerre... Et pourtant il y a des surplus ! Il les a vus. Il a accompagné un convoi vers l'un des entrepôts communaux et vu assez de riz pour nourrir toute la province de Siem Reap pendant un mois ! Par conséquent, où va le riz supplémentaire ? C'est un mystère... ses yeux commencent à se fermer. Un mystère... Et à nouveau le bruit discordant du haut-parleur le fait sursauter et le rappelle à la vie avant que le cadre sur l'estrade se soit aperçu de son déshonneur.

— ... que seul Angka saura vous nourrir. Bouddha, lui, ne vous nourrira pas. C'est à Angka que vous devez faire des sacrifices. Vous devez travailler dur pour devenir un bon révolutionnaire. Si vous restez au milieu du chemin, si vous regardez par-dessus votre épaule, la roue de la révolution vous écrasera. Pour bâtir notre nouvelle société, ce sera assez d'un million d'hommes. Un million d'hommes purs et durs... C'est pourquoi Angka vous dit : endurcissez-vous ! Si vous tombez, relevez-vous et remettez-vous au travail !

Dehors, il fait nuit noire. Rien qui laisse soupçonner que l'aurore soit proche. La femme cadre abandonne le micro pour être remplacée par un adolescent, dont le rang élevé est signalé par deux crayons dans sa poche et qui les exhorte du même ton monotone. Les enfants le contemplent, fascinés, les yeux grands ouverts. Pran sent un frisson le parcourir. Etait-ce donc eux, les « purs et durs » dont parlait le cadre ? Ces gosses de cinq à neuf ans sont les feuilles vierges sur lesquelles Angka écrit ses terribles instructions : considérer Angka comme son père et sa mère ; se défaire de tout sentiment humain qui ne soit pas entièrement dirigé vers Angka ; apprendre à espionner tous les ennemis d'Angka, fussent-ils ses propres parents, avec, comme récompense promise, de pouvoir prendre part à leur exécution.

Pran dévisage fixement les bambins sagement assis devant lui. Quelle chance qu'aucun des siens ne soit ici. Il a été témoin du travail d'endoctrinement exercé sur eux chaque jour par les cadres, le « cours d'éducation » d'une heure, de onze heures à midi, où on leur apprend à haïr leurs ennemis et à chanter des chants révolutionnaires, tandis qu'un supérieur passe doucereusement de l'un à l'autre, en leur posant des questions sur leurs parents. *Vous donnent-ils des suppléments de nourriture ? Que disent-ils de la Révolution ?* Et les enfants sont heureux. Ils se porteraient volontaires pour assister à ces cours, s'ils le pouvaient. Ils les reposent pendant une heure de leur labeur du reste de la journée, qui est de ramasser vingt à trente kilos de fumier de bœufs et de buffles et de le mélanger à des excréments humains pour en faire de l'engrais...

Tout le monde applaudit. Pran frappe dans ses mains lui aussi, mais il craint d'avoir tardé un peu, et que son inattention ait été remarquée. Il se retourne vers le rang derrière lui et sourit bêtement. Les espions sont partout à faire leurs rondes — et pas seulement des enfants. Angka les prévient que même sous les huttes la nuit se cachent des espions, et pour une fois, on peut en croire Angka. Avec un sourire figé, il applaudit les cadres Khmers Rouges pour leurs sages et bienveillantes remarques. Sur les rizières, au-dessus des larges feuilles des bananiers, la faible lueur d'une aube rouge naît à l'horizon.

C'est la saison sèche. La nourriture est pour ainsi dire inexistante. A Dam Dek, ils n'en sont plus maintenant qu'à une cuillerée de riz par jour. Pour survivre, Pran fouit la terre à la recherche de lézards, de scorpions, et d'escargots ; il arrache et mâche l'écorce des jeunes arbres. Une bouillie de poisson assortie d'une purée de feuilles de bananiers constitue un repas de choix. La nouvelle lui est parvenue de la mort de son père et de ses frères, deux d'entre eux exécutés pour avoir combattu dans l'armée de Lon Nol. Une mort soudaine valait peut-être mieux que ce qu'il voit autour de lui. Les gens s'écroulent et meurent en travaillant, attelés à des charrues dans les rizières ou enfoncés jusqu'aux genoux dans la boue des tranchées d'irrigation. Sur de hauts mâts de bambou, au-dessus d'eux, flottent les drapeaux couleur de sang de la République démocratique du Kampuchéa. Leur sacrifice ne sera pas vain, leur rappellent les étendards. Si cinq millions de Cambodgiens meurent pour la Révolution, il en restera toujours un million, purs et durs, pour inaugurer l'ère de la nouvelle nation khmère, dans laquelle tous les ennemis de la démocratie seront morts, et toutes les contradictions internes éliminées.

L'Elite des Survivants constituera la jeune armée Khmer Rouge, les enfants sans mémoire du passé, qui auront été formés à n'avoir ni conscience, ni pitié, ni amour, ni loyauté, ni foi, si ce n'est à l'égard d'Angka. Les mots eux-mêmes qu'ils utilisent sonnent étrangement aux oreilles de Pran. Les individus sont des *opakar*, ou « instruments » pour exécuter les consignes d'Angka. La nation khmère est une *machine*, au sens français ou anglais d'un appareil organisé jusque dans ses moindres rouages. Mais la grande machine n'a plus d'huile pour la faire tourner, et les instruments ont été broyés...

Le chauffeur de taxi dans la jungle coupe des branches à la hache. Le bois est sec, et quand la hache le frappe, il craque avec un bruit d'os. Lever la hache au-dessus de sa tête demande à Pran un immense effort. Il ne peut contrôler la chute de l'outil et souvent rate le bois, enfonçant la lame dans la terre meuble. Un enfant de neuf ou dix ans pose sur lui un regard vide. Pran lui sourit d'un air idiot, et continue à travailler, sans oser parler. Ses propres enfants auraient pu devenir ainsi.

Il rassemble un fagot de petites bûches et les emporte jusqu'au char à bœufs qui attend sur le chemin, en bordure de la clairière. L'enfant le surveille. Il essaye de s'imaginer en Amérique, Ser Moeun, lui, et les enfants. Il imagine les hauts bâtiments de verre et de métal qui s'élancent vers le ciel et les rapides voitures aux pare-chocs de chrome et aux pneus qui crissent. Et puis, à manger partout, même dans les vitrines des magasins ; de la nourriture qu'on jette. C'est New York tel que Sydney le lui a décrit : des montagnes de verre, des vallées de béton, et un grand vent de milliers de personnes courant d'un endroit à un autre, des Américains d'un mètre quatre-vingts à la voix profonde, avec de longs nez, et qui ont des tranches de viande pour dîner. Tout y est brillant, métallique, coupant... et quelque part dans tout cet éclat et cette dureté, sa famille qui prie Bouddha pour qu'il survive, trouvant aussi impossible de se représenter ce qu'il lui arrive, qu'il le lui est d'imaginer leur sort.

Il laisse retomber la hache. Les os éclatent. Il doit se raisonner. Sydney a promis qu'ils iraient bien : il prendrait soin de Ser Moeun, les enfants seraient mis dans une bonne école où on leur enseignerait l'anglais et l'histoire — ainsi soit-il. Ce qui doit arriver arrivera, aussi sûrement que cette hache va frapper. C'est pourquoi il n'a pas changé de nom en même temps que d'identité, en dépit du risque de se voir reconnu et trahi auprès des supérieurs. Si Bouddha a choisi de protéger Dith Pran, Bouddha le protégera.

Un gong résonne dans le lointain. Courbant son dos doulou-reux, Pran ramasse un dernier paquet de bûches. A sa surprise, la charrette est toujours immobile sur le chemin ; les bœufs secouent leurs têtes et dressent leurs oreilles avec nervosité. Le conducteur s'est endormi. Sous le regard du petit garçon, Pran se décharge de ses bûches et donne une claque sur la jambe de l'homme, qui se réveille en sursaut. Il est assez vieux pour être le père de Pran ; il lui envoie une œillade pathétique pour le remercier et lève sa baguette. La charrette s'ébranle, suivie de Pran. Le gamin a disparu.

La piste quitte les arbres pour longer des rizières séchées. Quatre silhouettes vêtues de noir attelées à une charrue la tirent dans cette terre lourde sous la surveillance tyrannique d'un garde. L'une des femmes est une institutrice ; Pran le sait, car elle a courageusement proposé de donner des leçons d'arithmétique aux enfants du village. Pour quelque raison inconnue, les cadres ne l'ont pas exécutée séance tenante ; au lieu de cela, ils la font mourir à la tâche dans les champs, tandis que dans la grande salle de réunion les enfants chantent des chants révolutionnaires et apprennent que deux et deux font six si Angka en a décidé ainsi.

Le sentier s'est élargi ; et c'est maintenant une route. Pran et le conducteur de la charrette dépassent un convoi de véhicules militaires réduit en cendres. Droit devant eux, Pran voit le gamin de neuf ans. Les jambes lui manquent. Deux gardes sont debout sur la route, et l'enfant les désigne. Un garde s'avance et lance un ordre brusque à Pran, puis prend le vieil homme par le bras. Sans regimber, Pran saisit les rênes et poursuit son chemin. Le conducteur est traîné derrière un A.P.C. peint en noir. Pran ne voit rien, n'entend rien, mais le jeune garçon revient en courant, le sourire aux lèvres.

Il arrive enfin au chantier de construction sur la colline, où l'on bâtit une nouvelle maison de réunions, plus imposante, et il décharge son bois. Il n'est de retour à Dam Dek qu'après la tombée de la nuit. Des hommes sont en train de laver leurs vêtements dans le peu d'eau qui reste dans le lit de la rivière, puis les teignent à nouveau de noir avec le fruit du *makhœur*. Quelque part une chouette hulule. Pour un instant, c'est le Cambodge de toujours, une terre paisible et verte, centrée sur Bouddha et sur les saisons et les petites parcelles de terre cultivable des villageois.

Accablé de lassitude, Pran se traîne vers ce qu'il appelle sa maison. Le spectacle qui l'attend pourrait le faire hurler de rage. Les Khmers Rouges ravagent ses carrés de légumes. A l'instant il arrive, un garçon est en train de renverser à coups de pied ses plants de courgettes, et sous ses yeux déracine ses précieuses tomates et les jette dans une brouette.

— Pourquoi... commence Pran, réduit immédiatement au silence par la mine du garçon.

Ne discute jamais, ne dis jamais la vérité. Dans sa colère, il a presque oublié les deux règles essentielles qui l'ont jusqu'ici protégé. Il change son expression pour celle d'une stupéfaction polie.

— Il ne sera plus nécessaire à l'individu de subvenir à ses besoins alimentaires ! déclare le gosse, répétant d'une voix aiguë, comme un perroquet, les instructions de ses supérieurs. Angka subviendra à tout !

Angka subviendra... Peut-être serait-il possible de continuer à endurer, si seulement Angka voulait bien vous laisser dormir. Mais les voix s'élèvent encore, l'arrachant à ses rêves brisés. Réunions... toujours d'autres réunions...

La violente lumière électrique, les enfants qui se frottent les yeux, les cadres scrutant leurs visages pour y déceler des marques de faiblesse, des marques de culpabilité. Ces réunions sont tenues dans un espace hallucinatoire, une suspension du temps entre un jour et le suivant, comme la suite d'un affreux rêve qui aurait commencé à votre arrivée dans votre hutte, lorsque vous vous étiez étendu sur votre natte de roseau. Elles minent votre résistance. Elles rendent le mensonge plus difficile.

Ce soir dans la salle, il y a de nouvelles chaises vides, celle du conducteur de char à bœufs par exemple. Pran s'avance d'un rang. Il est plus sage de ne s'asseoir ni à l'arrière, ce qui éveille les soupçons, ni à l'avant, où chaque imperceptible tremblement des paupières est visible. Il est en retard, mais on accepte son excuse. Le cadre le plus puissant et le plus haï de Dam Dek, une sorte de nain à la tête bulbeuse enfoncée profondément dans des épaules comme surhaussées, l'a envoyé avec mission de rapporter d'urgence des cachets de pénicilline, l'unique petite bouteille disponible dans tout le village. Quand Pran est revenu, mission accomplie, le cadre les a fait absorber à son chat siamois qui souffrait d'une infection à la patte. Et Pran a alors dû maintenir l'animal pendant que le nain le bandait.

De tels exemples de sacrifice désintéressé sont le thème de la leçon d'éducation politique de cette nuit. Chou-Fleur est au micro.

— Nous devons exercer une vigilance révolutionnaire accrue et nous montrer plus sévères ! Angka a identifié une maladie qu'il faut exterminer. C'est une maladie de la mémoire. Examinons-nous attentivement. Nous arrive-t-il de réfléchir à ce qu'était la vie dans le Kampuchéa prérévolutionnaire ? C'est un signe de tendances individualistes. Déracinez-les. Soyez comme le bœuf, fort et obéissant. Le bœuf mange et tire la charrue. Il ne perd pas son temps en de futiles pensées ! Nous sommes entourés d'ennemis — mais l'ennemi est aussi en nous-mêmes ! Nous ne pouvons faire confiance à personne. Soyez vigilants, ou d'autres seront vigilants pour vous !

Pran courbe la tête, puis la redresse. L'estrade n'est qu'un brouillard noir et blanc. Chou-Fleur donne des exemples de tendances individualistes ; il crie un nom. Sur le rang à l'opposé de Pran une jeune fille se lève. C'est l'institutrice.

— Voyez, camarades. Cette femme voulait garder son enfant quand Angka est venu le chercher. Elle pensait qu'elle pouvait mieux s'occuper de lui que ne l'aurait fait Angka ! Elle s'est mise au-dessus d'Angka ! Voilà un exemple de ce à quoi peuvent mener les tendances individualistes !

Pran lui jette un regard à la dérobée. En dépit d'une croûte sur sa lèvre et de la poussière grise de la charrue qui s'est déposée sur sa chevelure, elle est indéniablement belle. Peut-être à cause de sa jeunesse, elle est parvenue, à travers toutes les peines et les humiliations, à conserver sa souple féminité : son maintien est d'une dignité telle qu'il doit être un affront aux yeux des Khmers Rouges, pour qui la beauté est un dangereux signe d'individualisme. Pran jette un regard effarouché au cadre sur l'estrade, puis à la femme. Il l'a déjà vue quelque part. Elle lui rappelle quelqu'un ; elle lui rappelle la jeune fille sur la moto qui était venue à leur rencontre dans les ruines de Neak Luong, ses cheveux noués dans un foulard — Rosa. Mais... il l'avait sûrement vue ailleurs depuis lors.

Chou-Fleur en a terminé, mais n'a pas fait venir Rosa pour être punie ou exécutée. Elle se rassied, s'accrochant à la chaise de devant pour se soutenir. Pran est trop fatigué pour se remémorer où il a pu la voir. La seule pensée que son esprit soit capable de formuler est que la beauté survit, et qu'il est encore capable de la reconnaître. Il sent ses paupières s'apesantir mais un coup de gong met fin à la réunion. Le peuple de Dam Dek se met debout avec beaucoup d'efforts pour écouter l'hymne national de leur nouvelle patrie :

Sang rouge et éclatant qui couvre villes et plaines
Du Kampuchéa, notre patrie,
Sang sublime des ouvriers et des paysans,
Sang sublime des combattants et des combattantes de la Révolu-
tion !
Ce sang qui fait naître une haine implacable
Et nous détermine à la lutte,
Le 17 avril, sous le drapeau de la Révolution,
Libérés de l'esclavage !

Une autre saison sèche s'est écoulée, une autre moisson est passée. Nous sommes au début de l'An Deux de la Révolution, et le cauchemar a resserré son étreinte. Pran a coupé du bois, pêché et labouré, et transporté de la terre pour construire des digues pour les rizières avant que la mousson n'éclate. Les crabes de terre qu'il trouve dans les rizières, il les mange vivants. Les rats, il les prend au piège dans son sac de chanvre, les ramène chez lui où il les dépouille et les fait rôtir au-dessus d'un feu, sur une broche de bambou. Son visage s'est boursouflé sous l'effet de la malnutrition, ses dents se déchaussent dans sa mâchoire. Même pour marcher sur une courte distance, il a besoin d'un bâton.

Les exécutions en masse ont commencé. Jour après jour, Pran voit des hommes et des femmes emmenés, les mains liées dans le dos, par des gardes armés. Dans des camions, ils sortent du village et s'enfoncent dans la jungle, au-delà de la colline où la nouvelle maison de réunions est presque achevée, maintenant. Selon les récits qui filtrent jusqu'à eux, les victimes sont battues à mort à coups de haches et de fourches, de marteaux et de barres de fer, afin d'économiser les précieuses munitions. Les immenses cratères qui avaient été creusés par les bombes américaines, dans la forêt à l'ouest, sont maintenant pleins à ras bord des corps des suppliciés, et les Khmers Rouges à présent se tiennent de chaque côté de tranchées fraîchement creusées où ils font tomber les hommes, les femmes et les enfants en les frappant à coups de matraques, un par un... Parfois ils se soucient à peine de les recouvrir de terre, si bien qu'après leur départ des bras et des jambes sortent, tout raides, de la terre...

Pran ne sait s'il faut ajouter foi à ces dires. Mais, depuis que son voisin dans la cahute d'à côté a été enlevé par les gardes armés — pour le seul crime, pour autant qu'il ait su, de porter d'épaisses lunettes de myope — Pran a recueilli dans la forêt des noix d'une certaine espèce qui contiennent une substance apparentée à la strychnine. Il en conserve une poignée dans sa hutte pour le cas où les gardes viendraient une nuit le chercher.

Aujourd'hui, on l'a envoyé avec le char à bœufs, sous une pluie battante, ramasser du bois de chauffage pour les cadres. Tout en suivant avec les animaux le chemin aux berges un peu hautes, non loin des silhouettes noires qui, les pantalons relevés, plantent du riz dans les champs, il se courbe douloureusement, avec lenteur, pour extirper de la boue des branches et du bois sec, et les jeter à l'arrière de la charrette. Tous les trente mètres environ, il passe devant un jeune Khmer Rouge, montant la garde, un AK-47 à la main. C'est des jeunes, des gardes entre douze et quinze ans, qu'il a le plus peur. Ils semblent dénués de tout sentiment humain qui ne soit pas leur loyauté envers Angka. Ils sont disciplinés comme des machines, des machines à tuer. Ce n'est que dans le meurtre qu'on les a autorisés à prendre du plaisir. Lorsqu'il les dépasse en traînant la jambe, il baisse le front et courbe les épaules en signe de soumission.

Il songe à Rosa. Le mystère de Rosa a trouvé une explication ; et le simple fait d'y penser le remplit d'angoisse. Elle est la femme de son ami Nhiek Sann, qu'il a vu pour la dernière fois à Phnom Penh le jour de la victoire des Khmers Rouges, alors qu'on le conduisait à son exécution. Mais Nhiek Sann n'était pas mort. Il avait mis au rebut ses lunettes et ses vêtements occidentaux et s'était déguisé, tout comme l'avait fait Pran. Il n'avait réussi à savoir que sa femme était vivante, et dans un village proche, qu'après deux longues années. A la fin de la dernière saison sèche, Pran avait rencontré Nhiek Sann en train de draguer le canal jusqu'à la rizière : il avait, d'une manière ou d'une autre, obtenu de son cadre la permission d'être transféré. Ces retrouvailles avaient été sans joie et, bien au contraire, les avaient comblés de terreur. Cependant, Nhiek Sann était celui qui courait le plus grand danger. C'est de toute façon la politique des Khmers Rouges de séparer maris et femmes, mais si Nhiek Sann disait aux dirigeants de Dam Dek qu'il est l'époux de l'institutrice, leurs deux vies seraient alors en danger. Pran pense à eux avec commisération et appréhension. Il les a vus par deux fois travailler dans le même champ ; chaque fois ils ont échangé des regards, et il pouvait deviner l'intensité du sentiment qui y passait. Mais pas une parole. Parler sous les yeux des gardes aurait été une erreur fatale.

Pran lui-même n'a parlé qu'une fois à la femme de Nhiek Sann. Ils étaient par hasard tous deux affectés à la cuisine d'une coopérative régionale de forgerons. Comme toujours en présence d'espions, il n'a pu avoir avec elle qu'une brève conversation, où il lui a exprimé sa sympathie au sujet de son fils qui lui a été enlevé par Angka. Rosa (car il ne sait toujours pas son véritable nom) a incliné la tête en signe de reconnaissance, et lui a dit en souriant :

— Je suis patiente. Quand votre mari est parti et que votre enfant vous a été pris, il ne reste plus rien à faire que d'attendre la mort pour les voir de nouveau.

Pran flatte les bœufs de la main et leur parle d'une voix douce. S'ils prenaient peur et s'enfuyaient, il serait trop faible pour les maîtriser ; mais quelquefois les soldats tirent en l'air pour s'amuser et punissent ensuite le conducteur qui a perdu le contrôle. Ils attendent tous la mort. Le Cambodge est devenu un gigantesque camp de la mort. La longue et ferme patience de Rosa est la seule réponse digne qui leur reste.

Tout à coup, un son peu familier fait dresser l'oreille à ses bêtes. Là, dans la rizière, un jeune homme est en train de commettre un acte de folie : il chante une chanson. Debout très droit, les épaules larges, ses bras ballants, il chante, pour défier les espions, les soldats et les drapeaux rouges qui claquent au vent sur la colline — une chanson française dont Pran se souvient bien, une chanson que l'on apprenait dans les classes de l'ancien Cambodge :

Au clair de la lune
Mon ami Pierrot
Prête-moi ta plume
Pour écrire un mot...

Les gardes sont descendus dans l'eau de la rizière en hurlant. On fait taire la jeune voix courageuse d'un coup de crosse de AK-47. La mâchoire fracassée et en sang, il se laisse entraîner vers les arbres par deux des gardes, ses mains attachées dans le dos par des nœuds un peu lâches, il crie :

— Bienvenue à la Mort ! Je suis prêt !

Sous prétexte de rassembler du bois, Pran les suit à quelque distance. Il a besoin de s'assurer par lui-même de la véracité des récits qu'il a entendus.

Ramassant des brindilles en chemin, Pran mène les bœufs autour de la lisière de la forêt. Une fois la charrette hors de vue des gardes stationnés dans les champs, il attache les bêtes et s'enfonce plus avant sous les arbres. Il entend le groupe des exécuteurs qui le précèdent. L'homme, qui devait être un des étudiants de la ville, essaye toujours de chanter avec sa bouche brisée. Les deux gardes l'injurient et le frappent.

Lorsque Pran les rattrape enfin, ils ont atteint un emplacement qui a déjà dû être utilisé plus d'une fois. On peut voir sur le sol une poêle à frire et les restes d'un feu que l'un des soldats s'applique à ranimer. Ils ont attaché l'étudiant à un arbre, ont déchiré sa chemise et lui ont bandé les yeux. Pran se tapit dans un buisson de rhododendrons, en prenant garde de ne pas remuer les branches. Ce qu'il voit ensuite restera imprimé dans ses rêves pour les nombreuses nuits à venir.

Un des gardes prend un couteau très aiguisé et ouvre le ventre du jeune homme. Il hurle de douleur, une douleur atroce, un hurlement sans fard, hystérique, tandis que le sang ruisselle et que des intestins blancs jaillissent et s'affaissent sur ses cuisses. Le garde qui l'a transpercé rit et dit quelque chose. Et Pran saisit le mot « chanson ». D'une main, il fouille derrière les intestins de l'étudiant — pour y trouver le foie, qu'il découpe avec un couteau. L'homme hurle encore, secoué par ses cris comme s'ils ne faisaient plus partie de lui-même. Et ce n'est que lorsque le foie est presque cuit que les affres de la mort prennent fin.

Après avoir mâché et avalé le foie pour se donner de la force, les jeunes soldats emportent son corps plus profondément dans la forêt pour l'enterrer. Pran repart vers la charrette et essaye de vomir le peu qu'il a dans l'estomac avant de continuer sa route. Les cloches au cou des bœufs rendent un son creux, comme les cloches qui appellent les morts. Sur ses épaules, il sent le poids de tous les siècles qu'il faudra pour expier des péchés tels que celui-ci.

C'est le temps de la récolte. Pran peine dans le champ, à remplir des paniers de riz vert et à les porter jusqu'au char à bœufs. Deux ans et demi de famine l'ont réduit à l'état de squelette vivant. Ses pupilles ont la couleur du lait. Pour franchir les petits talus à hauteur de genoux qui encerclent les rizières, il lui faut se baisser, se coucher dessus et faire rouler son corps sur l'autre bord. La seule chose qu'il ait gagné en tout ce temps perdu, c'est quelques renseignements. Il sait que les troupes de la République démocratique du Kampuchéa sont massées près de la frontière du Vietnam. Il sait où va leur précieux riz : il va vers le nord, chez les Chinois, en échange de fusils.

Un ordre lui arrive d'un cadre sur le remblai. Avec obéissance, Pran remplit un seau d'eau dans la rizière, le porte aux gardes sous leur abri et le verse dans leur marmite. Et il s'en retourne chercher un autre seau ; il croise Nhiek Sann, mais prend soin d'éviter ses yeux. Lorsque la marmite est pleine, il leur demande des allumettes. On lui passe un briquet. En allumant le feu sous le chaudron, il remarque un petit objet miroitant dans la boue — une lame de rasoir. Il la cache, et s'en revient à la rizière, lentement, la tête humblement courbée ; le repas n'est pas pour lui.

Cette nuit a lieu une cérémonie spéciale dans la salle de réunions (le bâtiment construit sur la colline ne peut encore être utilisé parce qu'aucun haut fonctionnaire n'est venu pour l'inaugurer). Pran s'assied toujours plus à l'avant au fur et à mesure que se vident les sièges derrière lui. Les enfants au pied de l'estrade chantent et frappent dans leurs mains. L'un d'eux tape sur un tambour de bois, un autre joue d'un sifflet de métal. Sur les bas-côtés, des hommes et des femmes se tiennent debout en lignes parallèles. C'est une cérémonie de mariage selon les règlements d'Angka.

Chacune des personnes alignées porte un numéro qui correspond à un autre porté par un membre du sexe opposé. Les cadres les ont apparemment accouplés au hasard, bien que les plus jeunes femmes aient été attribuées aux villageois qui ont fait certaines faveurs aux cadres. Rosa est associée à un homme que des cicatrices de guerre ont obscènement défiguré. Elle a un visage apaisé, bien que sa peau semble soudain tendue très fort sur ses os. Pran regarde avec crainte vers Nhiek Sann, deux rangs devant lui. Il a la couleur blanche des cendres ; ses mains sont blanches aussi et cramponnent la chaise devant lui. Il se lève à demi, comme si, torturé du dégoût du monde et de lui-même, il voulait les délivrer tous deux de leur misère, puis il rencontre le regard du nain sur l'estrade et se renfonce sur son siège. Mais son acte involontaire a été remarqué et noté. Rien n'échappe aux agents d'Angka. Pran met sa main dans sa manche retroussée et sent le fil de la lame de rasoir.

Il est à peu près minuit ; il pleut et le tonnerre gronde. C'est un bon présage. Pran, appuyé sur son bâton, avance en chancelant vers sa porte. Une lampe brûle encore dans la salle de réunions ; le reste du village dort. Marchant à pas feutrés dans ses sandales de caoutchouc, il se met en route et s'engage dans le sentier qui mène à l'enclos près de la rivière où sont parqués les bœufs. Il lui faut s'astreindre à un grand détour, loin de la maison des gardes. Le fracas du tonnerre masque le bruit des cailloux sur lesquels il glisse et manque une fois de perdre l'équilibre.

Dans le petit enclos, une demi-douzaine de bêtes sont endormies debout sur leurs pattes. Il se glisse au milieu d'elles à pas de loup. Il caresse d'une main le flanc d'un animal et de l'autre, à l'aide de la lame de rasoir, pratique une toute petite incision dans son cou. Appliquant sa bouche sur la coupure, il la suce avidemment puis se retire, le sang et la pluie lui coulant dans la gorge.

Une fois encore il suce le sang, puis passe au deuxième bœuf sur la rangée pour recommencer l'opération. Mais cette fois les choses tournent mal. L'animal donne un coup de tête et le rasoir s'enfonce profondément. En quelques secondes, tout l'enclos est dans un tumulte de bêtes en panique.

Pran se met à courir. Quelqu'un crie. Une lumière traverse le sentier. Il essaye de franchir la barrière du parc, mais ses jambes s'affaissent sous lui, et il tombe. La lumière l'éblouit et un visage apparaît, celui du Khmer Rouge qu'il a vu ouvrir le ventre d'un homme avec un couteau. Des mains lui empoignent les cheveux et les bras. Tandis qu'ils le ramènent en le traînant dans la boue, ses cris sortent, suraigus.

— Je n'ai rien fait de mal ! Je n'ai rien fait de mal !

À moitié porté, à moitié traîné, il arrive à la maison des gardes. Plusieurs des cadres sont là, y compris la femme trapue, occupée à couper une banane en tranches dans un bol de riz. La bouche pleine, elle donne un ordre. Pran est jeté sur le sol à l'extérieur de la maison. Il est aussitôt cerné de Khmers Rouges armés de gourdins, de haches et de ces faux à long manche qui servent à couper les bambous. Il se met à quatre pattes ; un manche de hache le fauche en plein estomac et lui coupe entièrement le souffle. Un long bâton s'abat sur sa nuque avec un craquement et l'aplatit le nez dans la boue.

— Tu voles à la collectivité ! tu es l'ennemi !

Ils le bourrent de coups et le battent, alors qu'il gît déjà sur la terre. La femme courtaude lui donne de tels coups de pied qu'elle lui recrache une bouchée de riz sur la tête :

— Traître ! traître !

Il s'attend à tout instant à ce qu'une faux arrive sur lui et lui fasse sauter la tête. Mais ils n'en ont pas fini avec lui. Ils lui attachent les mains derrière le dos et le remorquent, à demi conscient, dans les bois derrière le village. Ils le laissent tomber lourdement contre un arbre. C'est la fin. Il entend sa propre voix venir comme de très loin, comme un esprit appelant du royaume des morts :

— Je n'ai rien fait de mal !

La scène croulait sous les œillets roses. Et devant, à l'orchestre, s'étalaient les smokings, les soies et les organdis, et les bijoux sortis des coffres pour l'occasion. Schanberg attendait dans les coulisses, tandis qu'un homme avec un nœud papillon en velours lisait sa citation, comme s'il annonçait un numéro de variétés :

— Mesdames, messieurs, ... pour son reportage brillant et objectif, réalisé dans les conditions les plus difficiles et les plus dangereuses, pour sa remarquable contribution au journalisme... la Foreign Press Award a été décernée à M. Sydney Schanberg, du *New York Times*! Sydney!

Schanberg s'avança au milieu des œillets, accompagné des applaudissements fournis et prolongés de la salle. Tandis qu'il recevait son prix, il vit en face de lui tous les visages familiers, rayonnants de sourires qui l'étaient moins. Ce qui leur importait à tous, c'était le vainqueur. Il se pencha sur le micro :

— Quiconque connaît mon travail saura que la moitié en revient à Dith Pran. Sans Pran je n'aurais pas été capable d'envoyer ne serait-ce que la moitié des articles que j'ai écrits. Il est tout à fait sympathique de nous congratuler entre nous en des occasions comme celles-ci, mais je ne puis être ici ce soir sans penser à tous ces gens innocents que Pran m'a aidé à faire sortir de l'ombre pour les faire connaître du public américain. Le Cambodge n'était qu'un petit spectacle annexé à la tragédie du Vietnam, le petit gars que l'on ne remarquait pas auprès du grand type qui occupait le devant de la scène. Je ne sais trop quelles analogies je devrais tirer de tout ça...

Il observa une pause. Quelques personnages s'agitaient inconfortablement dans leurs fauteuils. Voilà qui était bien.

— Les Vietnamiens, qui savent de quoi ils parlent, ont décrit le Cambodge comme « un pays de sang et de larmes, un enfer sur la terre ». Pol Pot exprime cela différemment. Il dit qu'au Vietnam les communistes ont trié tout le panier, pour en retirer les fruits pourris ; ce que les Khmers Rouges ont fait, eux, c'est de renverser le panier sur le sol et de ne ramasser que les bons fruits. On estime que trois millions de personnes sont mortes au Cambodge... et malheureusement notre propre pays a apporté une spectaculaire contribution à cette tragédie. Les hommes qui siègent à la Maison-Blanche ne considéraient pas les Cambodgiens comme des personnes réelles, comme des êtres humains en chair et en os. Ils les voyaient, eux et le Cambodge, comme de simples abstractions qui pouvaient servir les desseins de l'Administration en Indochine. Jamais ils n'ont demandé aux Cambodgiens ce qu'ils souhaitaient — ils le leur ont dit, puis ont en secret bombardé leur pays. La Maison-Blanche a soutenu que les sept milliards de dollars dépensés à bombarder le Cambodge avaient été nécessaires pour démembrer les places fortes et sanctuaires de Hanoï installés dans le pays, de façon que les troupes américaines puissent être retirées sans trop de douleur du Sud-Vietnam. Ainsi donc nous nous sommes servis d'eux et les avons payés, et ils se sont battus pour nos propres intérêts, à notre place, et ils sont morts, et nous n'avons rien vu de mal à tout cela parce qu'ils n'étaient que des abstractions. Mais ces bombardements atroces ont aggravé l'affrontement, ont détruit la fragile neutralité du Cambodge, ont introduit une guerre en pleine fleur dans le pays, l'ont divisé contre lui-même, et ont ainsi créé les conditions de haine, de peur et de chaos qui ont rendu possibles l'arrivée au pouvoir et la montée de la terreur des Khmers Rouges, qui en 1970 n'étaient qu'une force minime et désorganisée. Certes, le Cambodge ne représente pas le monde dans son entier, mais c'est un assez fidèle microcosme, et il nous rappelle combien les grandes puissances font inconsidérément fi des conséquences humaines que peuvent entraîner leurs actions en faveur de quelque intérêt de politique intérieure ou de politique étrangère défini de manière étroite. J'ai eu récemment l'occasion de lire un article, écrit alors que j'étais à Phnom Penh, qui résume cela mieux que beaucoup ne l'ont fait. En voici un fragment : « Le conflit a débuté à propos de questions que la plupart des Cambodgiens n'ont jamais comprises, et il a pour finir laissé la moitié de la population de cette minuscule nation sans toit, affamée, morte ou mutilée. Il a également laissé un ressentiment profond contre les Etats-Unis pour avoir plongé le Cambodge la tête la première dans une guerre civile qu'il n'avait pas cherchée et à laquelle il semblait incapable de mettre fin. Je suis très heureux d'accepter cette récompense au nom de Pran et de moi-même. C'est un grand honneur. Et je sais que Pran serait extrêmement fier. Merci.

Il repartit vers les coulisses sous un tonnerre d'applaudissements qui avaient chez chacun exactement le même niveau d'enthousiasme impersonnel — le son collectif, lui semblait-il, de gens qui n'avaient pas de convictions mais beaucoup de cœur. Il ne voulait pas rester pour la réception ; il voulait s'en aller le plus loin possible. Mais son rédacteur en chef était là, et aussi sa sœur Shirley. Il ne pouvait l'abandonner dans cette populace.

Il s'aventura dans la grande salle de réception. Les applaudissements venus de la salle de conférences sonnaient comme une mitraillade lointaine dans les faubourgs d'une ville. Des serveurs dressaient le buffet froid : petites saucisses piquantes grosses comme des crottes de chihuahua, rondelles d'olives et anchois sur canapés, tortillons de crabe rose et de saumon plus rose encore sur petits biscuits salés, galettes de maïs à tremper dans une sauce veloutée, fines tranches de pain complet tartinées de fausse pâte de caviar, petits morceaux de fromage français à grignoter, et un bouquet de cure-dents dans un verre à liqueur.

Il se tenait là, mal à l'aise, comme quelqu'un qui se serait trompé de soirée. Sous une photo de la trogne du président Carter, un serveur se pencha avec un froncement de sourcils très contrarié et fit disparaître un pli malencontreux en tirant sur la nappe blanche. Les gens arrivèrent comme un essaim, droit sur lui, puis dérivèrent plus loin. On lui mit un verre de champagne dans la main.

— Je ne veux pas rester longtemps, dit-il à sa sœur.

— Tu es l'une des vedettes, Syd. C'est bien Norman Mailer, là-bas ? Je le voyais plus grand.

Encore du champagne. Encore des mains à serrer.

— Eh ! dis donc ! Génial ! Bravo, beau travail. Et quelles nouvelles de... comment s'appelle-t-il ?

— Pran. Pas de nouvelles pour l'instant.

— Non, eh bien, travail splendide. Et j'ai beaucoup aimé ce que tu viens de dire sur les communistes et les fruits pourris, c'est exactement ce qu'ils sont. A un de ces jours, Sydney.

De petits groupes de gens de lettres qui parlent politique. Une équipe de télévision rôdant dans tous les coins avec ses projecteurs, traquant les célébrités. Au milieu du tourbillon éblouissant, la femme d'un sénateur devenue chroniqueuse politique faisait valoir son opinion sur le Liban. Schanberg présenta sa sœur à Mike Wallace.

Les projecteurs se rapprochaient. Il s'était fait enfermer dans une discussion qu'il n'avait pas voulue, avec un journaliste du *Partisan Review.*

— Notre erreur a été de tenir Sihanouk à l'écart et de maintenir Lon Nol, disait Schanberg.

— Lon Nol s'est installé lui-même. Et a conservé sa place tout seul.

— Pas du tout. In Tam aurait dû gagner les élections de 1972 et aurait réformé l'armée cambodgienne. C'est un fait établi. Washington a soutenu Lon Nol et l'a laissé truquer les élections.

Les lunettes sans monture lancèrent un éclair :

— Vous accusez Nixon et Kissinger de tous les maux de la terre, n'est-ce pas, monsieur Schanberg ? Les Etats-Unis combattent le communisme, c'est aussi simple que cela. Mais pour ce faire, il faut subordonner les parties au tout, qu'il s'agisse de l'Asie du Sud-Est, du Moyen-Orient ou de l'Amérique centrale. Si vous ne disposez pas d'une stratégie globale, vous foutez la merde, comme c'est le cas à présent. C'est peut-être dur à avaler, mais c'est ainsi.

Schanberg regarda l'homme :

— C'est cette superbe stratégie qui a déchaîné les Khmers Rouges, dit-il. Ils tuent tout ce qui porte des lunettes, vous savez. Même des lunettes sans monture. C'est dur également.

Il vida son verre d'un trait :

— Excusez-moi, je dois aller aux W.-C.

Les toilettes étaient fort différentes de celles où ils avaient développé la photo de Pran. Schanberg se dirigea vers les lavabos et déballa une petite savonnette individuelle. Un homme sortit d'une des cabines et vint droit sur lui pour lui serrer la main. Il voulait un autographe... « Pour mon fils, il veut devenir écrivain. » On lui présenta un stylo et un exemplaire du programme de la cérémonie de la Foreign Press Award. Schanberg signa avec réticence.

Quelqu'un le regardait. Il se retourna.

— Salut, dit-il, tu étais là ? Dans la salle ?

Il parlait d'un air gêné, car il y avait un certain sourire sur la face propre et bien rasée de Rockoff. Un large sourire mais aux lèvres retombant sur les côtés. Rockoff hocha la tête et passa ses mains sous le robinet, souriant toujours.

— Très impressionnant, dit-il. J'espérais que tu allais nous chanter une petite chanson.

— Oh ! écoute, ça va, Al !

— Excuse-moi, Syd. Mais vraiment, tu me sidères. Tu es tellement préoccupé de ce que « notre propre pays » a fait ! Et qu'est-ce qu'ils ont fait, nos compatriotes ? Ils sont allés là-bas et ont botté le cul à pas mal de gens. Ils ont exploité le Cambodge exactement comme toi tu as exploité Pran. Et quand le vent a tourné, ils se sont sauvés en courant. Alors, tu veux me dire la différence entre toi et eux ? Sauf que toi, tu as obtenu un prix de journalisme pour ton « objectivité ».

Rockoff secoua ses mains mouillées et mit en marche le séchoir automatique. Schanberg remuait la tête, ne sachant que répondre. C'était injuste, c'était frapper un homme à terre. Deux individus débarquèrent dans les toilettes, à moitié saouls, et riant d'une blague connue d'eux seuls. Il se sentit vulnérable, et trahi.

— Enfin, content de te revoir quand même, fit Rockoff. Je suis en route pour la Floride...

— J'ai tout fait, absolument tout ce que j'ai pu faire !

— Oh ! j'en suis certain.

Le sourire cynique était revenu. Rockoff se passa un peigne dans les cheveux.

— Puisque je te dis que je l'ai fait, bon Dieu ! Il n'y a rien de plus que je puisse faire.

— Ah bon, désolé ! J'ignorais que tu étais allé là-bas pour le chercher.

— Ecoute, ne joue pas au plus fin avec moi, Al. Ne me prends pas pour un con. Personne ne peut entrer là-bas, et si je pensais le pouvoir, j'y rentrerais. J'ai envoyé des centaines de photos. Toutes les agences de secours sur la frontière entre le Cambodge et la Thaïlande ont une photo de lui. S'il y avait la moindre lueur d'espoir, j'irais aussitôt. J'irais ce soir même. Mais la vie, ce n'est pas comme un film des années quarante, Al. Il ne suffit pas de sauter dans un avion pour que le monde tourne rond...

Il se retourna pour faire face au photographe, mais Al avait disparu ; Schanberg parlait aux miroirs. Lorsqu'il sortit, il entendit un des deux ivrognes près du lavabo ricaner tout bas :

— Si la vie était un film des années quarante, je choisirais Lauren Bacall.

Son rédacteur en chef l'attendait, ainsi que les projecteurs. Une très jolie journaliste américano-japonaise fit une mise en place et pointa son micro sur l'homme du *New York Times* !

— Premièrement, monsieur Schanberg, permettez-moi de vous féliciter d'avoir remporté la Foreign Press Award.

— Merci.

Il chercha des yeux la sortie.

— Vous l'avez acceptée au nom de... — Elle consulta un petit carton... — ... Dith Pran et de vous-même. Il était votre assistant au Cambodge jusqu'au moment où les communistes ont remporté la victoire. Pensez-vous sincèrement qu'il soit encore en vie ?

— Je n'ai jamais perdu espoir.

— Qu'en est-il de la famille de Dith Pran, qui se trouve ici aux Etats-Unis ? Etes-vous en contact avec elle ?

— Oui, oui, absolument.

Prenant sa sœur Shirley par le bras, Schanberg tenta de s'éloigner tout doucement en gardant un sourire figé. La caméra et le micro les encerclèrent ; il était pris au piège.

— Juste une dernière question, monsieur Schanberg. Quels sont vos projets pour l'avenir ? Allez-vous couvrir les *Boat People* ?

— Non. Et je ne comprends pas très bien le but de cette question.

La jeune femme ouvrit de grands yeux :

— Je suis désolée, monsieur Schanberg, je comprends votre attitude...

— Vraiment ?

La rage et le sourd sentiment de culpabilité que Schanberg avait tenus refoulés, avaient trouvé enfin une cible.

— Qu'est-ce que vous comprenez ? Vous avez lu trois bouquins et promené une banderole sur un campus, et maintenant ils vous envoient mettre votre nez partout pour les tirer d'affaire, en cherchant quelques nouvelles histoires d'horreur croustillantes. Parce que le Cambodge, c'est du réchauffé, pas vrai ? Et votre patron s'inquiète pour le volume de ses ventes. Alors, allez donc, monsieur Schanberg : que diriez-vous d'un petit tour chez ces foutus *Boat people* ?

Les gens ne savaient plus où porter leurs regards, Shirley le tirait par la manche. Mais ils l'avaient bien cherché, nom de Dieu !

Il traversa la pièce jusqu'à la porte, au milieu de vagues de visages silencieux. Shirley se hâtait derrière lui. Il appela un taxi pour elle.

— Dis-leur de ma part que j'ai gâché ta journée.

— Et toi ?

— Je rentre à pied.

Il marcha sur une distance de huit pâtés de maisons sous une pluie fine, et se fit un devoir d'éviter le portier. Son appartement était tel qu'il l'avait laissé, semblable à une chambre d'hôtel, propre, rectangulaire et froid. Les cendriers, étaient vidés, les rebords de fenêtres époussetés, les vêtements soigneusement rangés et les coussins des fauteuils n'étaient pas froissés. Son bureau était un exemple d'ordre. Sur le sous-main près du téléphone, ses crayons s'alignaient, impeccable-ment, comme des balles dans une cartouchière. Une lampe Tiffany jetait sa lumière tamisée sur sa nouvelle machine à écrire électrique et sur la pile de feuilles vierges à côté. Tout contre elles, une pile de livres sur le Cambodge, épaissis de signets, était posée en une pyramide parfaite, le plus large tout au bas, le plus petit au sommet. Des coupures de journaux retenues dans une grosse agrafe, une étagère entière de blocs-notes et de cassettes vidéo au mur, et un tableau de liège épinglé de photographies complétaient l'impression de super-efficacité.

Schanberg regarda son bureau. Il mit en marche la machine à écrire, y inséra une feuille de papier et tapa le seul mot qui s'imposait : MENSONGES. Tout n'était que mensonges ; une gigantesque imposture. Les récompenses étaient une imposture. L'objectivité était une imposture. Et la plus grande imposture de toutes était Sydney Schanberg, l'écrivain qui ne pouvait écrire, le journaliste qui avait perdu foi en son aptitude à dire la vérité.

C'était pour cela qu'il était seul. Ce n'était pas tant qu'il ait divisé sa fidélité entre sa propre famille et celle de Ser Moeun, ou qu'il ait passé son temps à penser au Cambodge ; tout aurait été plus acceptable, si seulement il avait pu trouver un exutoire et mettre toute son expérience dans un livre. Mais il était bloqué. Il ne pouvait plus écrire. Il ne servait plus à rien. Et il avait reporté l'aigreur de ses frustrations sur la seule chose qu'il ait pu trouver : sa propre famille.

Il se versa un whisky bien tassé et fit un tour dans la cuisine. Sur la table, les restes du dîner de la veille avaient coagulé dans leur barquette d'aluminium, à côté d'autres piles bien rangées de coupures de journaux et de photos. Un paragraphe d'un article découpé dans la revue *Time*, intitulé *Du sang comme de l'eau sur l'herbe*, était souligné à l'encre rouge : *Sur les soixante qui furent exécutés, six seulement se virent épargner la baïonnette. C'était de très jeunes enfants, trop jeunes pour avoir une nette conscience de ce qui se passait. Dans une frénésie de tuerie, les deux exécuteurs saisirent chacun un membre, l'un un bras, l'autre une jambe, et déchirèrent les enfants.* Dessous, il avait griffonné les mots d'Orwell dans *1984 :* LA GUERRE, C'EST LA PAIX. LA HAINE, C'EST L'AMOUR. LA LIBERTÉ, C'EST L'ESCLAVAGE.

Tout en buvant son whisky à petites gorgées, il brassait les photos comme si elles pouvaient lui apprendre quelque chose qu'il ne sût pas déjà. Il y en avait une de Jon Swain dans un vélo-pousse ; une de Sarun au bureau des télex, en train de lui masser les épaules pour qu'il ne s'endorme pas ; une d'Al Rockoff au *Café Central*, avec ses lunettes noires et une casquette de base-ball, souriant en plein soleil. Puis il arriva sur une qu'il n'avait pas eu le courage d'épingler sur son panneau de liège, celle qu'il avait pris de Pran devant l'hôtel *Phnom* le jour de l'évacuation américaine. « Un sourire ! » s'était-il écrié, quelques minutes à peine après que Pran eut dit au revoir pour la dernière fois à sa femme et à ses enfants parce que lui, Schanberg, ne l'avait pas fait partir avec eux...

Qu'avait-il pu ressentir au plus profond de lui à ce moment-là ?

Ils ont exploité le Cambodge, tout comme tu as exploité Pran. Les mots de Rockoff le blessaient physiquement, comme un objet coupant qu'il aurait avalé. C'était une chose qu'il ne s'était jamais clairement avouée auparavant, mais que ces livres, ces coupures de journaux et ces photos lui rappelaient sans cesse — comme les instruments de sa propre mortification. Il s'était servi de Pran, et il aurait été juste et dans la nature des choses que Pran se serve de lui à son tour pour s'échapper du Cambodge avec sa famille. Au lieu de cela, il était resté et, ce qui ne pouvait se pardonner, avait sauvé la vie de Schanberg.

Il écarta la photo, avec haine presque, et s'en retourna à la salle de séjour. Il ne pouvait tenir en place ; il n'y avait rien à quoi se tenir. Il alluma la stéréo ; c'était *Nessun dorma* sur la bande, une aria de Puccini qu'il avait écoutée à maintes reprises depuis son retour d'Extrême-Orient. Mais cette fois elle sonnait comme une accusation. Qu'aurait-il dû faire d'autre ? C'était ça, le métier de journaliste. Vous vous battiez pour faire vos articles, ils ne vous tombaient pas tout cuits du ciel. Vous racontiez des événements sur lesquels vous n'aviez aucune prise. Vous les décriviez, aussi fidèlement et loyalement que vous le pouviez et vous laissiez d'autres agir d'après vos informations. C'était une vie ingrate et vous ne pouviez perdre du temps à ruminer sur de délicates questions de morale. Pran le savait très bien, et l'acceptait.

Peut-être accordait-il trop d'importance à ces sentiments de culpabilité. S'il continuait à se frapper ainsi la poitrine, il finirait par se casser une côte. En tant que journaliste, savoir était sa seule arme, et il était actuellement désarmé. Si seulement il savait quelque chose... s'il savait que Pran était mort. Cela confirmerait les pires soupçons qu'il avait à l'égard de lui-même. *Il pourrait à nouveau écrire.*

Un éclair. Une silhouette pesamment affaissée sur le fil de fer qui l'attache à un arbre. Sur le sol humide de la forêt, une feuille de palme coupante comme un rasoir, de ces feuilles qu'ils passent d'un geste rapide et qui s'enfoncent profondément dans votre gorge.

Nous le tuons, avait dit la femme. Un autre cadre avait parlé alors : *Nous déciderons demain matin.*

La pluie tombe sans discontinuer, lavant le sang sur le corps enflé et tuméfié de Pran. Toute la nuit il a prié Bouddha. Il l'a prié au nom du lait de sa mère et de toutes les choses que Bouddha pourrait regarder d'un œil favorable et au nom desquelles il pourrait lui accorder la chance. Il a même osé rappeler à Bouddha qu'il n'avait pas changé le nom que son père et sa mère avaient consacré au Sage. Il a fait serment de se raser la tête s'il survivait, en marque de gratitude pour son salut. Les heures ont passé. L'aube est arrivée avec des chants d'oiseaux et les rayons obliques du soleil entre les grands arbres. Mais il prie toujours.

Des pas approchent. Les cris des oiseaux deviennent plus aigus. Pran lève des yeux gonflés et injectés de sang. Deux cadres sont dressés au-dessus de lui — le nain dont il a soigné le chat avec de la pénicilline et l'adolescent avec deux crayons dans la poche. Derrière eux, des haches à la main, attendent deux soldats. Le moment est donc venu ; Pran l'accueille avec résignation. Sa dernière pensée est pour ce qu'a dit Rosa. Il retrouvera Ser Moeun et ses enfants dans l'autre monde, et le temps passera vite...

— Déliez-le, dit l'adolescent en khmer. La communauté dirigera son autocritique.

Il s'accroupit avec un genou en terre et dévisage Pran fixement, presque comme s'il l'avait déjà vu quelque part — des années auparavant peut-être, peut-être quand il était ce petit garçon avec un casque trop grand pour lui, à Neak Luong, et à qui des étrangers avaient donné un petit badge Mercedes tout brillant. Quoi qu'il en soit, il est intrigué, mais pour Pran, la réponse est simple et le confond : Bouddha l'a entendu et a intercédé.

On fait parader Pran devant la communauté et on le dénonce pour son crime. On lui fait promettre que s'il enfreint encore une fois les règles, il remettra sa vie entre les mains des cadres pour qu'ils en disposent. En temps voulu il se rase les cheveux en expliquant aux cadres que c'est pour soigner ses maux de tête. Il récolte et bat le grain, il ramasse des pousses de bambou dans la jungle. Chaque jour qui passe, il croit que c'en est fait de sa vie. Les cadres ont l'œil sur lui désormais, tout spécialement la femme qui crache les pelures d'oranges, celle qui a tenté de le faire abattre.

Dans la salle des réunions, qui se tiennent deux fois par semaine, leurs chefs ont de moins en moins de têtes à compter. La nourriture est plus abondante maintenant — cent grammes de riz de plus par jour — et on exécute moins pour les

« erreurs » courantes comme de s'endormir pendant les conférences et d'être vu main dans la main avec sa femme. Mais les enfants sont moins nombreux. Peu de villageois et aucun des gens des villes n'ont été autorisés à procréer, et tous les enfants de plus de dix ans sont recrutés par Angka pour la guerre contre le Vietnam.

L'éducation politique est maintenant moins dirigée contre les impérialistes et les ennemis intérieurs que contre « les valets des agresseurs expansionnistes et annexionnistes vietnamiens ». Pran a déjà entendu ce son de cloche. Le Vietnam comme grand ennemi traditionnel du peuple Khmer constituait le thème principal des discours de Lon Nol après qu'il eut renversé le prince Sihanouk. Cela l'amuse d'entendre les mêmes formules dans la bouche des Khmers Rouges. Mais ce qui se passe ce soir n'a rien d'une comédie. Une gamine de dix ans au visage de marbre est debout au premier rang et pointe son doigt sur Nhiek Sann. Il est accusé d'avoir des rencontres secrètes avec une femme du village, Rosa.

Le « mari » de Rosa, l'homme aux horribles cicatrices, est amené sur l'estrade. Nhiek Sann est poussé brutalement à l'avant, plus maigre et plus gris encore qu'à son arrivée à Dam Dek. Il semble à Pran qu'il a vieilli de dix ans en dix mois. Clignant des yeux de myope, il présente des excuses. Rosa demeure impassible, masquant son angoisse. C'est elle que les cadres observent, pas lui. Même lorsque son nouveau mari glapit ses dénonciations au vitriol, pas un muscle de sa face ne frémit, pas un seul de ses regards ne dévie dans la direction de Nhiek Sann.

Cela ne change rien. C'est le mari que l'on croit, puis que l'on fait taire. Un soldat armé escorte Nhiek Sann vers la maison des gardes. Ce n'est que maintenant que Rosa le regarde, avec tout le désir et tout le désespoir qu'elle a emmagasinés dans son cœur. Elle se met debout et annonce d'une voix ferme aux cadres sur l'estrade :

— J'ai une confession à faire.

Pas un des pieds chaussés de sandales présents dans la salle ne bouge. Pran est cloué sur sa chaise. Nhiek Sann et son garde sont immobiles. Du même geste que la petite fille quelques minutes plus tôt, Rosa lève le bras et désigne le nain sur la plate-forme.

— Il a été mon amant, déclare-t-elle. L'homme que vous emmenez en a été témoin. Il n'a rien dit pour ne pas me compromettre.

La femme cadre laisse tomber son orange. Chou-Fleur ouvre

la bouche et la referme. Seul le cadre adolescent qui avait épargné la vie de Pran ne semble aucunement ébranlé. Il se lève, comme pour mettre fin à la réunion, en donnant de petites tapes sur les crayons dans sa poche.

— Nous allons examiner la question, dit-il.

Pran reste toute la nuit éveillé sur sa natte de roseau. Aux premières heures du matin, il entend des pas sur le sentier et aperçoit le tremblement d'une lanterne à travers les murs de bois de sa cabane. Avec d'infinies précautions, puisque être réveillé après minuit est encore une offense capitale, il approche un œil d'une fente dans le mur. Les mains liées derrière le dos, le nain que tout le village haïssait est entraîné dans la forêt par les soldats armés. Derrière lui, les visages pâlis dans la lumière des torches de résine, viennent Nhiek Sann et Rosa, les bras attachés eux aussi. Trois autres soldats et tout le reste des cadres du village les accompagnent.

Pran se recouche sur la natte. Il voudrait pleurer, mais les larmes ne viennent pas. L'institutrice, la femme de Nhiek Sann, s'est vengée. Elle a fait le sacrifice de sa vie, mais elle emporte avec elle l'un des plus grands oppresseurs de Dam Dek. Rosa, il le sait bien, sera aussi ferme devant la mort qu'elle l'a été dans sa vie. Elle l'accueillera avec joie car elle la réunira à son mari et à son fils. Ce sera plus douloureux pour Pran, pour celui qui reste. Un être de force et de courage, le seul qui lui ait fait se souvenir que la vie pouvait être autre chose qu'un mélange de sauvagerie aveugle et d'aveugle obéissance, a été anéanti.

C'est à cet instant que Pran prend la décision de s'évader.

L'occasion s'en présente plus vite qu'il ne l'aurait pensé. Il est en train de draguer de la boue dans un panier au bord d'une rizière. L'après-midi est déjà très avancé. Les libellules planent alentour, et la fumée jaune des feux de bois se reflète au fil de l'eau peu profonde. Soudain, sans que rien ne l'annonce, il est soulevé dans les airs par une énorme explosion. A quatre-vingts mètres de là, un jet de boue et d'eau décrit un arc dans le ciel et vient s'écraser en dispersant boue et débris de pierres et de membres humains. Bien trop violent pour être une mine ; ce doit être une bombe de cinq cents livres laissée par un B-52.

Des hurlements, des coups de sifflets. Les gardes se précipitent dans les champs vers les plus grièvement blessés. Sa tête résonnant encore sous le choc, Pran dérape sur le petit talus qui borde la rizière et se couche. Aucun garde ne l'appelle. Tel un serpent d'eau, il se glisse à l'abri le long du talus en se tortillant sur le ventre et, de la même façon, franchit le talus suivant. Encore cinquante mètres à parcourir en rampant, et il est dans la jungle ; les cris, dans son dos, deviennent lointains.

L'Amérique est finalement venue à son secours.

Il reste caché à l'orée de la jungle jusqu'à la tombée de la nuit. Lorsque tout est calme et que les dernières lumières du village au-delà de la vallée se sont éteintes, il trouve un morceau de bois pour s'appuyer et se met en marche le long d'un chemin qu'il connaît. Tout en allant, d'un pas mal assuré, il prie Bouddha de le protéger. Il est d'autres dangers dans la forêt que les Khmers Rouges : les panthères et les buffles, les serpents venimeux et les plantes vénéneuses. Les ruisseaux sont pleins de sangsues ; chaque fois qu'il en emprunte un, tâtant devant lui avec son bâton, il lui faut s'attarder sur la rive un peu plus loin pour arracher de ses jambes les suceurs de sang.

Le sentier escalade une colline basse et descend en pente raide dans le prochain vallon. Par deux fois, Pran perd l'équilibre et tombe, et, la seconde, il lâche son bâton et doit se mettre à le chercher à l'aveuglette sous le clair de lune. Au moindre bruit il s'arrête, le pas suspendu. Il a appris que rien n'est amical dans la forêt.

Les jambes de Pran commencent à lui manquer ; la forêt devient moins dense et se transforme peu à peu en brousse. A l'aide de son bâton il se fraye un chemin entre de hauts bouquets d'herbes et d'immenses bambous. Il y a de l'eau par ici... sans doute approche-t-il des rizières. Il devient trop dangereux de continuer... et il est trop fatigué. Il s'allonge un instant — à l'abri des grandes herbes. Immédiatement, sans même s'en rendre compte, il s'endort.

C'est le son âpre d'un bombardier qui le réveille. En regardant les traînées de vapeurs pelucheuses dans le ciel bleu, il pense pendant un instant être avec Sydney sur la pelouse de la pension de famille à Sihanoukville. Mais une puanteur douce le prend à la gorge et le fait suffoquer comme un bâillon. Il abaisse son regard. Un cadavre est couché près de lui, le fixant d'une seule orbite et souriant d'un côté de la bouche. L'autre moitié est noire d'insectes dévorants.

Pran se rassied d'un seul coup, en poussant un hurlement et se relève en chancelant. Il descend le sentier en trébuchant sans arrêt tout le long du marécage, glisse et se retrouve dans la vase jusqu'à la taille. Quelque chose lui cogne le coude, un autre cadavre, les boutons de sa chemise prêts à éclater sur son estomac ballonné. Appuyé contre lui, de l'autre côté, est quelque chose de trop horrible pour qu'il puisse le regarder. Il crie de nouveau et repart en arrière sur l'étroit chemin. Il a entendu parler de ces endroits. Ce sont les champs de massacre.

Tâtant devant lui du bout de sa canne comme un aveugle, il traverse cette contrée interdite des morts. Il cherche sa route entre des corps encore couverts de chair, avec sur la tête les sacs de papier qui ont servi à les étouffer. Tout autour de lui gisent des squelettes à demi émergés de l'eau boueuse, tout un cimetière resurgi de la pourriture et de la décomposition pour lui montrer les marques certaines de leurs fins violentes : des crânes d'enfants troués de coups de pioches ; des fils de fer rouillés enfoncés dans des os ; et, par-dessus tout, le murmure féroce des insectes suçant ce que le soleil n'a pas desséché et blanchi. Tapotant de son bâton pour sortir de ce terrain de crânes, Pran supplie Bouddha de ne pas être le dernier humain encore vivant.

Il parvient enfin sur des hauteurs ; le sentier s'engage à nouveau en serpentant sous les arbres. Il se hâte avec difficultés vers le sommet, sans un regard en arrière sur les champs de la mort. A midi il trouve quatre œufs dans un nid de vanneau. Il en mange deux et replace les autres sous la mère avec une inclinaison de tête pour se faire pardonner. Cette colline est beaucoup plus haute : le soir est déjà tombé lorsqu'il parvient, après l'avoir franchie, à une vallée sur l'autre flanc. Au loin on aperçoit un autre village, plus petit que Dam Dek.

Il attend dans la brousse jusqu'à la nuit. Les rizières sont comme des miroirs d'argent dans le brillant clair de lune. Il les traverse et contourne le village, lorsque la silhouette en noir s'avance avec un fusil et lui barre le chemin.

Bercé, le lit d'enfant en bambou crie comme un bébé qui a faim. Un petit garçon est endormi dedans, suçant son pouce. Quand sa respiration est devenue régulière, Pran arrête le mouvement de balancier et se lève pour rabattre la moustiquaire.

C'est la plus grande maison de Bat Dangkor. Selon les normes des Khmers Rouges, on pourrait la dire luxueuse : une table et des chaises, une petite chambre avec un divan, un réveil et un transistor cabossé. Au moment où Pran, pieds nus sur les nattes, se glisse dehors sans bruit, un homme se dessine dans l'embrasure de la porte, le même homme qui a fait Pran prisonnier dans les environs du village. Proche de la trentaine, le front haut, dans la lumière tremblante des bougies, sa peau paraît aussi pâle que celle d'un citadin et non sombre comme celle des paysans des villages.

Pran s'incline très bas, et dit en khmer :

— Le petit est endormi, camarade Phat.

— Bien. — Phat ouvre le sac qu'il porte et en sort une mangue. — Voici. Tu peux manger ça.

Pran l'accepte avec de nombreuses démonstrations de gratitude et s'en va tout doucement vers la porte. Phat l'arrête :

— Camarade, tu m'as dit que tu conduisais un taxi à Phnom Penh avant la libération...

— Oui.

— Que faisais-tu payer pour une course du boulevard Norodom à l'aéroport ?

Pran hésite pendant une fraction de seconde.

— Les derniers mois, dit-il sans se trahir, j'étais obligé de demander cinq mille rials.

Phat le regarde fixement. La question qui vient ensuite est posée en français d'un ton tranquille.

— Est-ce que vous parlez français ?

Pran sent une lame glacée lui courir le long de la colonne vertébrale. Il se souvient de la dernière fois qu'il a entendu du français chanté dans la rizière, et de ce qui est arrivé à l'homme. Et pourtant, un chauffeur de taxi à Phnom Penh... Il sourit et secoue la tête.

Phat le dévisage encore un moment, puis lui fait signe qu'il peut s'en aller. Soulagé, Pran descend d'un pas pressé les marches qui mènent à sa cahute de bois entre les pilotis, sous la maison. Il déchire la mangue avec ses ongles, et en mange la peau après avoir dévoré le fruit. C'est à Phat, le chef de la communauté de Bat Dangkor, qu'il doit la vie. Phat l'a pris chez lui comme serviteur, et pour s'occuper de son fils ; il est sous sa protection. Mais le cadre principal du village ne ressemble pas aux autres Khmers Rouges que Pran a rencontrés. Il est intelligent et subtil, et par conséquent dangereux. Pran devra être plus que jamais sur ses gardes.

Au fur et à mesure que passent les jours, sa nervosité grandit. Souvent, pendant la nuit, il entend des pas sur les planches au-dessus de sa case et des conversations étouffées, parfois aussi le grésillement indéchiffrable des parasites sur la radio. Phat lui-même est très simple, très insouciant avec lui, comme s'il cherchait délibérément à endormir Pran dans un fallacieux sentiment de sécurité. Et puis, il y a le mystère des MIG-19. Il n'y a pas très longtemps, deux avions sont arrivés comme des flèches de la forêt au-dessus de Bat Dangkor, à moins de trente mètres d'altitude, déclenchant une panique parmi les bœufs et laissant dans l'air une odeur douceâtre de kérosène.

La semaine passée, il était en train de donner un bain à Kim, le petit garçon, dans la rivière, lorsqu'il les a vus de nouveau : quatre MIG-19 cette fois, faisant route vers l'ouest à environ trois mille mètres. Ce sont des avions vietnamiens. Il y a certainement une guerre quelque part. Mais à quelle distance d'ici ? Il n'y a pour ainsi dire pas de « nouvelles personnes » à Bat Dangkor, presque tous sont les villageois d'origine. Pour savoir ce qu'il veut savoir, il lui faudra attendre une occasion d'écouter la radio de Phat.

Tout en découpant du bois dans le jardin et en gardant un œil vigilant sur Kim, qui joue à ses jeux d'enfant de trois ans dans le carré planté de tabac, Pran cherche à démêler le mystère. Toute la journée il a vu des convois de camions militaires de marque chinoise descendre pesamment la grand-route sur l'autre bord de la vallée. Il y a eu de nouvelles traînées de vapeur dans le ciel. Tout ce déploiement d'activité militaire doit signifier que quelque chose d'important se prépare. Il a cru hier, après le départ des cadres, que Phat allait lui dire ce qu'il en était.

Deux des cadres les plus importants, dont un que Pran n'a jamais vu auparavant, sont venus dîner avec Phat. Il a préparé consciencieusement un ragoût de poivrons verts et de riz pour le repas, et a tenu les bols pour que chacun se serve tour à tour. Bien qu'il ait gardé ses yeux baissés, il a comme toujours senti qu'on l'examinait attentivement. Les cadres de Dam Dek ont-ils fait circuler son signalement, comme le ferait la police pour un criminel en fuite ? Il s'est éloigné de la table à reculons, les mains tremblantes.

Une demi-heure plus tard un talon a frappé le plancher. Pran était en train de lécher le reste des grains de riz à l'intérieur de la marmite ; il est sorti de sa cabane et est monté en courant. Les trois cadres avaient terminé ; ils étaient assis dans les fauteuils de bambou de Phat, fumant des cigarettes roulées à la main. Pran s'est mis à empiler les assiettes. Le cadre qu'il voyait pour la première fois a sorti une cigarette et l'a brandie devant Pran...

— Avez-vous du feu ? demanda-t-il en français.

On ne pouvait le prendre si facilement. Il est parvenu à

former un humble sourire et a emporté les assiettes. Quand il est revenu, Phat était seul. Il semblait plus triste et plus défait que Pran ne l'avait jamais vu. Il parla, à moitié pour lui-même :

— Ils détruisent la révolution.

— Ils... ?

— Nous avons fait la révolution afin que là où il y avait des arbres, il y ait aussi des fruits. Afin que les paysans qui produisent ne soient plus les esclaves des citadins qui consomment... C'est notre « grand bond en avant » vers une société meilleure et plus juste : comme en Chine. Mais, au contraire de la Chine, nous sommes petits, presque sans défense. Nous n'avons pas assez de fusils, pas assez d'avions, pas assez de tentes. Alors le Vietnam nous attaque, pour détruire notre révolution. Ils nous ont trahi en 1972 et nous ont laissés continuer à nous battre seuls. Maintenant, ils veulent nous avaler. Ils savent que notre expérience communiste est supérieure à la leur, et ils ont honte.

Le jeune chef de la communauté se tut. Pran aurait voulu l'interroger sur le déroulement de la guerre : était-il vrai qu'Angka tuait ses propres hommes et mettait le feu aux villages au fur et à mesure qu'il reculait ? Mais demander cela aurait été faire montre de curiosité, ce qui aurait confirmé les soupçons de Phat à son égard. Il a donc fait un salut et s'est retiré.

Un cri parvient du plant de tabac. Kim est tombé et s'est écorché. Pran le prend dans ses bras et l'emmène dans la maison ; il est temps qu'il aille se coucher. Il lui éponge le visage et les mains, l'essuie, le déshabille et le met dans son grand lit de bambou en lui chuchotant *bonsoir* à l'oreille, comme il le fait chaque soir. Puis il redescend dans sa case, en ramassant un mégot en passant. Une image douloureuse, fulgurante, d'un temps plus heureux lui traverse l'esprit — l'image de Sydney en train de faire rouler une cigarette entre ses doigts, et riant.

Ils étaient alors tous deux à Battambang, en 1974. Prenant un peu de bon temps pour une fois, ils avaient fait un bon repas, avec du poisson et du vin. Sydney fumait de la marijuana, qui était encore moins chère à Battambang que dans la capitale, et il en avait offert à Pran. Il avait essayé, et s'était mis à rire nerveusement ; il en avait fumé un peu plus, pour arrêter, et s'était soudain senti sans défense devant ses émotions, comme un bébé ; il riait et pleurait tour à tour dans les rues de Battambang qu'ils parcouraient en tous sens, passant aux barrières de contrôle devant des soldats armés qui les dévisageaient d'un air incrédule, longeant les maisons, les boutiques, les arbres jusqu'à ce qu'il leur semblât que la seule chose qu'ils ne pourraient pas laisser sur place dans leur course folle était la lune...

Et maintenant, Battambang est morte, les soldats sont morts, le monde est bouleversé de fond en comble. Seule la lune est constante. Et ses souvenirs aussi. Pran compose de tête un télex qui ne sera jamais envoyé...

NOUVEAUX AVIONS AU-DESSUS DE NOUS AUJOURD'HUI : AI COMPTÉ SEIZE — JE RÉPÈTE — SEIZE MIG-19 DE L'ARMÉE DE L'AIR VIETNA-MIENNE : AUSSI, BEAUCOUP DE MOUVEMENTS DE TROUPES K.R. : RÉCITS NON COMFIRMÉS QUE K.R. TUENT TOUS CIVILS SUR LEUR CHEMIN DANS LEUR RETRAITE DEVANT LES VIETNAMIENS : JE CRAINS QU'ILS TUENT TOUT LE MONDE ET LAISSENT ENTRER LES CHINOIS : CE PAYS EST ÉPOUVANTABLE, ILS NOUS PRENNENT NOTRE RIZ. BEAUCOUP DE GENS MEURENT : JE PENSE SOUVENT À TOI SYDNEY. S'IL TE PLAÎT SYDNEY PRENDS SOIN DE MA FEMME ET DE MES ENFANTS : FIN.

Une semaine passe. La circulation des véhicules militaires dans la vallée est devenue plus dense. Plus tôt dans l'après-midi, une 2 CV Citroën rouge est arrivée en cahotant sur le chemin qui mène à Bat Dangkor, escortée de deux motos. Des cadres Khmers Rouges avec trois et même quatre crayons dans leurs poches en sont sortis pour inspecter le paysage. Ils sont entrés dans la maison de Phat, peut-être pour contrôler les mouvements des villageois.

Pran s'est sauvé vers la rivière. Il se tient debout, à l'une des extrémités d'une petite barque de pêcheur amarrée au bord, et traînant un filet relié à une longue perche. Kim, dont ce sera bientôt le quatrième anniversaire, assis à l'autre bout, babille et contemple son reflet dans l'eau. Pran fait un grand mouvement du corps en avant pour attraper un poisson ; il le manque, et laisse éclater son dépit. Kim rit gentiment et applaudit à l'arrière du bateau. Pran secoue la tête en souriant. Des mains, il prend la mesure d'un poisson de la taille d'un brochet de trente livres.

— C'est très grand, dit-il en français.

Le petit garçon rit à gorge déployée.

Après le départ de la Citroën et de son escorte, les deux compères rapportent leurs prises à la maison, et préparent un feu. Pran découpe et vide les poissons et les embroche sur de longues baguettes pour les fumer ; Kim le regarde faire avec fascination. Lorsque son père, avant de partir pour une réunion du village, vient pour l'embrasser, le garçon, surexcité, ouvre grands ses petits bras :

— *Tray gran ! Tray gran !*

On ne peut se méprendre sur la signification de ces mots. Pran, les yeux écarquillés, regarde Phat ; les muscles de son visage sont paralysés ; il ne peut même pas cligner des yeux. Le sourire de Phat s'est évanoui. Il regarde Pran d'un air absent, puis le poisson mort qui se tord sur la flamme, puis se détourne et remonte le sentier.

Lorsqu'il est hors de vue, Pran ramasse l'enfant et court à l'intérieur de la maison, comme pour cacher la pièce à conviction. Après tous ses efforts de dissimulation, après les leçons que sa triste expérience lui avait apprises, comment a-t-il pu faire ça ? Comment a-t-il pu être assez inconséquent pour se laisser trahir par un enfant innocent ? Si encore il avait dû parler français au petit garçon... non, il l'a fait par simple nostalgie et parce que c'était un langage secret entre eux deux. Et maintenant, il va souffrir pour cette erreur.

Le gamin semble comprendre l'affolement de Pran et va se coucher sans faire d'objections. Pran va de long en large dans la chambre, essayant de se calmer. Il doit chercher une solution. Il serait vain désormais d'essayer de s'échapper : les routes et les sentiers sont remplis de soldats. Il est pris au piège. Il arrête le mouvement du lit et regarde l'enfant qui l'a trahi. Kim dort paisiblement. Son visage est tranquille, limpide. Dans quelques mois il sera conduit à sa première classe d' « éducation » pour commencer son long apprentissage de la haine, mais pour le moment il est libre, il ne sait rien de la tristesse et de la souffrance, le monde où il vit est le monde sans bornes des enfants de son âge, partout sur terre, celui des enfants de Pran, il n'y a pas si longtemps.

La radio est posée sur la table. Pran allume les bougies et la regarde fixement. Il n'a jamais osé y toucher jusqu'ici... Qu'a-t-il à y perdre ? Tout. Sa vie. Mais s'il s'en tire sans être puni cette fois, il y aura une autre fois. Bouddha ne peut le protéger de ses propres erreurs. Il avance une main et tourne le bouton. Un aigle pousse un cri au-dessus de la rivière ; pris de panique, il bondit de sa chaise. Le silence redescend. Il tripote le bouton, l'oreille collée contre le poste comme un perceur de coffres et parvient à capter la *Voix de l'Amérique*. Elle arrive de loin, puis s'en va, comme la voix d'un esprit :

— Le Révérend Jim Jones... l'on pense que près de trois cents personnes...

Phat entre avec les deux cadres.

Personne ne bouge. La lumière des bougies tremble sur le mur.

— ... d'autres rumeurs non confirmées font état d'une résistance minimale dans les campagnes. Radio Chine Nouvelle déclare que le Vietnam a pénétré sur près d'une centaine de kilomètres au sud du Kampuchéa, s'emparant notamment de l'importante ville côtière de Kompong Som sans rencontrer de résistance...

Phat fait quelques pas, éteint la radio et dit en français :
— Allez-vous-en, monsieur Pran.

Pran a le regard fixe. Phat lui sourit. Les deux cadres sourient. Il s'enfuit.

C'était un vrai Noël sous la neige. La vapeur s'échappait des soupiraux de New York comme un souffle de dragons dans des grottes souterraines. Le père et le fils avançaient prudemment dans la neige brune à demi fondue, disparaissant presque derrière des sacs à provisions débordant de nourriture enveloppée de papiers de cellophane froissés. Le plus petit des deux hommes, épis de cheveux blancs en bataille sur un front sillonné de rides, et lunettes pinçant un nez long et fin, s'éclaircit la voix avec un raclement guttural :
— Ça fait longtemps, dit Bernard Schanberg.
— Je suis venu pour Yom Kippour.
— Non, je veux dire, toi et ta femme.

Sydney Schanberg changea son sac de provisions de bras.
— Nous restons en contact, dit-il.
— Est-elle toujours à Los Angeles ? Avec sa mère ? Et les filles aussi ?
— Elles aussi.

Un train passa sur la voie aérienne avec un bruit de ferraille. Enfant, Schanberg avait fait ce trajet des centaines de fois, de l'épicerie de son père jusqu'à la maison, et rien n'avait changé. En Amérique, si vous étiez pauvre, ou alors très riche, le passé vous restait intact. Il s'arrêta pour laisser son père passer le premier, et regarda avec affection la frêle silhouette qui gravissait lourdement les marches de bois de la vieille station de métro aux murs décrépis. Son dos était légèrement voûté, et il marchait à petits pas, comme quelqu'un qui avait passé ses années d'apprentissage à se déplacer entre les fruits en conserve et le comptoir d'épicerie fine... Mais c'était un bagarreur, et personne ne se permettait de le critiquer. Pour acheter sa première maison, dans ce qui était alors en passe de devenir un quartier respectable de la ville, il avait dépensé jusqu'au dernier centime et hypothéqué tout son avenir. Et voilà maintenant son fils, qui a fait ses études à Harvard, un prix de journalisme en poche, qui se morfondait dans un appartement de Manhattan à cinq mille kilomètres de sa femme et de ses enfants... si c'était là que l'avait mené le journalisme, il aurait mieux fait de se faire rabbin, devait penser le vieil homme.

Le vent glacial faisait larmoyer les yeux bleus de Bernard. Il dit :

— C'est ta mère surtout qui aurait détesté que ton mariage tourne ainsi.

— Tu sais, c'était difficile, parce que je me sentais responsable de Ser Moeun et de sa famille. Et puis, tu vois bien, il y avait mon travail...

Un train entra dans un bruit de tonnerre. Ils hissèrent leurs paquets et s'assirent l'un en face de l'autre, vis-à-vis de deux juifs orthodoxes en hauts chapeaux noirs, qui regardaient leurs mains jointes sur leurs genoux. Plus loin dans le wagon, un groupe de jeunes Portoricains en veste ouatinée écoutaient leur transistor à tue-tête. Schanberg fit un grand geste de sa main libre et cria pour se faire entendre :

— Personne ne peut comprendre combien c'est difficile pour Ser Moeun. Elle a quatre gamins, elle parle à peine anglais, et vit dans deux petites chambres à côté d'une laverie...

— Attends un instant.

Bernard se pencha vers lui et lui posa la main sur le genou :

— Si nous en restions à ta petite famille à toi...

— Ce n'est pas aussi simple que ça.

— Mais si, c'est aussi simple que ça. Quand il est question de sa famille, c'est aussi simple que ça, tu peux m'en croire. Ecoute, tu peux voir Brooklyn par la fenêtre aussi souvent que tu veux, c'est ton père qui te parle, mais ta femme et tes enfants doivent passer en premier. Si tu peux prendre un avion pour aller voir la famille de Pran, tu peux prendre un avion pour aller voir ta famille à toi. Tu sais ce que je pense ? Je pense qu'il faudrait que tu te décides à trouver quelles sont les priorités dans la vie. Qu'est-ce qu'en dit ta sœur ? Tu as parlé à ta sœur ?

— Il y a une semaine environ.

— Et qu'est-ce qu'elle en dit ?

Schanberg soupira. Il était inutile d'essayer de lui faire comprendre. Pour son père, un travail, c'était un travail, c'est tout. Il pouvait occuper votre esprit ou vos muscles, ou même les deux, mais votre cœur, votre cœur restait avec votre famille, comme un souvenir que vous leur laisseriez et que vous reprendriez le soir en rentrant chez vous. Il soupira de nouveau et secoua la tête.

— Laisse tomber, papa, veux-tu. N'en parlons plus.

Il ramena son père jusque chez lui puis il se mit en route pour le petit voyage qui lui était jadis si familier jusqu'au Massachusetts. Il fut retardé par la circulation, qui était dense en cette période de Noël, et il n'arriva chez les Goldring qu'à la nuit tombée. Ils étaient de très bons amis, et depuis très longtemps ; en effet, le grand-père Goldring avait débuté dans le commerce de l'épicerie avec son père, et Schanberg et sa famille pouvaient se considérer comme invités en permanence à toutes les fêtes de Noël, sans qu'il soit nécessaire de le leur dire. Ce n'était pas une fête que Schanberg avait coutume de célébrer, mais il ressentait le besoin de sortir de New York. Il avait besoin de changer d'air.

Venir ici, c'était pour lui comme faire un voyage dans son passé. Il avait grandi dans une ville pareille à celle-ci, pleine de paisibles maisons recouvertes de planches peintes de blanc, avec des vérandas donnant sur des rues tranquilles et bordées d'arbres. Il frappa à la porte où pendait une couronne de houx ; Rachel Goldring vint ouvrir et lui donna un baiser maternel sur les deux joues.

— Viens donc dire bonjour à Père, veux-tu ? Il n'a pas arrêté de me demander : « Pourquoi Bernard ne vient-il pas avec lui ? » Il croit que c'est encore un jeune homme, ma foi.

Schanberg frappa des pieds pour en faire tomber la neige et se réfugia au chaud. L'entrée sentait bon les meubles cirés ; des rires et des bruits de conversation parvenaient de l'autre bout de la maison. C'était la première fois depuis des années qu'il venait sans sa femme et il se sentait gauche, comme un écolier qui aurait grandi trop vite. Il dit :

— Laisse-moi mettre mes affaires en place et me préparer, si ça ne te fait rien ?... Je redescends tout de suite.

C'était la maison elle-même qui lui donnait ce sentiment

d'être redevenu un écolier, elle ressemblait tellement à celle où il avait passé son enfance. Il monta les marches qui craquaient, passa devant ce qui aurait été la chambre de ses parents, et grimpa un autre étage jusqu'à la mansarde avec son lit dont on venait de changer les draps. Ceci avait jadis été sa chambre, dans une autre maison, en un autre temps. Par habitude, bien qu'il ne fît plus froid, il alluma le chauffage d'appoint et s'allongea sur le lit étroit, les pieds posés sur sa valise.

Il y aurait eu des vêtements débordant de l'armoire ; une table dans le coin là-bas, avec un tourne-disque qui faisait ressembler les tout derniers microsillons à de vieux soixante-dix-huit tours grésillants. Sur l'étagère, la coupe qu'il avait gagnée au lycée pour ses brillants exercices oratoires servait à maintenir une rangée de vieux livres de poche qui avaient connu des jours meilleurs — Sartre, Camus, T. S. Eliot, Tchekhov, Anouilh — les livres qu'il avait dévorés à l'époque où il croyait que les idées pouvaient changer le monde, et peut-être même lui donner un sens. Au bout de l'étagère, juste à côté du drapeau de l'équipe de football du collège accroché au mur, trônait l'Annuaire 1955 du Collège de Harvard. En ce temps-là, sa participation à la rédaction de l'Annuaire, était encore celle de ses expériences qui ressemblât le plus à du journalisme. Depuis... Il n'avait pas fait partie du Conseil d'administration du *Harvard Crimson* (1), comme David Halberstam (2), mais il avait tout de même fini avec une haute récompense de la Presse.

Il se leva et commença à déballer ses affaires. Au fond de la valise se trouvait une petite boîte plate enveloppée de papier cadeau. Le *New York Times* la lui avait fait suivre de San Francisco et il l'avait reçue ce matin. Il l'ouvrit avec crainte et découvrit une cravate de coton, verte et jaune, très voyante, ainsi qu'un instantané de Ser Moeun debout devant le téléviseur avec ses enfants. Au dos de la photo, l'aîné des garçons avait écrit : « JOYEUX NOËL DE LA PART DE... », d'une écriture appliquée, et tous avaient signé au-dessous.

Schanberg plia la cravate avec grand soin. En regardant par la lucarne, il vit qu'il avait recommencé de neiger. Dans la semi-obscurité, les flocons tombaient, énormes et solennels, comme les cendres d'un paysage en flammes à des milliers de kilomètres de là.

(1) Revue interne des étudiants de l'Université de Harvard.
(2) Un des dix reporters les plus connus aux Etats-Unis.

Il s'assit sur le lit et se prit la tête dans les mains. Il resta ainsi une minute, puis alluma une cigarette et ouvrit la radio posée sur la table de chevet. Une bombe avait explosé à Jérusalem, faisant six morts, Israël avait riposté en attaquant des bases terroristes au Liban. La dernière réunion de la conférence S.A.L.T. sur la limitation des armements avait été interrompue sans que les participants soient parvenus à un accord. Des dépêches continuaient à arriver, signalant une grave catastrophe aérienne en Sicile : on craignait que de nombreuses victimes soient à déplorer. Puis vinrent les nouvelles qu'il attendait...

— Le gouvernement communiste d'Hanoï a officiellement confirmé avoir envoyé des troupes au Cambodge pour soutenir les forces rebelles au régime de Pol Pot. Selon Radio Chine Nouvelle, des unités de troupes vietnamiennes disposant d'artillerie lourde exercent une poussée vers l'ouest à l'intérieur du Cambodge, rebaptisé Kampuchéa par ses nouveaux dirigeants. Une bataille acharnée serait engagée à moins de trois kilomètres à l'est du Phnom Penh...

— Oncle Syd ! je peux entrer ?

— La porte est ouverte.

Schanberg éteignit la radio et s'efforça de sourire à Neville le fils aîné de Rachel.

— Comment vont les affaires ?

Les yeux du garçon couraient d'un point à l'autre de la pièce.

— Maman veut savoir où tu es.

— Dis-lui que je descends dès que j'ai fini ma cigarette.

— Je peux en avoir une ?

— Non. Je parie que tu fumes trop, déjà.

— Allez, oncle Syd. Juste une bouffée. C'est Noël.

Schanberg lui donna la cigarette. Le garçon aspira une bouffée et fut pris d'une quinte de toux. Le rouge envahit son pâle visage. Schanberg lui fit signe de lui rendre la cigarette.

— Dis à Rachel que je descends bientôt, d'accord ?

— D'accord. Où est Tata ? Pourquoi elle n'est pas venue ?

— Elle est à Los Angeles.

— Est-ce que vous n'êtes plus mariés ?

— On peut présenter ça comme ça.

Schanberg ouvrit la valise :

— Tiens, descends ces cadeaux près du sapin.

Neville loucha sur la cravate jaune et verte à cheval sur le rebord du lit.

— Est-ce que je vois bien ce que je vois ?

— C'est un cadeau de Noël. De la famille de Dith Pran à San Francisco. Je t'en ai parlé, tu te souviens ?

— Les réfugiés.

Neville posa son menton sur les paquets qu'il portait :

— Est-ce qu'il y a un cadeau pour moi ?

— Tout dépend si tu en fais tomber ou pas.

Une fois seul, Schanberg mit une chemise propre et noua la cravate de Ser Moeun à son cou. Il alluma une autre cigarette et descendit.

Tidings of co-omfort and joy, comf't n'joy,
Oh-oh ti-dings of co-omfort and joy (1) !

— Eteins la radio, s'il te plaît, Neville. Ton grand-père va découper la dinde. Sydney, voudrais-tu ouvrir la bouteille de vin ? Non, Jonathan, laisse faire ton oncle, c'est lui qui ouvrira la bouteille... Eddie, s'il te plaît, tu veux bien faire asseoir Jonathan ? Neville, toi, tu es de l'autre côté, près de M. Pisk. Non, après, Neville. Je sais que c'est un très beau cadeau, mais tu prendras des photos après, le dîner est servi maintenant. Eddie, s'il te plaît, cesse de manger les chips, tu sais bien que ça donne le mauvais exemple aux enfants... Fais passer les assiettes à ton grand-père, Jonathan, — Jonathan ! Si tu ne laisses pas ce sifflet, tu vas directement dans ta chambre. Non merci j'ai assez bu de vin, Sydney, et j'ai déjà assez à faire...

Schanberg était assis en face d'Arthur Pisk, le voisin qui était toujours venu passer tous les Noëls chez les Goldring depuis qu'ils avaient emménagé ici. Il valait toujours mieux laisser Rachel s'occuper de tout lors des réunions de famille ; elle se vexait si on tentait de la soulager un peu de son fardeau. Il fit docilement passer son assiette de blanc de dinde, pour qu'on la remplisse de petits pois, de carottes découpées en cubes, de purée de marrons et de sauce aigre-douce, tandis qu'en bout de table Norman, le père de Rachel, coiffé d'un chapeau de papier jaune, entonnait une action de grâce dont le contenu spirituel avait été considérablement altéré depuis la mort de sa femme :

— Dieu garde ceux qui nous veulent du bien, et que les autres aillent au diable.

(1) Paroles d'un cantique de Noël.

Le petit salon était cet habituel mélange bizarre de tradition juive et de fête chrétienne. Sur le grand buffet d'acajou était posé un chandelier de bronze à sept branches entouré de cartes de Noël. Rachel avait également collé des cartes tout autour du cadre du miroir sur le manteau de la cheminée et sur la desserte près du fauteuil orné de glands. La plupart d'entre elles étaient adressées à elle et à son mari Eddie. Partout où se trouvait Rachel, c'était toujours Noël, et la passementerie la suivait de près également.

Ils portèrent un toast à la dinde. Ils portèrent un toast à Rachel pour l'avoir si bien cuisinée. Ils portèrent un toast à Eddie pour l'obtention de son poste de chef de rayon. Ils portèrent un toast à M. Pisk sans que personne ait pu y trouver une raison. Neville raconta une histoire drôle au sujet de dindes ; Jonathan la connaissait déjà. Ils portèrent un toast à Schanberg, bien que celui-ci ait remarqué que Rachel regardait du coin de l'œil d'un air fâché la manière dont il picorait dans son assiette. Ils portèrent un toast à la sœur de Norman qui était à Buffalo avec ses enfants.

Rachel proposa un toast au président Carter, mais Norman dit qu'il lui resterait en travers de la gorge. Et c'en fut fini des toasts.

— Sydney, quelque chose ne va pas ?

— Non.

— Tu n'aimes pas ma dinde ? Elle est trop cuite ? Elle est trop cuite, j'aurais dû la sortir dix minutes plus tôt ; aussi, c'est ce fourneau là-bas ! Eddie, je te le dis, on ne peut pas continuer avec ce fourneau. Je ne vois pas ce que j'attends pour aller en acheter un autre.

— Ta dinde est excellente, Rachel. Vraiment, délicieuse. Je crois simplement que je n'ai pas beaucoup d'appétit en ce moment.

M. Pisk rompit le silence gêné.

— Qui t'a donné cet appareil, Neville ?

— Oncle Syd. C'est un Polaroïd. — Neville eut un sourire moqueur. — Et à Jonathan il a donné un jeu électronique Donald Duck.

— Et alors ? Grand-père, lui, m'a donné un revolver !

— C'est un jouet !

— C'est pas vrai !

Eddie releva le nez de son assiette.

— Taisez-vous, les gosses, dit-il lugubrement.

Et il se remit à manger.

— Et cette cravate, Sydney ? demanda M. Pisk, montrant

tous les symptômes d'une humeur plaisante. Est-ce que c'est un cadeau ?

— Oui, d'une famille de Cambodgiens à San Francisco.

— Tu prendras bien encore un peu de vin, Arthur, dit Norman.

Mais il n'était pas facile de détourner M. Pisk de son sujet.

— Tu vas faire un tabac avec ça, Sydney.

— Les gens vivant aux crochets de la société ne devraient pas acheter de cadeaux, déclara Jonathan.

Cette fois le silence était aussi épais que la neige à l'extérieur. Il s'amoncelait peu à peu, et gelait. D'une voix calme, Schanberg dit :

— Une simple cravate ?

— Ce n'est pas ce que j'ai dit, Sydney, dit Norman.

Le sang de Norman affluait à son visage, et ce n'était pas à cause de l'alcool. Il fronça les sourcils en direction d'Eddie, en bout de table :

— C'est très vilain de sa part de répéter les choses de cette façon. Et c'est très méchant à toi de dire ça, Jonathan. Je suis très fâché contre toi, tu m'entends ?

La lèvre inférieure de Jonathan avançait un peu. Des larmes brillaient dans ses yeux, prêtes à couler.

— C'est toi qui l'as dit !

— Ce n'est pas vrai !

— Allons, papa, dit Rachel en lui tapotant la main, calmetoi. Mange ton repas...

— Je parlais d'une manière générale. Cela n'avait rien à voir avec les gens de Syd, dit Norman en relevant le chapeau de papier sur son front. J'ai simplement dit... et Sydney connaît très bien mon sentiment à ce sujet... j'ai dit que les Etats-Unis ont un lourd fardeau à porter, j'ai dit que notre pays est pratiquement en faillite, et c'est d'avoir à apporter son soutien à la moitié des gens dans le monde. Voilà ce que j'ai dit. J'ai dit que notre pays n'en a pas les moyens.

— Les moyens ! dit Schanberg en transperçant du regard l'ami de son père. Nous avons dépensé sept *milliards* de dollars à bombarder ce que vous appelez les « gens de Syd ». Nous avons lancé tellement de saloperies en 73 sur ce que vous appelez les « gens de Syd » que les bombardiers devaient voler les uns au-dessus des autres pour rentrer à leurs bases. Toute ma vie on m'a raconté que le peuple juif a souffert parce qu'il n'y a pas si longtemps il avait cessé d'être des « gens », en Allemagne. La mort était différente pour eux, ainsi en avaient décidé les autorités. Ils n'avaient pas les mêmes sentiments que les autres hommes... c'était moins important, comme de tuer des insectes. Parce que, avant de pouvoir exterminer qui que ce soit, il faut d'abord se convaincre que c'est un peu moins un être humain qu'on ne l'est soi-même. J'aurais imaginé qu'entre tous, vous auriez pu comprendre ça, Norman !

Schanberg se leva. Il n'y avait rien à ajouter. Rien d'autre à faire qu'à s'en aller. Il passa dans l'entrée vide. Dehors, il entendait des gens chanter des cantiques dans la neige. Il ouvrit la porte et vit un groupe d'enfants qui arpentaient la rue ; celui qui allait en tête portait le magnétophone d'où sortait la musique. Il ferma la porte et monta à sa chambre.

Sa valise était ouverte sur le lit quand Rachel entra.

— Ne me demande pas pourquoi, dit Schanberg. — Il s'assit sur le lit et regarda ses mains. — J'ai dû écrire au moins cinq cents lettres, fit-il à voix basse. J'ai écrit aux Nations Unies, à la Croix-Rouge Internationale, à l'Organisation Mondiale de la Santé, à des personnes en Thaïlande...

— Je sais bien, Sydney. Tu me l'as dit.

— Je ne sais pas à qui je n'ai pas écrit... Ça me fait presque rire, sais-tu ?

Elle s'assit près de lui sur le lit :

— Qu'est-ce qui te fait rire ?

— Toute ma vie, j'ai voulu que Papa soit fier de moi, et maintenant qu'il est fier de moi, c'est moi qui ne peux plus l'être ; en fait je ne peux pas me supporter. Tu ne trouves pas ça comique ?

— Non, ça ne l'est pas. Tu dois arrêter ça tout de suite, Sydney ! tu dois cesser de te faire du mal !

— Vois-tu, je n'ai jamais réellement laissé une chance à Pran. La seule fois où il ait jamais parlé de s'en aller, je lui ai hurlé après... J'en ai discuté avec Swain, avec Rockoff, j'en ai même discuté avec des crétins à l'ambassade... mais j'ai toujours évité d'aborder le sujet avec Pran. Il est resté parce que moi je suis resté, et je suis resté parce que...

Il secoua la tête, au bord des larmes. Rachel lui mit la main sur l'épaule, et posa sa tête dessus. Il vit les mèches grises dans ses épaisses tresses noires.

— Viens manger, dit-elle, tu as toujours tes amis. J'ai fait ton gâteau préféré.

— Il faut que je parte, Rachel. Je ne peux pas rester ici.

Il avait pris sa décision. Il prendrait un taxi jusqu'à l'aéroport et attendrait le prochain vol pour San Francisco.

Il ne neigeait pas à San Francisco, mais le vent qui soufflait du Pacifique lançait comme de fins éclats d'obus. Il faisait voler à travers la rue des détritus, des emballages de chez Macdonald ; le chauffeur de taxi poussa un juron et fit une embardée. A l'arrière, Schanberg regardait par la vitre la perspective de maisons de bois aux peintures écaillées, de terrains vagues et de lourds immeubles maculés de traînées d'humidité, — un quartier de San Francisco qui n'apparaissait guère sur les cartes postales, même lorsque le soleil brillait.

Depuis qu'il était arrivé, le seul signe qu'il ait aperçu de Noël était une capuche rouge et une barbe blanche à l'arrière d'un car de police qu'ils avaient croisé. Un groupe d'enfants qui semblaient être vietnamiens, emmitouflés dans d'épais manteaux, erraient sans but à un croisement et regardaient passer les rares voitures. Le taxi se gara juste après l'usine du *Soja du Joyeux Garçon ;* Schanberg le paya et sortit avec sa valise, luttant pour ne pas se sentir l'âme d'une assistante sociale. L'immeuble de Ser Moeun était en face, coincé entre la rue et les rails de chemin de fer. La première fois qu'il était venu, Ser Moeun s'était enfuie dans sa chambre en pleurant. Lorsqu'il était enfin parvenu à la faire se confier, elle avait dit quelque chose qu'il n'avait jamais oublié : *Je pensais, quand vous venez, vous venez avec Pran.* Il traversa une cour de jeu en béton et, le cœur lourd, grimpa les escaliers de fer.

Ser Moeun lui ouvrit la porte. Il secoua la tête. Son sourire s'évanouit, mais elle se ressaisit aussitôt, pour les enfants, lorsqu'elle se retourna et frappa dans ses mains. Ils se levèrent d'un bond de devant le téléviseur et entourèrent Schanberg, le plus jeune garçon avec un tee-shirt de John Lennon et l'aîné paradant avec le gant de base-ball qu'il avait eu pour cadeau de Noël. Schanberg ouvrit sa valise et sortit les présents qu'il avait achetés et enveloppés à l'aéroport. C'était, avec sa cravate, les objets les plus éclatants dans la morne pièce.

Ser Moeun prépara le café. Schanberg s'assit dans l'unique fauteuil, essayant de trouver quelque chose à dire. Il parla de base-ball et des New York Yankees, et regarda la grande photographie de Pran sur le mur. Un appareil de chauffage à convection répandait une lumière rouge sur le tapis. Dehors, des fourgons roulaient avec fracas sur les rails, et les vitres se couvraient de buée. Quand Ser Moeun revint, il lui dit :

— Il faut continuer à être patiente. Je suis sûr qu'il va bien.

L'aîné, excellent élève à l'école, traduisit. Ser Moeun dit en anglais, en hésitant :

— Vous avez des nouvelles ?

— Non. Mais vous savez que les choses sont en train de changer. Les Vietnamiens sont en train d'envahir le Cambodge, et ils sont presque à Phnom Penh. Tout est dans une grande confusion. Cela sera plus facile pour Pran de s'échapper.

Il attendit que le garçon traduise. Ser Moeun se mordit la lèvre. Il recommença, redisant toujours la même chose, avec des mots qui finissaient par sonner creux à son oreille.

— Pran est très débrouillard. Je sais que ça fait longtemps. Mais maintenant les choses changent. Votre mari est très prudent, très intelligent. Il saura attendre jusqu'au moment propice, très exactement, puis il passera la frontière vers la Thaïlande. Vous verrez...

Ser Moeun lui tournait le dos. Schanberg serra très fort la tasse de café. A la télévision, une voix chaude rêvait d'un Noël tout blanc et Danny Kaye glissait sur un toboggan géant avec tous les enfants du monde. Pran était de ceux qui survivent ; il fallait qu'il continue à le croire. Ser Moeun marmonnait et il demanda :

— Qu'y a-t-il ?

— Elle dit, notre père est mort, fit le garçon, la gorge serrée.

— Non, non. Ce n'est pas vrai. Dis-lui que ce n'est pas vrai, absolument pas.

— Elle dit qu'à Phnom Penh, la veille du départ des Américains, une photo de notre père est tombée du mur. La glace s'est cassée dans le cadre. Elle dit que c'est un signe de malheur.

Schanberg se tut un instant. Il se souvint des chauves-souris que Pran avait vues à l'ambassade de France. On ne pouvait rien répliquer aux superstitions.

— Je sais qu'il s'en sortira, dit-il, faiblement, en tapotant de ses doigts sa cravate.

Il regarda Ser Moeun qui disait encore quelque chose à son aîné, et qui sortit en retenant ses larmes. Il se mit debout, et l'enfant vint vers lui avec un sourire un peu timide.

— Elle dit de vous remercier pour le chèque de tous les mois, dit-il.

Un autre train passa. Schanberg prit tour à tour les enfants dans ses bras, leur dit au revoir et leur souhaita un joyeux Noël. Lorsqu'il partit, ses cadeaux étaient toujours sur le sol, pas même ouverts.

228

Pran est tapi dans sa cabane. Dans la maison au-dessus de lui, des cadres échangent des arguments, comme ils l'ont fait toute la journée. On entend à l'horizon le roulement de tonnerre persistant de l'artillerie vietnamienne. Tout est dans la confusion.

Depuis douze jours qu'il a été pris en train d'écouter la radio, Pran est continuellement tourmenté de doutes et de questions. Pour autant qu'il puisse en juger, les Vietnamiens, très probablement soutenus par les Soviétiques, ont dû entreprendre une invasion totale du Cambodge. Ceci ne le surprend pas : les Vietnamiens sont des ennemis de longue date des Khmers, et ne s'allient avec eux que pour repousser leurs agresseurs communs, comme les Américains, ou les Français à Dien Bien Phu. Ce qui est plus incertain est l'attitude des Khmers Rouges. Certains, le cadre de Bat Dangkor, par exemple, sont prêts à se soumettre à la volonté du peuple quand les Vietnamiens arriveront.

D'autres, d'après ce que Pran a pu entendre, obéissent uniquement aux ordres d'Angka, rasant les récoltes et organisant l'exécution en masse des villageois. Plus tôt dans la matinée, la 2 CV rouge est revenue à Bat Dangkor et un dirigeant régional est allé voir Phat chez lui pour lui parler. C'est à ce moment-là que Pran s'est réfugié sous la maison.

Des chaises sont frottées sur le sol, et des sandales de caoutchouc descendent en claquant sur les marches. La Citroën démarre, et tourne au bas du village pour prendre la grand-route. Un coup de bâton résonne sur le sol, et Pran rampe comme un ver hors de la cabane. Phat est debout en haut des marches, avec un masque sur le visage.

— Brûle le tabac, dit-il à Pran d'un ton bourru. Déracine tout dans le jardin. Apporte-moi les pommes de terre et détruis le reste. Il ne faut rien laisser à l'ennemi.

Pran obéit sans un mot. Un détachement de corvée est de retour des champs de riz sous la surveillance d'hommes armés ; l'un d'eux reste en arrière pour garder Pran. Lorsqu'il lève le nez de sa tâche, il peut voir la route principale, de l'autre côté de la vallée, se remplir des colonnes Khmères Rouges et de camions de transport de troupes. Si les Vietnamiens bougent ne serait-ce qu'à un quart de cette vitesse, ils doivent avancer de près de deux kilomètres à l'heure. Les échanges d'artillerie sont assez proches pour qu'on puisse distinguer les armes : mortiers et mitrailleuses imposant un solide tir de barrage.

Après avoir cherché d'où venait le vent, Pran met le feu à la récolte de tabac et tire un sac plein des pommes de terre qu'il a cueillies jusque dans la maison de Phat. Le jeune chef du village joue avec son fils. Le visage qu'il tourne vers Pran est plein de tristesse.

— J'ai manqué à mon devoir envers Angka.

— Pourquoi ?

— Je n'ai pas ordonné assez d'exécutions. Je n'ai pas liquidé assez d'ennemis.

Pran repose le sac sur le plancher. Après un silence, il dit un peu emphatiquement, de façon délibérée :

— Nous ne sommes pas vos ennemis.

Phat paraît n'avoir pas entendu. Il embrasse Kim et lui ébouriffe les cheveux. Pran entend des cris et des coups de feu dehors, et des bruits de course. Phat se relève et remet l'enfant à Pran.

— Je vous prie d'avoir soin, dit-il en français, d'une voix basse et suppliante.

Pran arrive à la porte alors qu'un plein camion de soldats Khmers Rouges traverse le pont sur la rivière en direction du village.

Phat a dissimulé quelque chose dans les vêtements de l'enfant. Pran se glisse dans la cabane et sort un petit paquet qu'il ouvre. Trois cents dollars et une carte tracée sur un carré de coton blanc. Il jette un coup d'œil apeuré par-dessus son épaule et dissimule le paquet dans une cavité entre les planches du toit.

— C'est un secret ! chuchote-t-il à Kim en khmer.

Deux photographies sont tombées sur les nattes. Il les ramasse avec des doigts qui tremblent ; les cris dehors augmentent. L'une d'elles représente Phat et la mère de Kim le jour de leur mariage, tous deux très jeunes, souriants, très heureux. Sur l'autre, on voit Phat en compagnie de jeunes de son âge en train de faire des grimaces à la caméra. Il porte des sandales Ho Chi Minh, qui étaient un symbole de dissidence à la mode parmi les étudiants les plus radicaux, avant que la guerre n'éclate. A l'arrière-plan, Pran reconnaît l'université de Phnom Penh.

Kim sur ses genoux, Pran examine les photos. Phat avait dû avoir des contacts avec les Khmers Rouges — un parent peut-être — et s'être rallié à eux dans les premières années de la guerre, en 71 ou 72. Sa femme, qui ressemblait si évidemment à Kim, devait avoir survécu trois ou quatre ans dans la jungle. Etait-ce après sa mort que le jeune étudiant rebelle, intoxiqué de Marx, de Mao et des théories de la révolution permanente, avait commencé sa longue glissade vers la désillusion ? Bien sûr, il était trop intelligent pour l'avoir laissé deviner. Angka lui avait fait confiance, l'avait fait administrateur d'un village. Mais l'éducation de Phat avait finalement transparu. Elle lui avait donné un respect de la vie humaine et des valeurs de civilisation que les plus jeunes cadres Khmers Rouges n'avaient jamais eu l'occasion de connaître. *Je n'ai pas ordonné assez d'exécutions...* C'était là une faiblesse qu'Angka punirait un jour en ordonnant la sienne.

Un chasseur à réaction hurle sur leurs têtes. Des explosions ébranlent la terre. Poussant les deux photos dans la cachette, Pran ramasse le petit garçon, sort en rampant de la cabane, et se blottit près de l'escalier de Phat. Une maison située plus bas sur le chemin n'est plus qu'un brasier de bûches et de paille. Trois bœufs passent au grand galop en donnant des coups de tête dans l'air, et plongent vers la rivière. Un autre chasseur passe en hurlant sur la vallée, et mitraille les troupes Khmères Rouges qui fuient sur la grand-route. Les soldats, comme la plupart des habitants de Bat Dangkor, y prêtent à peine attention. Ils ont subi ces bombardements pendant cinq ans, réalise soudain Pran. Que les avions portent les sigles des Américains ou des Vietnamiens, sur terre, cela ne fait aucune différence.

La Citroën est de retour. Sous les yeux des supérieurs, les villageois ont été ramenés des rizières et sont regroupés, quatre groupes d'une trentaine d'hommes chacun. Phat est là, regardant en silence les soldats brandir leurs fusils et tenir les femmes et les enfants éloignés.

Pran se fait tout petit dans l'ombre, et demeure absolument immobile. Mais Kim n'a aucun sens de la terreur. Reconnaissant son père, il lui fait bonjour de la main. Un soldat aperçoit le discret mouvement et court droit sur eux en leur faisant du menton signe de sortir de leur cachette. L'officier responsable crie un ordre que Phat contredit, semble-t-il, aussitôt. Profitant de cette chance, Pran emporte rapidement l'enfant dans la maison.

Il guette par la fenêtre tandis qu'à nouveau un MIG-19 déchire l'air. Phat semble reprendre vie soudain. Il se dispute avec l'officier, essayant de faire valoir son autorité. L'officier n'y prête aucune attention ; il hurle dans un mégaphone pour faire presser le rassemblement ; on embarque les villageois dans des camions pour « parfaire leur éducation ». Phat en appelle aux cadres principaux. Ils le regardent fixement d'un œil inexpressif, et dépêchent un autre soldat pour ramener Pran et l'enfant.

Pran ne peut bouger. Paralysé de frayeur, il étreint le petit sur son cœur. Phat s'est mis à crier maintenant. L'officier lève son fusil jusqu'à sa poitrine. Les cadres continuent à le dévisager fixement. Phat tend le bras, comme s'il exigeait que le fusil lui soit remis. C'est une balle qu'il reçoit à la place, une balle en plein cœur ; il s'effondre sur le sol.

Pran enfouit la tête de Kim contre sa chemise et jette autour de lui des regards éperdus. Le soldat est arrivé au pied des marches ; Pran n'a plus personne pour le protéger, aucun endroit où se cacher. Il se met à prier Bouddha ; mais c'est l'ennemi qui lui vient en aide. Le MIG revient à soixante mètres au-dessus d'eux en faisant feu de tous ses canons et lance-roquettes. Un des cadres, quatre soldats et deux fois autant de villageois sont fauchés par une grêle de balles. La Citroën est en feu, ainsi que trois des huttes. Sous les yeux de Pran, l'ordre implacable d'Angka part en fumée. Les villageois courent, les soldats courent, les cadres courent. Sans lâcher le petit garçon, Pran se rue dans la cabane sous la maison. Il tire sur eux un gros tas de sacs et reste là, le cœur battant très fort ; les pleurs étouffés de l'enfant font une tache humide et chaude sur sa chemise.

Ensemble, ils attendent qu'il fasse sombre. On n'entend plus aucun bruit dans le village, et plus un mouvement n'est perceptible si ce n'est, dérivant sur le chemin, la fumée des chaumes et de l'huile des moteurs incendiés. Avec le crépuscule, les grenouilles se sont mises à coasser du côté de la rivière. Un bœuf erre à l'aventure, sursautant lorsqu'il voit des ombres, troublé par cette liberté à laquelle il n'est pas habitué. Des oiseaux se posent autour de quelque chose qu'il ne parvient pas à voir, peut-être le corps du soldat qu'on avait envoyé le chercher.

Puis un nouveau son remue l'air : celui des chenilles d'un char d'assaut et d'un moteur au ralenti. Abandonnant Kim endormi sous les sacs, Pran rampe sur son ventre jusqu'à la limite extérieure des pilotis. Un char d'infanterie légère descend lentement la rue principale de Bat Dangkor. Il s'arrête à cent mètres environ ; sa tourelle à canon décrit un cercle complet, comme pour défier un ennemi invisible. Rien ne bouge. Dans un rugissement de ses tuyaux d'échappement, les moteurs diesels du tank sont coupés. Le silence persiste pendant une minute encore.

Des serrures claquent et la tourelle s'ouvre. Il en sort une feuille morte suspendue à une brindille, puis le casque taché de boue sur lequel elle était collée en guise de camouflage. Sous le casque apparaît l'une des têtes les plus loufoques qu'il ait jamais été donné à Pran de voir : seize ans environ, des yeux ronds et atteints de strabisme, une bouche vide ornée de trois dents plantées comme les pieux d'une palissade, séparées par de larges intervalles. La tête pivote de droite à gauche. Ne voyant rien, elle louche vers ce qui lui reste de camouflage plus haut et se fend en un large sourire béat.

Les Vietnamiens sont dans la ville.

Pran les a déjà vus auparavant, ces sourires sur les visages des « libérateurs ». Il a déjà entendu leurs promesses. Ce n'est pas avant le milieu de la matinée du lendemain qu'il se laisse tenter par l'odeur miraculeuse, inhabituelle, de la viande cuite, et sort à découvert avec le gamin. Une trentaine de soldats vietnamiens ont monté leurs tentes dans la rue principale et allument des feux pour leur cuisine. Un porc tout entier est en train de rôtir sur l'un d'eux, un spectacle déjà assez rare dans les jours anciens, mais qu'on n'avait plus jamais vu depuis l'arrivée des Khmers Rouges. Un par un, les villageois sont sortis de leurs cachettes. Ils font cercle maintenant, les hommes d'un côté, les femmes de l'autre, dans un silence respectueux, contemplant le phénomène « porc ».

Un officier vietnamien arrive avec une remorque chargée de sacs de riz, qui viennent manifestement d'être « libérés » du dépôt communal de vivres destinés à Pékin. On verse tout le contenu d'un sac dans un chaudron placé sur le second feu de bois, et l'officier demande en khmer des volontaires pour aider à préparer à manger. Personne ne lui répond ; la peur et le trouble se lisent sur tous les visages. Les « requêtes » d'Angka n'étaient jamais que des ordres voilés ; *Snœur*, le mot khmer pour dire « requête », avait même pris une nouvelle signification dans les villages : « Emmener et tuer ».

L'officier répète sa question. Un homme fait un pas en avant. Une femme l'appelle, sa sœur ou son épouse, et se place en face de lui. Le village retient son souffle. Mais nul ne les invective, aucun garde Khmer Rouge ne les repousse en les frappant. La femme éclate en sanglots ; elle serre sur son cœur l'homme qu'elle a aimé et dont elle a été tenue séparée toutes ces années. D'autres hommes et femmes, dont certains tiennent des enfants par la main, s'avancent avec hésitation d'abord, puis se jettent dans les bras les uns des autres et pleurent, jusqu'à ce que la grand-rue de Bat Dangkor ne soit plus qu'un concours de gens se donnant des accolades, riant et pleurant, une scène si pleine de bonheur et si pitoyable à la fois que les soldats vietnamiens détournent leurs visages pour cacher leurs larmes.

Pran soulève le fils de Phat et le presse contre lui. De ce côté du monde, Kim est tout ce qui lui reste à aimer. Kim est sa famille maintenant. Il songe à Rosa et à Nhiek Sann à Dam Dek, sacrifiant leurs vies pour affirmer la dignité et le respect d'eux-mêmes que les Khmers Rouges voulaient leur refuser. Il pense à ses frères et à sa sœur exécutés arbitrairement, à son père mort de faim. Pour des raisons connues de Bouddha seul, lui, Pran a obtenu l'autorisation de vivre. Quoi qu'il arrive à l'avenir, même s'il meurt en tentant d'atteindre la frontière, le pire est derrière lui. Formulant une action de grâce, il s'avance en tenant la main du petit Kim.

Tous ces cheveux blancs... Schanberg abaissa le rasoir et se pencha vers le miroir pour s'étudier de plus près. A demi rasé et à demi barbouillé de mousse, il ressemblait au dieu Janus, présentant deux visages au monde, d'un côté la droiture, de l'autre l'hypocrisie. Les yeux, injectés de sang, ne trouvaient pas ça drôle ; la bouche ne riait pas non plus. Aucun sens de l'humour, son visage, ces jours-ci.

Le téléphone sonna. Il décrocha le récepteur dans la salle de séjour. Une voix qu'il ne connaissait pas.

— Sydney ? Sydney Schanberg ?

— Oui ?

— Andreas Freund. Du bureau de Paris. Avez-vous entendu parler de Gerhard Leo ?

— Non.

— C'est un Allemand de l'Est. Il travaille pour *Neues Deutschland* ici à Paris. Il m'a demandé de vous transmettre un message de la part de quelqu'un ; il a dit que ça vous ferait plaisir. Voici le message : « Dith Pran est vivant, il vit à Siem Reap, Angkor. »

Schanberg s'assit.

— Redites-moi ça.

Il écouta :

— Je ne peux pas y croire !

Le « youpi » de joie qu'il poussa fit éclabousser la mousse dans toutes les directions.

— Andreas, déclara-t-il, quand son correspondant à Paris eut terminé, vous êtes-vous jamais rendu compte à quel point il était facile de se faire un ami pour la vie ?

Il obtint la ligne et appela immédiatement Gerhard Leo. Le soleil matinal qui brillait à travers la vitre était si éclatant que tout l'appartement scintillait. Il laissa couler dans le récepteur blanc de mousse les flots de gratitude qui l'étouffaient. Leo lui donna toutes les précisions qu'il avait espéré entendre pendant quatre ans.

— C'était en février. Je vous aurais informé plus tôt mais, de là, j'ai été envoyé au Vietnam pour couvrir l'offensive chinoise.

— Mais vous avez vu Pran ! Vous l'avez rencontré !

— Près d'Angkor, oui. A Siem Reap. J'étais à une réception de... de journalistes sympathisants organisée par les Vietnamiens. Il s'est approché de moi ; j'étais seul et il m'a donné ce message. Il m'a dit : « Ça le rendra heureux. » Il m'a aussi demandé de prendre une photo de lui, que j'ai envoyée au *New York Times.*

— Est-ce qu'il allait bien ? De quoi avait-il l'air ?

— Ma foi, je dirais, en assez bonne santé, monsieur Schanberg. Mais je me fais du souci à son sujet. Je suis revenu via Angkor Vat la semaine dernière, pour terminer un article. Pran n'était plus à Siem Reap. On m'a dit qu'il se pouvait qu'il essaye de franchir la frontière ; très inconséquent...

— Ne vous en faites pas. Pran est de la race des survivants. S'il a tenu jusque là, tout ira bien pour lui !

Schanberg remercia l'Allemand de l'Est et raccrocha le récepteur, refoulant les larmes qui avaient commencé à couler après l'appel de Freund. Pran était vraiment de ceux qui survivent, de ceux qui s'adaptent, au sens darwinien du terme, comme le lui avait écrit Henri Savarin à leur retour. Et voilà, c'était bien ça. C'était ce qu'il avait rêvé d'entendre depuis si longtemps.

Il essuya la mousse avec une serviette de toilette et sauta dans les premiers vêtements qui lui tombèrent sous la main — pour ce qu'il en avait à faire ! Maintenant que sa sentence de culpabilité avait été levée, l'énergie montait en lui comme la sève dans un arbre dénudé. Il resta un moment près de la fenêtre, à contempler au loin l'horizon du ciel matinal, respirant profondément, comme un criminel pardonné, le complice d'un meurtre qui n'aurait jamais été commis.

Il téléphona à Ser Moeun à San Francisco, et entendit sa joie éclater à l'autre bout du fil, toute pareille à la sienne la première fois. Mais Ser Moeun voulait savoir : si les nouvelles étaient si bonnes, pourquoi Pran n'était-il pas déjà sorti ? Il l'était très certainement, assura Schanberg, sinon, ce n'était qu'une question de jours. Il allait partir lui-même dès aujourd'hui et le ramener à la maison !

Mais d'abord, qu'on lui donne le temps, ne serait-ce qu'une heure ou deux, de célébrer l'événement. Il dévala les escaliers, sauta dans un taxi pour le *New York Times* et acheta des jonquilles (il ne put ensuite se rappeler dans quel ordre). Il appela sa femme. Il laissa un message pour Al Rockoff. Il envoya sa secrétaire acheter des tasses de carton, fit une descente dans le bureau du rédacteur en chef pour récupérer une bouteille de champagne, y trouva du whisky et en offrit une tournée à la place. Jonquilles sur les touches des machines à écrire, jonquilles sur le plancher...

— Un toast ! J'aimerais porter un toast ! Au plus merveilleux de tous les Allemands de l'Est actuellement sur terre, et à tout Vietnamien qui gardera Pran sain et sauf jusqu'à mon arrivée !

Le whisky dans l'estomac vide de Schanberg lui faisait l'effet des feux de l'inspiration. Il y avait tant à écrire ! Plus rien ne pouvait l'arrêter. Il ramassa une jonquille et la lança sur le bureau de sa secrétaire.

— Retenez-moi une place sur le premier vol pour Bangkok.

Le grincement approche. Pran éteint la bougie d'un souffle. Ses compagnons dans l'ombre sont immobiles comme les pierres. Il peut sentir leur peur, même s'il ne peut voir leurs visages.

Ils restent tapis dans les décombres de la maison en ruine jusqu'à ce que l'étranger sur sa bicyclette soit bien au-delà de portée de leurs voix. C'était peut-être un villageois, ou un Vietnamien ; cela revient à peu près au même quand vous êtes en fuite. Keo, un ancien collègue, cadre de Phat à Bat Dangkor, rallume la bougie avec une de leurs précieuses allumettes. Pran la soulève jusqu'au panier d'osier pour vérifier si Kim est toujours endormi. Puis tous les six se penchent sur le carré de coton de la carte de Phat. Du bout de son ongle cassé, Pran suit l'itinéraire vers le nord qui, à travers jungle et terres cultivées, mène jusqu'aux monts d'Odder Mean Chey. Au-delà des montagnes : la Thaïlande.

Ceci n'est que la suite du voyage que Pran a entrepris à Dam Dek voici presque une année. Dès que les Vietnamiens ont donné aux Cambodgiens l'autorisation de rentrer dans leurs villages d'origine, il a quitté Bat Dangkor et est parti vers l'ouest, en direction de Siem Reap, dans l'espoir de retrouver ce qui pouvait rester de sa famille. C'est là qu'il a vu l'Allemand de l'Est et a pris le risque de lui laisser un message pour Sydney.

A Bat Dangkor, il aurait pu s'en sortir ; mais à Siem Reap, sa ville natale, trop de gens le connaissaient, et certains enviaient sa survie. L'un d'eux l'a dénoncé au gouvernement vietnamien de la ville et Pran a été convoqué pour être interrogé.

C'est alors qu'il vit que son pays n'avait plus d'avenir. Debout, la tête inclinée, tandis que le gouverneur frappait de son poing sur la table et l'accusait d'être impur sur le plan politique, Pran comprit que le Cambodge n'avait fait qu'échanger une dictature contre une autre, plus douce certes, mais toujours guidée par une idéologie inflexible. Jeté en disgrâce, il ne laissa pas aux Vietnamiens le temps d'envisager pour lui une punition appropriée. Il s'évada le soir même, en compagnie des cinq autres personnes avec qui il avait élaboré son plan, et de l'enfant que Phat lui avait confié.

Voici trois jours qu'ils sont sur les routes, poussant les vélos et portant le petit garçon chacun à leur tour. Cela a été facile au début ; ils se mêlaient aux réfugiés qui regagnaient leurs foyers. Mais les routes sont devenues sensiblement plus désertes à mesure qu'ils poussaient vers l'ouest. Plus aucune circulation maintenant sur les chaussées dégradées, à l'exception d'occasionnelles bicyclettes ou de camions militaires, comme s'ils avaient pénétré une zone interdite.

Une nuit de nouvelle lune, trop noire pour qu'on prenne le risque d'aller plus loin. Pran ne parvient à s'endormir que par à-coups dans un couloir dont le toit a disparu. Au matin, il fait manger à Kim une banane écrasée dans du lait et ils reprennent leur progression vers la ligne pourpre des montagnes qui se dessinent dans le lointain. La route sinue à travers un paysage brûlé, profondément creusé de trous de bombes, hérissé d'arbres carbonisés, bordé des carcasses rouillées des tanks, des jeeps et des A.P.C. dont les conducteurs ont semé la destruction sur cette terre avant de devenir eux-mêmes partie intégrante des débris. Kim, les yeux écarquillés, la bouche ouverte, regarde les formes déchiquetées et confuses de métal déchiré et de bois roussi : c'est un terrain de jeu comme il n'en a jamais vu.

Vers midi, ils arrivent dans une ville où seule la vie végétale a repris ses droits. La moitié des maisons a été rasée ; les autres sont pour la plupart habitées par la végétation. Les racines ont déformé les trottoirs et fissuré les murs. Un bananier a poussé en plein milieu de la route. Personne ne vit plus ici depuis cinq ans. Les chiens et les rats eux-mêmes ont déserté la ville ou bien ont été mangés. Ils descendent la rue principale en silence, le long des boutiques vides aux bannes en lambeaux et de tout un naufrage de téléviseurs, de tables de café, de machines à laver, et même d'une vieille Renault envahie par du tapioca sauvage jailli de son pare-brise en morceaux. Une station-service dynamitée a entièrement brûlé, et il n'en reste rien qu'une enseigne Esso coincée entre les branches d'un arbre. Des graffiti des Khmers Rouges exhortant à l'évacuation s'effacent sur les murs blanchis à la chaux d'un hôpital bombardé. Ces messages ne signifient plus rien. La cité n'est plus qu'une vaste décharge emprisonnée dans les broussailles — plus jamais elle ne ressuscitera.

Ils ne sont contraints qu'une fois d'abandonner les routes ce jour-là, lorsqu'un tank russe T-62 passe en rugissant dans une nuée de poussière rouge, le drapeau de la République populaire du Vietnam claquant au vent sur sa tourelle. Les nuages qui se sont amassés au sommet des montagnes tout au cours de la journée arrivent au-dessus d'eux en fin d'après-midi et éclatent en une pluie diluvienne. Pran se bat contre le vent tout en maintenant une feuille de plastique pour protéger l'enfant sur son dos. Il devient de plus en plus difficile d'avancer au fur et à mesure que la route se rétrécit pour devenir un chemin de terre, qui commence à escalader le flanc de la colline en serpentant entre les eucalyptus. Tout près du sommet, ils découvrent une pagode en ruine. Keo y pénètre en tête, non sans prendre garde aux pièges toujours possibles. Les autres le suivent. Ce sera leur abri pour la nuit.

Les Khmers Rouges ont rendu à l'édifice leurs hommages coutumiers. La moitié du toit a été emportée ; la statue géante de Bouddha adossée au mur du fond a été décapitée, et ses jambes repliées, son torse, sont ébréchés aux endroits que les soldats ont utilisés pour cible. A un certain moment dans le passé, la pagode a dû servir de porcherie : on voit de la paille et des crottes de porcs sur le sol au milieu des éclats de faïence bleue tombés du plafond. Mais les cochons ont dû être mangés voici bien longtemps. Les oiseaux et les chauves-souris sont les seuls habitants du temple aujourd'hui, et la forêt y a fait irruption.

Kim souffre d'une toux persistante. Son front transpire et ses yeux sont secs et brillants. Pran emmitoufle l'enfant dans une couverture et le couche dans le panier d'osier. Ils préparent hâtivement un feu avec de la paille, des brindilles et du guano.

Ils font cuire un peu de riz dans une marmite et y ajoutent les morceaux du dernier poisson séché qu'ils ont apporté de Siem Reap. Kim en mange un peu mais ne peut le garder. Pran le balance dans ses bras en lui chantant une berceuse. Ils ont encore un long chemin à parcourir et la piste devient plus difficile.

Les autres sont aussi las et vidés d'énergie que lui-même. Keo, leur aîné, est très probablement le plus alerte. Il est assis à surveiller le feu, et l'examine avec des yeux battus. Rong et sa femme sont pelotonnés l'un près de l'autre contre le mur de la pagode, les yeux fermés, dans des attitudes de complet épuisement. Rong était allé à l'école avec Pran près de Siem Reap. Il s'était marié au début de 1975, quelques jours seulement avant que les troupes de Lon Nol ne déposent les armes ou fuient devant les Khmers Rouges. Jusqu'à la récente arrivée des Vietnamiens, Angka les a tenus séparés. Sans que Rong lui ait rien dit, Pran soupçonne qu'ils n'ont pas entrepris cet éprouvant voyage sans une raison cachée, que la femme de Rong est enceinte et qu'ils désirent que le bébé naisse en terre de liberté.

Avec beaucoup de douceur, Pran berce le petit garçon et laisse ses yeux errer sur les grandes ombres de Bouddha jetées par le scintillement du feu. Quand il aura traversé la frontière vers la Thaïlande, il déclarera Kim comme son propre fils : en temps voulu, il l'emmènera au-delà des mers, en Amérique, et Kim deviendra un des leurs, grandira avec ses propres enfants et apprendra l'anglais... mais sans oublier le khmer afin de pouvoir continuer à adresser ses prières au Bienheureux. C'est le plus important... mais Pran est trop fatigué pour achever sa pensée. Il ferme les yeux et s'endort, avec l'enfant toujours douillettement installé dans ses bras.

Ils sont réveillés à l'aube par un bruit de véhicules. Pran remet l'enfant à Keo et se glisse dehors pour voir ce qui se passe. Deux autos-chenilles et un convoi de camions vietnamiens roulent en direction de l'ouest sur la route de la vallée. Après d'autres discussions angoissées autour de la carte de Phat, ils décident de faire un détour par le nord pour les éviter.

Par une voie ou par l'autre, la piste est toujours raide et accidentée, et ils la parcourent sous un soleil de plomb. L'épouse de Rong est très pâle mais refuse l'aide qu'on lui propose. Pran marche devant elle, portant Kim sur son dos ; cependant, Rong et Keo guident adroitement les vélos sur l'étroit sentier. En montant péniblement vers un des multiples sommets de ces contreforts montagneux, ils aperçoivent de petits nuages de fumée sur le flanc de la colline opposée, suivis des coups sourds des explosions de mortiers. Les résistants Khmers Rouges doivent manifestement mettre à profit la fin de la saison sèche pour organiser une attaque de guérilla contre les Vietnamiens.

Cela signifie qu'il leur faut une nouvelle fois modifier leurs plans. Après un repas silencieux composé de lait de coco, de riz froid, et du minuscule fruit jaune des bananiers sauvages, ils prennent la direction plein ouest, qui passe par le fond de la vallée. Les bicyclettes ne sont d'aucun secours dans ces sous-bois étouffants entremêlant plantes des marécages, fougères et lianes ; ils les abandonnent et se taillent à pied, vaille que vaille, un passage dans la jungle. A chaque endroit où l'eau court, ils s'arrêtent pour arracher les sangsues de leurs jambes avant de replonger dans les eaux stagnantes.

A leur arrivée sur les hauteurs, Keo leur conseille une grande vigilance. La guerre dans ces montagnes proches de la frontière ne se fait pas à coups de bombes et de balles, mais de pièges et de collets. Des précautions élaborées doivent être prises à chaque pas. Pendant deux heures encore, ils marchent, progressant avec régularité. A chaque sommet, un autre apparaît un peu plus loin en avant. Une fois, ils entendent les voix d'une patrouille Khmère Rouge et s'aplatissent dans l'ombre verte pour laisser le danger s'éloigner.

Pran a donné Kim à Rong et pris la tête de leur troupe. Une tache vaguement plus sombre sur le sentier à ses pieds le fait s'arrêter brusquement. De son bâton, il écarte les feuilles, et la végétation met à jour un piège punji, l'un des pièges les plus anciens et les plus cruels en ces montagnes : une fosse profonde creusée sous le chemin, garnie de pieux de bambou pointus d'une cinquantaine de centimètres et émergeant du fond inondé, pour procurer une mort atroce aux imprudents. Se saisissant du bâton de Pran, Keo fourrage dans les buissons pour découvrir un terrain sûr par où contourner le piège. Rong le suit, Pran vient en troisième position, le garçon de nouveau sur ses épaules.

Cinq mètres plus haut à peine, il voit le fil de fer au moment

précis où Rong met le pied dessus, et il lui crie un avertissement. Leo et Rong se tiennent là, sans un mouvement, pendant
une fraction de seconde tandis que des oiseaux prennent
lentement leur essor vers le firmament. Et puis c'est l'explosion. Et les cris perçants des singes. Rong et Keo sont morts ;
Pran tombe sur ses genoux avec un cri aigu, et le sang coule
entre ses doigts ; il est blessé d'un éclat de grenade au côté.

Les hurlements continuent autour de lui, ses mains sont
pleines de sang, il est à Dam Dek et les coups pleuvent sur lui.
Hébété et terrifié il empoigne Kim et s'enfuit dans le sous-bois,
n'importe où, loin, très loin des Khmers Rouges. Le fil de fer à
cinq centimètres au-dessus du sol, les deux grenades dans les
boîtes de conserve de chaque côté du chemin... c'est l'un des
pièges contre lesquels Keo l'avait mis en garde... Keo est mort
maintenant. Dans un état de traumatisme, criant de la
douleur de sa blessure, il court jusqu'à n'en pouvoir plus.
Aucun membre du groupe ne l'a suivi. Kim et lui sont tout
seuls. Lorsqu'il presse le petit garçon contre sa poitrine, il
s'affaisse.

L'enfant est mort.

C'est plus que Pran ne peut comprendre. Il allonge Kim sur
la terre et voit l'endroit où l'écharde de grenade a pénétré dans
son cou. Mais il est dans un trouble extrême. Il relève l'enfant
et le tient tout contre sa chemise tachée de sang. Kim a les
yeux ouverts, mais on n'y lit aucune crainte. Son petit visage
est paisible comme lorsqu'il dort dans les bras de Pran, dans
les bras de son père. Il a dû mourir sur le coup. Kim est mort.

Pran lui dépose un baiser sur le front et le couche. Bouger lui
est très douloureux, à cause de sa blessure au côté qui le lance ;
il élève un bûcher de branches et de brindilles sèches. Le soleil
est bas sur l'horizon avant qu'il soit parvenu à hauteur de
taille. Très tendrement il hisse au sommet le corps de son fils
adoptif et met le feu au bois à l'aide de sa dernière allumette.
Ce n'est qu'alors, tandis que la fumée blanche monte au ciel à
travers les arbres, que Pran laisse couler ses larmes, les
premières larmes qu'il ait versées au cours de toutes ces
épreuves. Levant les mains en un geste de prière, il incline la
tête en un adieu solennel.

Toute la nuit, sans se soucier de ce que les ennemis risquent
d'être alertés et conduits jusqu'à lui par la fumée, il reste
auprès du bûcher qui se consume lentement, offrant au
Seigneur Bouddha des prières pour le *karma* de l'enfant qui un
jour revivra. Les bambous craquent et gémissent dans la nuit.

Peu après l'aube, lorsque le soleil a un peu réchauffé son flanc raidi par la douleur, il reprend son chemin vers les crêtes.

Ne vous en faites pas. Pran est de la race des survivants. S'il a tenu jusque-là...

Mais Schanberg commençait à regretter l'optimisme qu'il avait apporté hors taxe à Bangkok. Tous les jours, une semaine durant, un taxi l'avait pris avant l'aube à l'*Hôtel Oriental* et l'avait conduit jusqu'à l'un des camps de réfugiés entassés de ce côté de la frontière montagneuse avec le Kampuchéa. Tous les jours il était revenu bredouille, avec éternellement les mêmes réponses des fonctionnaires et des employés des organisations de secours : « Nous n'avons vu personne de Siem Reap. »

Il bâilla et, les yeux larmoyants, regarda par la vitre du taxi. Dans la lumière du petit matin, on aurait pu se croire sur la route de Phnom Penh à Battambang. De blancs nuages zébrés de jaune filaient à travers le ciel immense. Sur les deux côtés remblayés de la route, des pousses de riz vert perçaient sous l'eau immobile. Peut-être aurait-il mieux valu attendre à New York qu'on lui confirme que Pran était bien sorti...

Mais en vérité il fallait qu'il vienne, il fallait qu'il fasse connaître sa présence sur la frontière. Dans les meilleurs des cas, les Thaïs n'aimaient pas les Khmers, et ils n'aimaient pas en particulier les réfugiés Khmers. Si Pran arrivait seul, sans contacts dans les camps pour se faire enregistrer légalement, il rejoindrait probablement les milliers de réfugiés que le gouvernement thaï avait récemment refoulés de l'autre côté de la frontière dans le Kampuchéa occupé par les Khmers Rouges. D'une manière ou de l'autre, Schanberg devait être là. Il lui fallait à tout le moins trouver un réfugié de Siem Reap qui puisse lui dire si Pran était toujours vivant.

Le paysage plat comme un miroir commença à onduler, à se gonfler de hautes crêtes à l'approche des collines. Surin, à ce qu'on lui avait dit, était l'un des camps les plus vastes, et mieux installé que certains des misérables endroits qu'il avait visités cette semaine. Cahutes de bambou d'une seule pièce sur de courts pilotis autour d'un étroit sentier où l'on s'enfonçait dans la boue jusqu'aux essieux.

C'était les camps où une centaine de personnes ou plus mouraient chaque jour de malaria et de malnutrition et étaient enterrées dans une fosse commune. Les « forces de résistance » Khmères Rouges les dépouillaient comme elles le voulaient, descendant de leurs enclaves dans la montagne pour voler la nourriture fournie par les organisations de secours, acheter de nouvelles armes aux marchands thaïs et kidnapper de jeunes réfugiés pour les entraîner à la guérilla. Personne ne les en empêchait. Les assassins de Pol Pot étaient reconnus, n'est-il pas vrai, par les Etats-Unis et l'Angleterre comme le gouvernement légitime du Kampuchéa. Le drapeau rouge sang des Khmers Rouges flottait sur le building des Nations Unies à New York, comme il avait flotté sur les camps de la mort de son propre peuple.

La route commençait à monter en serpentant entre les collines parsemées de gros blocs de pierre et couvertes de bois peu épais. Le soleil faisait étinceler la bande de papier doré attachée en haut du pare-brise du taxi ; Schanberg se souvint que Pran lui avait raconté comment les chauffeurs de taxi bouddhistes emmenaient leurs nouvelles voitures au temple pour les faire bénir par les prêtres, qui tapissaient de fleurs le pare-chocs avant et fournissaient le papier doré pour éloigner les mauvais esprits. Cette coutume avait sûrement été éliminée du nouveau Kampuchéa, en même temps que la moitié de la population. Il avait amené avec lui en Thaïlande les détails du recensement de 1979 rendu public par les Vietnamiens : sur onze mille étudiants, quatre cent cinquante encore en vie après la terreur Khmer Rouge ; deux cent sept professeurs du secondaire sur vingt-trois mille ; cinquante-trois mille de leurs élèves sur plus de cent mille avant avril 1975... et seulement cinq journalistes en vie dans tout le pays... Ces chiffres pourraient être réfutés comme propagande vietnamienne si des témoignages personnels et indépendants de réfugiés n'étaient venus confirmer l'ampleur presque inconcevable de la catastrophe.

Des nuages commençaient à s'amasser au-dessus des montagnes, dans le lointain. Schanberg se pencha en avant. Le taxi gravit une petite crête et entama sa descente dans une large vallée verdoyante qui s'enfonçait loin dans les collines. Tout au bout, le camp de réfugiés de Surin s'étalait dans un enchevêtrement désordonné d'allées et de longs bâtiments, et le soleil luisait sur les toits de tôle barbouillés des sigles de l'U.N.I.C.E.F. et de la Croix-Rouge Internationale. A l'extérieur des clôtures de barbelés, s'alignaient bien en ordre les parcelles de terrain. Le moral de Schanberg s'en trouva un peu ragaillardi : il n'avait vu d'environnement plus prospère qu'à Khao-I-Dang, le camp de transit cinq étoiles de la Croix

Rouge. Il sortit nerveusement son document d'identité avec sa photo tamponnée de Surin. L'employée des services de secours qui le lui avait établi la veille au soir à Bangkok avait souri et haussé les épaules :

— On ne perd rien à essayer, avait-elle dit. Mais, à ce que nous avons entendu, on trouve des cadavres tous les cinq cents mètres sur cette route qui franchit la frontière.

Un car venu du camp les croisa, puis un gros camion frigorifique, soulevant une poussière qui obscurcit la route. Quarante mille personnes étaient parquées derrière les barbelés de Surin. Comme d'habitude aux postes de l'armée, un officier thaï vérifia le document d'identité avant de lever la barrière et de leur indiquer la direction du bâtiment de l'administration. Comme d'habitude, Schanberg sentit son estomac se contracter et la sueur lui couler sur les tempes lorsqu'il gravit les marches, pour entrer dans une pièce fraîche et badigeonnée de blanc. La jeune fille était occupée ; il alluma une cigarette et examina les affiches de voyage sur les murs. Singapour... New York... Paris... des destinations qui, pour la plupart des habitants de Surin, ne seraient jamais qu'un rêve fallacieux. Même dans le camp de transit de Khao-I-Dang, et bien que physiquement réadaptés et prêts à repartir, nombre de réfugiés avaient déjà passé quatre années de leur vie, et en passeraient probablement beaucoup d'autres. Quand bien même il lui arriverait de publier l'histoire de tout ce drame, les camps comme Surin ou Khao-I-Dang contiendraient des réfugiés plus nombreux encore que tous les mots qu'il pourrait coucher sur le papier.

— Monsieur Schanberg ?

La jeune fille au bureau était certainement thaï ; mais elle avait le plus pur accent new-yorkais.

— Oui, dit-il. — Il avait la gorge terriblement sèche. — Je viens de très loin. J'espère que vous pourrez m'aider. Je suis à la recherche d'un réfugié cambodgien. Son nom est Dith Pran.

La jeune fille consulta un index, et fit de la tête un signe de dénégation.

— Non, je suis désolée. On ne signale personne du nom de Dith Pran. Quand a-t-il passé la frontière ?

Schanberg entendit à peine la question. Pour la première fois, il commençait à admettre ce que tout du long il avait refusé de croire... que peut-être Pran, après tout, n'était pas arrivé au bout.

— Je ne sais pas, marmonna-t-il. Il y a sans doute une semaine ou deux.

Elle eut un haussement d'épaules, avant de suggérer :

— Nous avons eu quelques arrivées récemment, des gens qui n'ont pas d'autorisations, et qui attendent d'être renvoyés de l'autre côté de la frontière... C'est dans la section D. Maisons 14 à 18.

— Bien. D'accord. Merci pour votre aide.

Elle vit l'expression de Schanberg et l'accompagna jusqu'à la porte avec la sollicitude d'un médecin consolant une personne en deuil. Dehors, un essaim de jeunes enfants, attirés par le taxi venu de Bangkok, voulaient lui faire acheter des bibelots de bois. Un tabouret à trois pieds, un petit oiseau replet sur un perchoir. Certains, souriants et pleins d'espoir, tendaient simplement la main. La fille de New York ouvrit la bouche pour parler, mais Schanberg l'arrêta.

— Je sais ce que vous allez me dire, fit-il d'un ton las. De ne pas les encourager à croire que je vais les ramener chez eux.

Il monta dans le taxi. Pour s'amuser, les enfants se mirent à courir à ses trousses, puis abandonnèrent la partie. Ils franchirent quelques grilles dans une enceinte intérieure, descendirent une rue, puis une autre, s'arrêtant de temps à autre pour demander leur chemin. A chaque fois, des enfants s'agglutinaient autour de la voiture, certains sautillant sur des béquilles, tandis que les adultes, dont certains portaient encore leurs pyjamas noirs, restaient assis sur le pas de leurs portes et les dévisageaient avec des visages sans vie. Une phrase qu'il avait lue quelque part lui revint :

« La lutte des hommes contre la tyrannie n'est rien d'autre que la lutte de la mémoire contre la douleur. » Pour ces visages aux traits marqués, la douleur avait été trop atroce pour que l'esprit en supporte le souvenir : ils avaient effacé toute mémoire du passé, et, ce faisant, avaient annihilé tout espoir pour l'avenir de rien de meilleur que cet état de mort dans la vie.

La question est : comment avez-vous ressuscité tout un peuple de morts ?

D'autres arrêts pour demander leur chemin, pour arriver enfin dans une rue étroite, sans enfants. Un château d'eau se dressait à son extrémité, comme un mirador. Schanberg sortit de la voiture et demanda au chauffeur de parler à un vieil homme assis à une table de bambou.

Quelqu'un sortit du long bâtiment en face et traversa la rue en boitillant, une étrange petite silhouette en pantalon bleu déguenillé et chemise tachée de sang. Schanberg le regarda, puis le regarda encore plus attentivement. Il ouvrit grands ses bras et l'homme vint s'y jeter, la tête enfouie dans le cou de Schanberg, et son corps frêle secoué de sanglots. Schanberg l'étreignit contre lui, ne pouvant vraiment y croire, le serrant plus fort encore, et des larmes de joie lui coulaient sur le visage.

— Tu es venu, dit Dith Pran, Sydney, tu es venu.

TABLE DES MATIÈRES